吉林省2018年度
"十三五"智库规划基金课题
成果文萃

NEW LOOK
NEW RESPONSIBILITY
NEW ACTION

2018 ANNUAL ACHIEVEMENTS FOR
JILIN "13TH FIVE-YEAR" THINK TANK FUND PROJECTS

新气象 新担当 新作为

——推进吉林高质量发展——

主 编
邵汉明

副主编
杨静波 王 峰

社会科学文献出版社
SOCIAL SCIENCES ACADEMIC PRESS (CHINA)

前　言

　　2018 年 9 月，习近平总书记赴东北的黑龙江、吉林和辽宁三省考察，在沈阳亲自主持召开东北振兴座谈会并发表重要讲话。习近平总书记突出强调要以新气象、新担当、新作为推进东北振兴。其指示精神深刻阐述了东北振兴的重大意义和在全国发展大局中的战略定位，明确提出了新时代东北振兴的总体思路、主要任务和工作要求。这是进入新时代吉林最值得欢欣鼓舞的大事，给吉林老工业基地广大干部群众以极大的鼓舞和鞭策，为新时代吉林全面振兴注入了强大动力。

　　如何以新气象、新担当、新作为推进吉林全面振兴和高质量发展，把总书记讲话精神真正落到实处，是当前和下一阶段东北地区及吉林省的工作重点。吉林省社会科学界迅速行动，以深入开展解放思想、推动吉林高质量大发展、大讨论为引领，掀起学习贯彻习近平总书记重要讲话精神的热潮。

　　作为拥有单位会员 155 家，会员总数近 10 万人之众，下辖 9 个市（州）社科联的省级社会科学类地方新型智库建设的组织机构，吉林省社科联以贯彻落实总书记讲话精神为指导，以吉林经济社会发展实际为依托，以建设社会科学界新型智库为己任，与省内各高校及科研单位紧密联系，定期了解学术最新研究动向和成果并及时进行宣传与推介，力争做好哲学社会科学服务社会的纽带，为省委、省政府实施科学决策提供高质量的资政言论与对策建议。

　　今年是吉林省开展"十三五"智库规划基金课题的第二年，有了开局之年的成绩和经验，吉林省社会科学界新型智库建设工作一定会向着精品化和专业化的方向不断前进。未来，吉林省将持续依托规划立项的方式来打造更加完备的社会科学工作智库建设平台。

2018 年的"十三五"智库规划基金课题围绕经济问题、"三农"问题、"一带一路"问题和民生及法治问题等四大板块深入调研并形成兼具理论价值和现实意义的调研成果。2018 年年初，共立课题 73 项（含追加），经过大半年紧张高效的课题研发，最终有 18 项成果获得副省级以上领导的肯定性批示及相关部门的实质性采纳，批示率为 24.6%。我们本着质量至上的原则优中选优，甄选出其中精品集结成册，以飨读者。

编者

2019 年 6 月

目　录

经济转型问题研究

"三农"问题研究

民生法治等问题研究

培育世界一流企业目标下吉林省
国企民企资源整合研究

吉林大学经济学院课题组[*]

摘　要　培育世界一流企业是吉林省贯彻落实新一轮东北振兴战略的必行之势，企业资源整合是实现此目标的有效途径。本研究对标世界一流企业的要素指引，通过考察省内资源整合现状、借鉴国内外经验，提出龙头企业带动型、中小企业抱团型、跨界融合型和智慧引领型四种资源整合模式，并为吉林省政府和企业提供未来发展的可行之径。

关键词　世界一流企业　国企民企　资源整合

一　培育世界一流企业目标下企业资源整合的理论透视与深化

（一）本研究报告的理论依据

1. 世界一流企业与资源整合的理论界定

我国的世界一流企业，应是在保持企业自身鲜明特色的同时，能够彰显中国特色与民族特色的企业，更应该承担起中华民族伟大复兴的历史使命。

本研究基于资源整合视角，将世界一流企业定义为：拥有一流要素资源与卓越企业能力，在某一行业或业务领域内保持领先地位，并具备持久的国际竞争力与全球影响力的国际化企业，其本质是能够实现全球资源有

＊　课题负责人：齐平；课题组成员：康楚仪、高源伯、韩嘉伟；王泽民、马海斌、安国柱。

效配置与整合的机制。而对于企业资源整合的范围则包括企业内部的资源配置与利用情况、不同企业之间的资源整合活动（如企业间的收购兼并行为等）、企业与政府对企业外围可利用资源的整合活动或与企业外部其他活动主体（如消费者、供应商等市场中的利益相关者）之间的资源整合活动。

2. 对标世界一流与企业资源整合的内在逻辑梳理

从理论方面来看，本研究从资源整合视角考察分析如何培育世界一流企业，将国资委的"世界一流企业 13 条要素指引"与诸类企业资源进行对应解析，使本研究既具有国家指引的导向，又兼备资源管理相关理论的深化应用。

从企业实践角度来看，企业自身在发展过程中不断进行着资源整合，这是企业实现自身目标与战略发展的需求。"具有全球竞争力的世界一流企业"是新时代对我国企业提出的发展目标，企业资源的高效整合是实现这一远大目标的有效途径。因此，成为世界一流企业与国有企业和民营企业（简称国企民企）的资源整合是"目标与路径"的关系。

3. 世界一流企业要素指引及资源管理观下的对应解析

对标"世界一流企业 13 条要素指引"，本研究从资源管理角度对企业资源进行了划分（见图 1），并对"13 条要素指引"进行了资源管理下的对应解析。

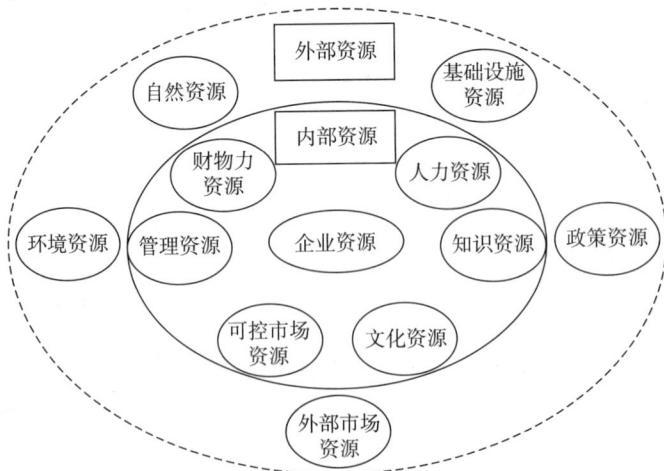

图 1　企业资源分类

（1）在企业内部资源方面，"公司治理"侧重对企业财物力资源的管理，它对企业内部的资金、生产材料、机器设备以及工作设施的使用提出了要求。"人才开发"涉及人员开发管理问题，它要求企业用战略性眼光管理人力资源，同时注重人性化管理。"业务结构""集团管控""并购重组""绩效衡量与管理"需要企业整合管理资源，对企业战略、组织设计和绩效管理机制做出调整。知识资源涉及企业的"自主研发"水平与"信息化"程度，要求企业追求科技研发自主性和技术水平领先性。文化资源涵盖"自主品牌"和"企业文化"，它强调企业应具备良好的物质文化、制度文化和精神文化，建设、打造并维持企业独有的自主品牌。可控的市场资源涉及"风险管控""管理与商业模式"以及企业在"国际化"中的运作活动。

（2）在企业外部资源方面，企业需要在政府的主导或引导的基础上，进行有效的管理企业资源：一是合理利用有限的自然资源，促进整个社会经济和谐发展；二是充分利用政府提供的基础设施资源，提高运营效率，创造更高收益；三是积极利用政府政策资源，及时调整企业战略与运营方式；四是有效保护与优化配置环境资源，实现企业自身发展与生态可持续的协调一致。

（二）企业资源整合的理念架构与创新思路

1. 资源整合活动的理念架构

（1）政府主导型资源整合理念。对那些影响国民经济发展且企业进入会导致"市场失灵"的资源（如政策资源、基础设施资源等），只有政府主导这类资源的落实与完善，才能实现企业对这类资源的有效利用。

（2）政府引导型资源整合理念。它指既需要政府发挥引导作用，又需要企业参与才能实现的资源整合活动。政府主导的资源整合理念彰显的是国家治理能力，而政府引导的资源整合理念则体现出了"服务型政府"的功能定位，这两种理念都是要求政府实现最彻底的"放管服"改革。

（3）企业自主型资源整合理念。它是指建立在基础性资源整合的基础上，实现"财物力资源＋人力资源＋管理资源＋知识资源＋文化资源"层层递进、逐步深入的企业内部多维度资源整合，同时兼顾政策资源、关系资源与市场资源等企业外部资源，最终实现对全球资源的整合，从而迈入世界一流企业的深入高效、内外多维、循环开放的资源整合的实践模式。

2. 对标世界一流与国企民企资源整合的创新思路阐述

选择国有企业和民营企业作为资源整合的研究对象有两方面原因：一是这是我国现阶段对国企发展提出的目标和要求，党的十九大报告要求深化国有企业改革，培育具有全球竞争力的世界一流企业；二是中国的世界一流企业应能够彰显我国特色的民族企业，不仅包括我国的国有企业，更应该包括那些具备发展基础和培育潜力的民营企业。

"国企民企资源整合"包含两个层面的内容：一是国企民企自身所进行的关于企业内部各种资源以及企业外部可利用资源的整合；二是国企民企两个主体之间所进行的各种资源整合，这涵盖了国企民企混合发展的相关内容。

因此，本研究力争助力政府形成更加科学的战略管理理念与资源整合观念，提升政府在培育世界一流企业目标落实过程中指导和引导国企民企进行有效资源整合的能力，促进吉林省培育世界一流企业发展目标的早日实现。

二　培育世界一流企业目标下吉林省国企民企资源整合的现实基础与必行之势

（一）吉林省国企民企资源整合的现实基础

1. 吉林省企业可利用资源现状分析

（1）吉林省拥有丰富的自然资源，重视对自然资源的合理配置，不断提高省内自然资源的综合利用效率，并积极将自然资源与社会各领域的资源优势整合起来，营造了良好的资源综合利用环境。

（2）吉林省依托新一轮东北老工业基地全面振兴、全方位振兴战略，结合省情优化政策环境，分别从优化服务、吸引投资、降低成本、财政支持四个方面给予企业强力支持。

（3）吉林省高等院校聚集，且具有较强的科技优势，多年来培养了大批高素质人才，更为吉林省企业发展提供了大量的人才储备。同时，吉林省积极引进人才，有利于优秀企业家们依托丰富的营商经验和商业资源，促使吉林省企业高效创新发展。

（4）吉林省高度重视产品和技术创新与企业的信息化发展，不断加大自主研发与信息化建设投入，在信息化建设方面取得了巨大进步。

2. 吉林省企业对标世界一流企业存在的差距

（1）整体发展水平较低，基础竞争力有待增强。吉林省存在大量仍延续传统资金资源类发展方式的第一和第二产业。省内较大规模企业在发展时缺乏对企业资源的规模化整合；中小企业也忽略了资源管理在企业发展过程中的作用。

（2）企业责任意识薄弱，社会竞争力急需提升。2018年7月，长春长生疫苗事件曝光，这在一定程度上反映了吉林省仍然存在一些一味追求自身经济利益最大化而忽视法律法规、缺乏社会责任的企业。

（3）市场开发程度较低，国际竞争优势不突出。吉林省企业现有国际市场开发主要集中在俄罗斯和东亚各国，且在国际市场上投资的领域较窄。省内企业在进军国际市场时往往忽视对自身优势产业和优势条件的挖掘与利用，从而导致吉林省企业整体国际竞争力不足。

3. 吉林省培育世界一流企业的可行性分析

（1）重大政策机遇助力吉林省企业迈向世界一流。新一轮东北振兴战略为广大企业带来了重要发展机遇，东北振兴金融合作机制办公室的建立及"金融助振兴—吉林行动"的举办将帮助吉林省充分释放社会各领域各层面所拥有的优势。同时，吉林省积极把握国家推动实体经济发展的产业机遇。

（2）对外合作深化并加速吉林省企业国际化进程。地处东北亚地理几何中心的地理优势将加速吉林省企业国际化进程。吉林省作为国家"一带一路"向北开放的重要窗口，近年来依托长吉图开发开放先导区"国字号"战略，将扩大对外开放作为发展的核心驱动力；同时与国内其他省份签署的"1＋N"战略合作协议，形成了一批重大合作成果。

（3）全新产业布局推动吉林省企业融合发展。吉林省当前正着手将长春打造成"东北亚区域性中心城市"，并在此基础上实现"一主、六双"的产业空间布局。

（二）吉林省国企民企资源整合的必行之势

1. 国企民企资源整合是落实区域发展战略、缓解经济下行压力的有效途径

进行国企民企资源整合有利于强化国有企业和民营企业之间的内在联系，从而增强吉林省发展活力、创新发展方式、提高资源利用效率，有利于优化全省国企布局，促使国有资本向具有核心竞争力的优势产业集中；有利于改善民营企业的营商环境，形成国企民企相互促进、协同发展的良好格局。

2. 国企民企资源整合是实现创新驱动发展、推动区域转型升级的必要手段

国企民企资源整合将会促进企业与高校、科研机构的交流合作，这不仅加强了信息、知识与技术交流，还有利于构建"政产学研用"一体化的创新体系，也将有利于形成新的重点创新平台和产业与技术创新联盟，进一步提高吉林省将科学技术转化为生产力的效率、助推"四大产业转型升级工程"的实践。

3. 国企民企资源整合是提升资源利用效率、满足人民美好生活需要的必然要求

国企民企进行人力资源整合将有利于提高人才利用效率，促使从业者提升业务技能水平，进而提高人民收入水平。政府在资源整合过程中需要提供更加优质的外部资源，这将进一步提升人民生活质量。国企民企资源整合通过提升资源利用效率使资源惠及更多人，通过促进企业健康发展提升企业商品供给能力，通过增强创新能力提高商品质量，这些都将直接或间接增强企业满足人民美好生活需要的能力。

4. 国企民企资源整合是拓展省内外市场、助力企业迈向世界一流的重要渠道

企业利用自身资源配置能力与自主创新能力对内外部资源进行有效整合，将有利于企业扩大品牌影响力、提升可持续发展能力与社会责任承担能力，从而缩小吉林省企业与世界一流企业的差距，进而提高在"中蒙俄

经济走廊"和"一带一路"建设中的参与度。

因此，在培育世界一流企业目标下进行国企民企资源整合是吉林省应对经济下行压力、努力开拓振兴新局面以实现吉林省全面振兴、全方位振兴的必然选择。

三 资源整合范式下政府及企业行为经验借鉴与启示

研究发现，世界一流企业在进行资源整合的过程中往往体现出三个共有特点：一是资源整合过程的持续性，二是时常伴随组织变革，三是资源配置全球化。与之相比，吉林省企业仍存在较大差距。在吉林省经济转型发展的关键时期，借鉴先行地区与一流企业资源整合经验是势在必行的选择。

（一）区域经济转型及政府主导资源整合经验借鉴与启示

资源整合与区域转型发展往往是不可分割的，在区域转型发展过程中离不开资源整合，平稳的转型过程将为地区资源整合提供安定的经济社会环境，进一步提高资源利用效率；而地区进行资源整合必将反作用于转型发展，加快转型速度，提升发展质量。经济转型过程中的资源整合主要是政府主导型的资源整合，如城市空间的重新规划、发展战略重大调整等。此类资源整合为企业提供了更加优质的外部资源。西方发达国家不乏成功进行经济转型的老工业基地，其中的佼佼者如德国鲁尔区、法国洛林大区、英国曼彻斯特等资源型工业基地的转型发展及资源整合过程为吉林省提供了良好的思路。

纵观欧洲三大典型老工业基地的转型历程，城市空间的重新规划布局是必不可少的，合理的城市空间分布往往有利于产业集聚，促使企业间实现技术交流与资源共享，进而促进资源整合；同时，资本和劳动力是企业最基本、最重要的生产要素资源，在欧洲三大典型老工业基地转型过程中都采取了提高对外开放程度、提供政策倾斜来吸引外资的方式，间接为企业提供资金等生产要素资源；此外，创新也是区域转型发展过程中必不可少的要素，创新并不只是单纯的开发利用新资源与新技术，更主要的是对原有资源的创造性使用。

（二）政府引导企业资源整合经验借鉴与启示

在我国企业资源整合的实践过程中，不乏推行进度较快且取得显著成效的地区，其政府在企业资源整合过程中发挥的引导作用值得吉林省学习借鉴。

每当提到资源整合，我们的思维往往会停留在经济资源的整合上，而忽视了对政治资源、社会关系资源乃至知识信息资源的整合；在资源整合过程中应当明确每一个环节的责任主体、建立共同责任机制、完善整合机制、规范整合运作。构建各类资源整合平台是政府发挥统筹作用的重要手段，这些平台不但为国企民企资源整合提供机遇、信息与服务，还将各类资源对企业发展的作用进行甄别，切实引导国企民企进行有效资源整合。政府除了统筹全局、以政策为先导指引企业以外，更需要从细节入手保证政策的落实与效率的发挥。国企民企进行资源整合只有努力推进政企合作，鼓励企业积极参与、主动配合，通过资本纽带同时发挥政府宏观调控与市场引导作用才能取得显著成效，并实现国企民企的融合发展。

（三）企业自主型资源整合经验借鉴与启示

作为国企民企资源整合的主体、直接受益者及最终执行者，企业在资源整合过程中的重要性不言而喻。企业的内部纵向资源整合、企业对市场资源的横向整合以及对政府资源的把握等都会严重影响到整合的最终效果，因而需要充分学习国内外一流企业在内部资源梳理、对政策精准把握和灵活运用以及兼并重组等资源整合行为过程中的优秀经验并作用于自身发展，从而向世界一流企业迈进。

对于央企以及较大型国企而言，提高资源利用效率并不意味着一定要追求规模效应，理顺旗下业务的内部整合也有异曲同工之妙。中国电科进行资源整合的思路主要是内部专业整合，早在2013年便成立了电子装备子集团，将负责相关业务的研究所也囊括其中，之后又陆续建立了网络信息安全等诸多专业化子集团。央企由于其资源的复杂性以及不同地区不同行业所拥有资源的差异性，资源整合的具体路径往往具有难以复制性，这就需要"守本开新"。中石油将传统的石油精神与时代结合之后契合于其企业文化，持续推动企业文化建设的常态化和长效化，值得吉林省企业学习。在重组整合方面，上市公司的运行机制要求市场化和规范化，面临的监管更加严格，这在一定程度上推动了公司内部的资源优化配置，同时上市使公司的资源（特别是资金等）更加集中到管理层，因而更加便于管理者对公司资源进行统一的调控。

此外，对于许多大型企业而言，其内部生产往往划分为诸多环节并以此实现生成过程的专业化，节省了将部分生产环节外包而产生的交易成本。作为决定企业竞争成败的关键因素与核心问题——发展战略是企业一定时期内行动的指引方针，企业的一切行动应当符合其战略谋划，明确的发展战略将使资源整合更具针对性。在资源整合过程中也蕴含着诸多风险，特别是以并购重组方式进行整合时，稍有不慎便有可能满盘皆输。

在中国特色社会主义市场经济体制下，在顺应时代需求的基础上，能否准确把握机遇、合理利用政府政策资源也会在很大程度上影响企业发展。随着我国经济发展进入新阶段，吉林省企业不仅处于经济"新常态"的浪潮中，更受到"振兴东北老工业基地"战略以及全省经济转型发展的影响。在这个机遇与挑战并存的时代，无论是传统企业进行整改还是新兴产业要腾飞，都离不开对全省经济形势和政府政策的准确把握与合理利用。

四　培育世界一流企业目标下吉林省国企民企资源整合模式探索

（一）吉林省战略管理观与资源整合观的科学化完善

1. 整体布局，协同推进

把握国企民企资源整合实际过程中的全局性、综合性和战略性问题，聚焦关键领域，实现国企民企的共同进步。坚持与系统性、配套性、专项性措施相结合，高度重视资源整合的整体设计并将其协同推进。

2. 全面分析，灵活调整

把握战略弹性，通过持续的动态、暂时性战略谋求省内企业长期的竞争优势。同时积极引导吉林省国企民企提升企业自身的创新能力和应变能力，及时调整企业内外部战略以有效规避风险。

3. 立足实际，服务地方

要立足于吉林省地方经济特点，依托国家发展战略，聚焦重点行业与领域，为我国培育世界一流企业提供支撑，也为吉林省经济发展服务。

4. 科学整合，去劣存优

运用科学方法将省内不同来源、不同层次、不同类别的企业资源进行有效整合。保留合理成分，舍弃不符合企业发展方向与地方发展战略的部分。

5. 相辅相成，良性循环

资源整合过程中每一环节相辅相成，每一阶段的资源整合需要承上启下、依序进行。

（二）吉林省国企民企资源整合内在动力机制

1. 政府政策引导机制

在国企民企资源整合过程中，需要借助政府协调和政策引导的力量。政府需与时俱进，协调好各方利益，配置专门团队负责深化"放管服"改革，使各方在平等、互利、协作的前提下，实现各种资源的流动与共享。

2. 空间资源配置机制

在空间资源配置机制下，合理的空间资源配置能够吸引同类型的企业集聚，这会使企业之间的资源整合更加密切，并促进企业间协同发展。

3. 研发创新激励机制

研发创新激励机制能够激励企业不断提高发展质量、追求卓越管理并增强自身竞争力，从而推动国企民企资源整合。企业推行先进管理理念和管理方法，可以有效激发企业员工的创造性，为企业的可持续发展提供动力。

4. 风险与成本共担机制

风险与成本共担机制是国有企业与民营企业之间的一种高效契约关系模式。企业之间可以通过一起研究并且计划有活力的投资活动，有效地节约成本、规避风险。

5. 协同管理机制

在协同管理机制下，企业之间可以通过沟通交流、资源技术共享、管理模式统一、组织文化认同等方式，达到高效协同管理的理想状态，从而提升企业的整体实力。

（三）吉林省国企民企资源整合模式分析

1. 龙头企业带动型资源整合模式

龙头企业带动型资源整合模式可以根据吉林省国企民企在实际产业链上所处的位置划分为横向整合、纵向整合及混合整合三种类型。横向整合是指龙头企业与产业链上相同类型企业开展合作，以提高企业的集中度，扩大市场势力；纵向整合是指产业链上的龙头企业通过对上下游企业施加纵向约束，实现纵向的产业利润最大化；混合整合既包括横向整合又包括纵向整合，是指和产业紧密相关的企业进行资源整合，形成符合省情的特色产业链。

2. 中小企业抱团型资源整合模式

吉林省的中小企业多处于发展初期，市场占有率不高，实现抱团发展，可以最大限度地克服与规避同质化和产能过剩的问题，有利于内部数据共享和行业协调。众多中小企业以"吉林制造"这一整体品牌集体参与市场竞争，可以最大限度地分享地域品牌附加值，同时提升吉林省地域品牌价值。

3. 跨界融合型资源整合模式

吉林省国企民企应该积极采用多元化的发展战略，以新业态整合价值链条，实现跨界融合化发展。一是国企民企需要把握好物联网和大数据等新技术、新经济、新业态带来的机遇，结合企业本身发展战略来分析未来的业务增长点。二是建立跨界合作，以市场需求为导向，推进服务业企业向先进制造、现代农业等领域渗透融合、跨界整合。三是吉林省企业还应进行全球市场资源整合，推进国企民企国际化发展，深度融入"一带一路"建设，全面提升开放质量和水平。

4. 智慧引领型资源整合模式

在智慧引领型资源整合模式下，吉林省国企民企在要素资源整合的过程中应注重科技资源的整合。各产业主导企业与产业链上关键企业结成战略联盟，建设完善一批技术研发平台，打造"研发 + 生产"双基地，努力突破战略性、前瞻性领域核心关键技术，研发"高技术含量、高附加值、高效益"的产品，提升产品和服务本身所具有的功能特异性数量，为其他企业提供示范作用，并推动吉林省产业智慧化发展。

（四）吉林省国企民企资源整合的风险管控

通过理论与现实层面的分析，本研究将国企民企资源整合风险划分为战略整合风险、业务整合风险、财务整合风险、人力资源整合风险、企业文化整合风险、管理整合与组织结构风险六个方面。国企民企资源整合风险的管控应在充分研究各类风险的基础上，采取全面、动态的管控措施，要形成具备"全要素观"和"全过程观"的风险管控思路。

1. 国企民企资源整合中风险管控的"全要素观"

风险管控的"全要素观"有两层意义：一是"分而治之"，针对每一种风险要素建立相对应的风险治理关键点；二是"联而治之"，根据风险要素之间的内在联系进行与系统联动的风险管理。

2. 国企民企资源整合风险管控的"全过程观"

在风险管控中应以"全过程观"来审视，全面系统地保持动态监控（见图2）。

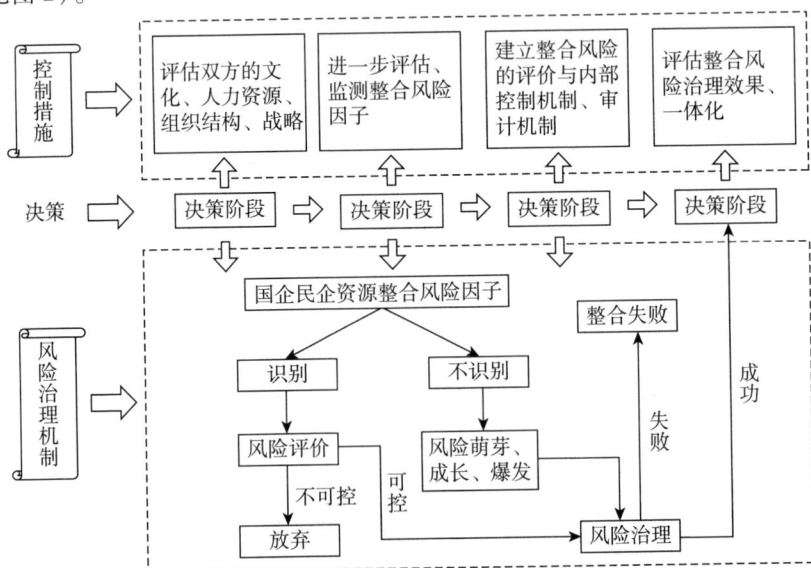

图2　国企民企资源整合风险全过程防控思路

五　培育世界一流企业目标下吉林省国企民企资源整合对策建议

基于以上研究成果，本研究从政府和企业两个层面给出针对吉林省国有企业和民营企业源整合过程中这两大行为主体的不同对策建议。

（一）政府层面——以政府为主体进行资源整合的对策建议

政府需具备科学化的战略管理观与资源整合观，以充分发挥对企业资源整合的引导作用。

1. 提供一流政策环境，明确分工，落实责任

吉林省需围绕新一轮东北全面振兴、全方位振兴战略部署制定和颁布地方性政策法规，保证政策的精准和实施效果，以提供一流的政策环境。坚持"一企一策"，兼顾国有企业改革与大力发展民营经济。深化最彻底的"放管服"和最高效的"只跑一次"改革，完成向服务型政府的转变。政府需实行首问负责制，在主导和引导资源整合的过程中明确每一环节的分工与责任主体。

2. 积极开展招商引资，全面深化对外合作

吉林省应有效利用其地处东北亚地理几何中心的区位优势，不断增强对外开放程度，积极对接周边地区，力求辐射东北亚并连接全世界。省政府要将"1＋N"战略向"1＋N＋X"方向延伸，不断深化招商引资工作，开展面向全球的紧密型专业合作和前瞻性共建合作，为省内企业提供更丰富的融资渠道、资源选择和发展机遇。

3. 有效配置城市空间资源，优化区域协调发展格局

吉林省应不断完善省内交通运输等各类基础设施体系的建设，优化配置城市空间资源，引导省内各市区进行着眼未来的城市空间布局调整，以调动城市老城区活力和增加城市发展生命力。政府也要优化省内区域协调发展空间布局，高效推进"一主（《长春经济圈规划》）、六双（双廊、双带、双线、双通道、双基地、双协同）"区域协调发展格局的建设。

4. 省内产业布局，错位实现优势再造

吉林省应根据省内各地区资源禀赋情况规划并调整面向未来的省内产业布局，不断推进产业转型升级工程。要推进汽车、石化等传统产业的提升改造，提速发展医药、光电信息、移动装备制造等优势产业，打造兼具传统优势和创新力的龙头企业与独角兽企业。政府应借助新产业革命发展契机，错位发展特色产业，打造具有地区特色的新兴产业和新型文化创意产业链。

5. 搭建各类资源整合平台，促进省内省际资源共享

吉林省应搭建省内省际人才、知识、信息等资源共享、交流、互助平台，引导国企民企进行有效资源整合以达到对此类资源利用效率的最大化。吉林省也应集中力量推动"数字吉林"建设，以减少省内不同地区的信息不对称并促进各地区发展的协调均衡。

6. 引导知识教育资源整合，增强创新思维与创新能力

吉林省应引导省内知识、教育资源进行有效整合，将创新元素应用到培育世界一流企业和国企民企资源整合过程中，增强吉林省的创新思维与创新能力。要加快建立以企业为主体的技术创新体系，设立各类创新研究机构，聚焦新时代的新技术和新业态发展趋势，进一步加强产学研合作，促进科技成果转化效率的提高，并不断优化省内科技创新生态。

7. 规划省内资源整合模式，引导企业制定整合战略

吉林省需选择适合省情的资源整合模式，即龙头企业带动型、中小企业抱团型、跨界融合型和智慧引领型。同时，政府需要为全省企业发展提供战略支撑和系统构建，需要根据不同行业、不同企业的发展状况制定不同的培养战略计划，通过推进政企合作、增强政企联动等方式充分调动企业在资源整合过程中的参与度与配合度。

8. 注重生态环境保护，提升发展可持续性

吉林省应主导省内自然资源与环境资源的整合，构建省内资源回收再利用的体系与平台，建立省内资源整合监管机构，统筹省内环境治理、自然资源使用与生态保护的工作。要将生态保护与发展生态旅游紧密结合并使两者相互促进，提升全省发展可持续性。

（二）企业层面——以企业为主体进行资源整合的对策建议

基于以上研究成果，本研究也给出了吉林省以企业为主体进行资源整合的对策建议。

1. 充分利用外部环境，积极寻求并有效整合外部资源

企业需牢牢把握新一轮东北振兴战略的政策机遇、国家推动实体经济发展的产业机遇和地处东北亚地理几何中心的优势，积极寻求并充分利用自身发展所需要的各类外部资源。企业也应积极把握与省内外其他企业的合作机会，进行有效的资源互助与资源共享。

2. 制定科学化资源整合战略，稳步实现内部资源有效整合

企业要形成正确的企业发展观和资源整合观，在正确认识自身所处发展阶段、梳理旗下业务线和确定发展目标的基础上，对标世界一流企业，制定切实可行的发展战略规划和与之匹配的科学化资源整合战略，并在实践中逐阶段、循序渐进、稳步顺畅地实现预期的资源整合。

3. 对标世界一流企业管理模式，有效整合企业管理资源

企业需对标世界一流企业，调整和完善自身管理模式，整合管理资源，建立结构健全、产权清晰、管理规范的现代企业制度和科学管理体系，实现部门设置科学化、组织结构合理化、管理跨度效率化、集权与分权适度化，并不断推动管理结构、管理团队、管理制度的优化升级。

4. 打造世界一流人才团队，提高自主研发与创新能力

企业应培育和引进一流的高层次复合型人才资源，以打造属于企业的一流人才团队。企业可以通过对人才资源的引进，提高其自主研发与创新能力。新时代，企业创新应该是全面创新、全方位创新、全要素创新、全供应链创新、全服务链创新，是可以科学、精准满足人民对美好生活向往的创新。

5. 提高企业资源配置效率，拓展企业资源整合空间

企业要形成长期的、不断完善的、多元化的资源配置与整合观念，既要致力于提高企业资源配置的效率，又要拓展企业资源整合的空间。企业需要充分利用其内外资源、新旧资源、个体与组织资源以及横向纵向资源等。鉴于资源的复杂性，企业资源整合的具体路径往往难以复制，这要求企业"守本开新"不断拓展新的企业资源配置与整合的空间。

6. 打造世界一流企业文化，积极承担社会责任

企业应根据自身的历史传统与发展目标形成独具特色的、富有感染力与凝聚力的企业文化，并努力将其打造成世界一流的企业文化。这需要企业具有强烈的竞争意识、经营好品牌形象。更应该像众多世界一流企业一样在自然资源保护、生态环境治理、慈善救援帮扶等领域，积极承担起社会责任。

7. 培育世界一流企业家，重铸新时代企业家精神

企业需要着重激发、培育、传承、创新企业家精神，将优秀的传统企业家精神与时代精神相结合，并将其契合于企业文化之中，重铸新时代的企业家精神，以此作为吉林省企业向世界一流企业迈进的精神支柱。

8. 构建危机评估与管控机制，有效防范资源整合风险

企业应构建自身风险与危机的评估与管控机制，既需要正确认识和识别在资源整合过程中可能出现的风险与危机，又能够采取有效措施对其进行管控与处理。在向世界一流企业迈进的过程中势必存在诸多风险，企业需要不惧艰险、不懈奋斗。

新时代，吉林省迎来了国家新一轮的东北振兴战略。从老工业基地振兴到全面振兴、全方位振兴，新的发展定位对吉林省来说既是机遇又是挑战，要求吉林省必须拥有新担当和新作为。将培育世界一流企业作为吉林省"十三五"期间的核心发展目标势在必行且意义非凡。目前，吉林省虽然没有世界一流企业，但是却拥有一些具备未来成为世界一流企业潜质的民族企业。将其培育成世界一流企业将对中国经济的发展做出卓越贡献。对省内其他企业来说，培育世界一流企业目标的逐步落实是一个企业外部环境不断优化和企业内部转型升级的绝佳契机。吉林省培育世界一流企业目标下的国企民企资源整合将是吉林省探索出一条质量更高、效益更好、结构更优、优势充分释放的全面振兴、全方位振兴发展新路的过程。这一过程离不开吉林省各级政府与省内企业的密切配合，政府与企业需要心手相连，构建"亲""清"新型政商关系，共同把企业培育好、把产业打造好、把经济发展好、把吉林建设好。

参考文献

白君贵、王丹：《大数据视角下企业信息资源整合与价值提升研究》，《情报科学》
2018 年第 9 期。

蔡莉、柳青：《新创企业资源整合过程模型》，《科学学与科学技术管理》2007 年第
2 期。

蔡莉、杨阳、单标安、任萍：《基于网络视角的新企业资源整合过程模型》，《吉林大
学社会科学学报》2011 年第 3 期。

曹梦南：《吉林：举全省之力支持一汽改革发展，加快建设世界一流企业》，《吉林日
报》2018 年 4 月 18 日。

程俊杰：《具有全球竞争力的世界一流企业的新内涵及培育行动》，华尔街见闻网站，
https://wallstreetcn.com/articles/3051428，2017 年 12 月 25 日。

储昭斌：《企业资源视角下的核心竞争力分析》，《安徽师范大学学报（人文社会科学
版）》2015 年第 4 期。

董保宝、葛宝山：《新创企业资源整合过程与动态能力关系研究》，《科研管理》2012
年第 2 期。

樊友山：《培育具有全球竞争力的世界一流企业》，《中国经济时报》2018 年 1 月
15 日。

高兰芳：《全面准确认识理解供给侧结构性改革》，《宁夏党校学报》2017 年第 4 期。

国家发展改革委：《东北振兴"十三五"规划》，国家发改委网站，http://www.ndrc.
gov.cn/zcfb/zcfbghwb/201612/t20161219_830406.html，2016 年 11 月 12 日。

国务院：《关于深入推进实施新一轮东北振兴战略加快推动东北地区经济企稳向好若干
重要举措的意见》，中央人民政府网站，http://www.gov.cn/zhengce/content/2016 -
11/16/content_5133102.htm，2016 年 11 月 16 日。

勾丽、周翼翔：《产业集群情境下企业资源整合过程研究》，《改革与战略》2013 年第
9 期。

管跃庆、黄文标：《广西国有涉旅企业旅游资源整合研究》，《沿海企业与科技》2014
年第 6 期。

黄群慧：《新时代国有企业能成为世界一流企业》，《国企管理》2018 年第 1 期。

黄群惠、余青、王涛：《培育世界一流企业：国际经验与中国情境》，《中国工业经济》
2017 年第 11 期。

黄宇芳、刘宸宇：《互联网巨头品牌制胜法宝——以腾讯、百度、阿里巴巴为例》，

《通讯企业管理》2013 年第 4 期。

吉林省经济技术合作局：《区域战略布局》，投资吉林，http://www. jl. gov. cn/szfzt/tzjl2017/tzzn/jjfz_121684/，2018 年 6 月 27 日。

吉林省经济技术合作局：《投资环境》，投资吉林，http://www. jl. gov. cn/szfzt/tzjl2017/tzzn/tzhj/，2018 年 6 月 26 日。

吉林省经济技术合作局：《产业情况》，投资吉林，http://www. jl. gov. cn/szfzt/tzjl2017/tzzn/cyqk/，2018 年 6 月 26 日。

李泊溪：《世界一流企业发展思考》，《经济研究参考》2012 年第 10 期。

李明贤、唐文婷：《地域特点、资源整合与农村一二三产业深度融合——来自湖南省涟源市的经验》，《农业现代化研究》2017 年第 6 期。

李鹏飞：《"GREAT"标准铺就世界一流企业之路》，《国资报告》2017 年第 12 期。

李晓鹏：《世界一流企业要聚焦"八有一流"》，凤凰财经，http://finance. ifeng. com/a/20180421/16170709_0. shtml，2018 年 4 月 21 日。

李治国、李振玉：《我国港口资源整合经验对辽宁省港口资源整合的启示》，《水运管理》2015 年第 7 期。

《刘烈宏：五个维度助力中国电科提升创新能力》，新浪·新闻中心，http://news. sina. com. cn/c/2018 - 04 - 21 - doc - ifznefkh3181567. shtml，2018 年 4 月 21 日。

刘玲玲：《鲁尔区从煤炭中心转型为文化之都》，《能源研究与利用》2018 年第 3 期。

刘伟：《我国供给侧结构性改革与西方"供给革命"的根本区别》，《中共中央党校学报》2017 年第 6 期。

刘洋：《科技资源整合对企业创新绩效影响机制实证研究》，《科学管理研究》2016 年第 6 期。

罗永泰、吴树桐：《企业资源整合过程中动态能力形成的关键路径分析》，《北京工商大学学报（社会科学版）》2009 年第 3 期。

孟卫东、杨伟明：《联盟组合中资源整合、双元合作与焦点企业绩效关系研究》，《科学学与科学技术管理》2018 年第 2 期。

齐平、贾帅令、陈旭：《重组类型会影响央企重组资源整合效率吗？——对横向、纵向和混合重组的比较研究》，《当代经济研究》2018 年第 8 期。

饶扬德：《企业资源整合过程与能力分析》，《工业技术经济》2006 年第 9 期。

宋渊洋、李元旭、王宇露：《企业资源、所有权性质与国际化程度——来自中国制造业上市公司的证据》，《管理评论》2011 年第 2 期。

王锦芳、刘得格：《资源观理论文献综述》，《财会通》2011 年第 8 期。

王艳：《电信企业重组中人力资源整合的经验探讨》，《商业文化》2011 年第 7 期。

肖亚庆：《国企要增强紧迫感在技术上做出更大努力》，搜狐，http://www. sohu. com/a/

228978486_561670，2018 年 4 月 21 日。

杨子云：《探索世界一流企业的品牌标准》，《中国机电工业》2012 年第 8 期。

袁东明：《把一批国有大企业培育成为具有全球竞争力的世界一流企业》，《中国经济
　　　时报》2017 年 12 月 4 日。

臧金娟：《资源组合方式和双元创新的实证分析》，《企业经济》2018 年第 2 期。

佟铃：《我国东北地区民营企业发展模式研究》，东北师范大学博士学位论文，2012 年。

董大海：《品牌战略——创建世界一流竞争力企业》，人民出版社，2018。

吉林省开发区转型升级问题研究

吉林财经大学课题组[*]

吉林财经大学课题组[*]

摘　要　开发区建设是深化改革、扩大开放，推动区域经济高质量发展的重要引擎，对推动全省开发区转型升级具有重要意义。尽管当前吉林省开发区发展态势良好，但仍存在着产业发展、空间布局、生产与服务、产业与城市发展的不平衡，制约开发区功能提升；产业规模、土地利用、区域创新、对外开放、规划管理不充分，制约开发区效能发挥等问题。吉林省应不断创新优化开发区发展思路，通过科学前瞻规划，加快产业升级发展，培育区域创新平台，推动开发区升级整合，解决土地瓶颈制约，全面深化改革开放等，推动全省开发区转型升级为改革开放战略高地，实现经济高质量发展。

关键词　吉林　开发区　转型升级　高质量发展

开发区建设是我国改革开放四十年来取得的突出成就，也是我国实现快速工业化、城镇化和对外开放的重要平台。2017年初，国务院办公厅印发了《国务院办公厅关于促进开发区改革和创新发展的若干意见》，对新形势下的开发区改革创新工作进行全面部署；吉林省于2018年7月公布了《吉林省人民政府关于促进开发区改革和创新发展的实施意见》。为进一步贯彻落实上述文件精神，深入了解全省开发区（工业集中区）建设发展情况，课题组对部分省内开发区、特殊功能区、工业集中区以及长春新区展开调研，对相关问题进行了深入研究。

---

* 课题负责人：张洁妍；课题组成员：衣保中、王丽颖、丁一、李新光、孙漫、张鸣。

一 吉林省开发区转型升级的重要意义

（一）全面融入"一带一路"需要开发区升级为战略开放高地

习近平总书记在推进"一带一路"建设工作5周年座谈会上指出："在保持健康良性发展势头的基础上，推动共建'一带一路'向高质量发展转变"，"东北地区要在更大范围、更高层次上开放，助推内陆沿边地区成为开放前沿"。[①] 吉林省作为"一带一路"北线的重要节点，应抓紧完善参与共建"一带一路"五年行动方案等政策措施，全面覆盖、突出重点，深度对接国家战略。全面融入"一带一路"建设，努力打造全省开放经济高地，既是开发区服务国家战略的应尽之责，也是自身发展、转型升级的强力支撑和重大机遇。2018年11月7日，《中俄在俄罗斯远东地区合作发展规划（2018－2024年）》正式获批，吉林省作为参与中俄远东地区合作的重要省份，再次迎来开放发展的新机遇。新时期，吉林省开发区应致力于搭建"一带一路"合作平台，努力打造对内合作对外开放的先行区；着眼"一带一路"产业融合，推动产业链、价值链延伸升级；深挖"一带一路"制度红利，促进开放型体制机制改革创新，切实发挥各级各类开发区的引擎驱动和战略支撑作用。

（二）经济高质量发展需要以开发区转型升级为突破口

当前吉林省正处于"爬坡过坎、滚石上山"的关键时期，推动全省经济高质量发展，是实现全面振兴的关键所在。2014～2018年，吉林省年均经济增长率在6.7%左右，经济结构开始从中低端产业为主向中高端产业转型，高技术产业、战略性新兴产业年均增长达10.9%以上，经济增长动力转换速度加快。但应看到，吉林省长期积累的结构性矛盾仍然突出，已进入到转型升级的攻关期。开发区作为集聚和配置先进生产要素的重要载体，是项目建设、投资开发的主战场，是对外开放的主平台，对于区域经济发展具有极其强大的集聚效应、溢出效应以及投资和创新驱动效应。因

---

① 《习近平：坚持对话协商共建共享合作共赢交流互鉴推动共建"一带一路"走深走实造福人民》，《人民日报》2018年8月28日。

此，抓住开发区转型升级这个突破口，对于引领全省实体经济转型升级，实现新旧动能转换，实现经济高质量发展具有重要意义。

（三）深化体制、机制改革需要以开发区为试验田先行先试

当前，吉林省的各项改革工作已进入深水区，创新体制机制，激发市场经济活力，打造良好的营商环境，有利于从源头上推动吉林省实现全面振兴、全方位振兴。目前来看，吉林省发展的各项体制机制障碍尚未根本消除，开发区作为各项制度改革和政策创新的试验田，应以"放管服"改革为抓手，向体制机制创新要效益，先行先试探索管理体制改革、开发模式改革、行政审批改革、土地及财税、金融支持等各项改革，发挥开发区的探索、引领和示范作用。

二 吉林省开发区建设发展现状及面临的问题

吉林省开发区建设起步于 20 世纪 90 年代初，大体经历了创业探索、成长发展和快速发展三个阶段。经过 20 多年的发展，全省建成各级各类开发区 119 家（含工业集中区），其中国家级开发区 14 家，省级开发区 70 家，省级工业集中区 35 家，分布在吉林省 9 个市（州）60 个县（市、区）和长白山管委会。吉林省开发区（工业集中区）可分为经济技术、高新技术、农业经济、文化旅游、商贸物流和特殊功能区（边境合作、出口加工、综合保税）六种类型。目前，基本形成了以汽车及汽车零部件、农产品深加工、生物医药、光电子技术、信息技术、新型建材和旅游七个主导产业，以及长春汽车制造、轨道客车装备制造、吉林化工、四平专用车、通化医药和冶金、松原农产品加工等产业集群。

20 多年来，作为改革开放的"试验田"和排头兵，全省开发区（工业集中区）一直保持良好的发展势头，为促进全省经济社会高质量发展发挥了不可替代的作用。2017 年全省开发区（工业集中区）完成地区生产总值 8531.41 亿元，占全省生产总值的 55.80%；规模以上工业企业完成增加值 4759.77 亿元，占全省工业增加值的 78.35%；完成地方财政收入 473.41 亿元，占全省地方财政收入的 39.10%；实际利用外资 79.72 亿美元，占全省利用外资的 78.93%；完成固定资产投资 7255.12 亿元，占全

省固定投资的 54.62%。开发区已成为吉林省经济发展的主战场、开发开放的战略高地、老工业基地加快振兴的示范区。

尽管当前吉林省开发区发展态势良好，但仍存在着一些亟待解决的发展不平衡、不充分问题，需要以转型升级促发展。

（一）产业发展、空间布局、生产与服务、产业与城市发展的不平衡，制约开发区功能提升

1. 产业发展不平衡，地区差距较大

吉林省开发区虽数目众多，但受区位条件、资源禀赋等因素影响，开发区建设发展水平差距较大，开发区之间呈现出阶梯状发展格局。第一梯队主要以长春高新区、长春经开区、长春汽开区、长春净月高新区和吉林化工循环园区 5 家开发区为代表，地区生产总值在 300 亿~900 亿元，产业呈体系化、链条化发展，基本步入以科技创新为支撑的产城融合推进阶段；第二梯队主要以延吉高新区、四平红嘴经开区等 13 家国家级开发区和部分发展较好的省级开发区为代表，地区生产总值在 100 亿~300 亿元，产业结构日趋合理，发展潜力较大，但整体规模偏小；第三梯队主要以省级开发区和工业集中区为代表，这类开发区占全省开发区总数的 85% 左右，地区生产总值在 100 亿元以下，产业层次低，项目规模小，发展动力不足，整体竞争力较小。开发区发展规模不均衡，制约了全省经济的协调发展。

2. 空间布局不平衡，产业同构现象严重

吉林省现有 119 家各级各类开发区（工业集中区），每个县（市、区）拥有 1 家或以上开发区，很多县（市、区）拥有 2 家以上，公主岭市最多有，5 家开发区。临近的黑龙江省有 103 家，辽宁省只有 63 家。开发区过多、过密，争资源、争项目、争土地，不利于集中力量统一规划、统一开发，造成部分发展好的开发区没有发展空间，而有些开发区开发强度低、土地闲置较多，发展极不平衡。

同时，开发区之间产业同构现象严重。吉林省大多数开发区起步较晚，要素集聚度低、缺乏清晰明确的产业定位和前期规划，同质化竞争严重，百区同构、产业雷同现象较为普遍，内耗竞争压力较大。吉林省开发

区约有 70% 的产业集中在汽车零部件、农产品加工、化工等领域，其中以食品产业为主导的开发区有 56 个，以冶金建材业为主导的开发区有 39 个，以医药产业为主导的开发区有 37 个，以汽车制造业为主导的开发区有 26 个，以装备制造业为主导的开发区有 24 个，以商贸物流业为主导的开发区有 12 个，有的开发区甚至规划了七八个主导产业，主攻方向不明确。汽车产业比重过大的问题没有得到根本性解决，光电信息、生物医药、新材料新能源等战略性新兴产业对工业增长贡献率较低。

3. 生产制造业与服务业发展不平衡，产业支撑不足

目前，吉林省大部分开发区，特别是省级开发区和工业集中区受区位条件、资金、资源等限制仍未实现充分发展，产业布局仍是生产制造企业和部门的集中，而对于生产性服务业和生活性服务业的布局严重不足，服务业增加值占 GDP 比重低于全省、全国平均水平，伴随着开发区不断发展，服务业短板问题日趋严重，产业发展支撑能力严重不足。尽管当前多数开发区基本实现"七通一平"或"九通一平"，但居住、教育、医疗等配套服务设施和金融、技术、物流、培训等配套服务发展滞后。特别是很多省级开发区和工业集中区，职工朝来夕去的"潮汐现象"显著，亟待增加生产性和生活性服务业的布局，实现制造业与服务业均衡发展，进而推动开发区产业链和价值链的延伸拓展。

4. 产业与城市发展不平衡，开发区"边缘效应"作用不足

依据增长极理论，开发区创设的根本目的是打造地区新的增长极，依靠开发区作为增长极的强大引领和示范作用，带动区域经济社会的全面均衡发展，同时在开发区产业发展过程中，也需要依托母城给予大量的孵化支持，没有母城的支持和地区经济的发展以及整体城市化水平的提高，开发区不可能获得长期稳定的发展。因此，产业与城市之间的发展是一个良性的互动融合过程。吉林省开发区在城乡资源共享互动、城市要素导入乡村、发展成果惠及百姓等方面效果还不理想。开发区与城市之间缺乏互通互联与功能互补，新城建设统领开发区转型的战略还没有全面铺开；开发区与周围区域之间的互补性、集聚性以及协同性带来的关联增值效应，还没有充分发挥出来。

（二）经济规模、土地利用、区域创新、对外开放、规划管理不充分制约开发区效能发挥

1. 经济发展不充分，发展质量不高

尽管吉林省开发区近年来获得了长足发展，但从全国开发区整体发展状况考量，尤其是与部分经济实力较强的省份相比，开发区的规模总量仍然较小，尚未得到充分发展。目前全省还没有达到千亿元级的开发区，如2017 年长春高新区实现地区生产总值为全省最高，达到 852 亿元，而同期全国前 10 位开发区的地区生产总值基本在 3000 亿元以上。全省仅有 5 家开发区的生产总值在 300 亿元以上，100 元 ~ 300 亿之间只有 13 家，有85% 的开发区生产总值在 100 亿元以下。大部分开发区由于缺乏前瞻性规划和科学论证，边招商、边建设，产业发展质量不高。全省开发区规模以上工业企业仅占入区总数的 10% 左右，80% 的开发区缺少龙头企业带动，区域竞争力不强。在引进的建设项目中，商业综合类项目较多，纯工业类的产业项目较少，特别是能够产生税收、增加财政收入、提高经济总量和效益的实体经济项目不多，加之有些项目建设周期较长，大项目对经济发展的拉动作用还没有充分显现。开发区要想做大底盘、做强总量、提高经济实力，迫切需要引进建设一批实体经济大项目。2017 年，全国国家级经济技术开发区综合实力前 30 强中，吉林省仅长春经开区列第 19 名，且排名有下滑趋势。新设立的长春新区与其他 18 个国家级新区相比，2017 年的经济总量增速虽然排在第 8 位，进入中游偏上水平，但总量排在第 12位，处于中下游水平。国内一些发展较好的新区经济总量是长春新区的几倍以上，甚至是十倍左右。

2. 土地利用不充分，集约利用率较低

土地问题仍然是吉林省开发区当前亟待解决的一大难题。目前，全省开发区（工业集中区）无论是建成区还是未建区都存在较多问题。从建成区来看，突出问题是土地利用质量不佳，一些开发区受土地利用意识淡薄、项目规划缺乏前期论证等因素影响，投资强度、土地产出效率均很低。例如，辽源市两级开发区平均投资强度为 2216 万元/公顷，仅达到国家级开发区要求的一半，全省国家开发区土地平均产出效率也远远落后于

全国平均水平。这些建成区传统产业比重高，土地产出效率较低，缺乏高新技术支撑，亟待调整优化产业结构，实现腾笼换鸟。另外，建成区内存在的"圈地"和占而未建的现象仍然突出，土地闲置率较高，如仅吉林市开发区就闲置土地达 700 公顷。从未建成区看，总体土地利用情况不佳，未建区土地占规划总面积过高，达到 60% 以上，主要原因在于开发区招商引资效果不佳，项目难以落地，或受资金、审批等因素影响，新批的开发区、功能区难以大规模建设。

3. 区域创新发展不充分，创新驱动能力不足

目前，吉林省大部分开发区的经济发展模式仍然停留在传统的投资驱动阶段，高新技术研发对自身经济社会发展的支撑严重不足，企业作为创新主体的地位缺失。尽管吉林省拥有大量的科研机构和高等院校，科技成果数量较大，但实现本地转化的成果并不多，创新人才、技术、资金流失严重，产学研合作的深度和广度有待进一步提升，全社会创业创新氛围仍需进一步营造，推动技术创新以及科研成果孵化转化的平台建设仍需进一步完善，导致各级开发区内的创新成果原创性较差，技术创新未能形成规模。与国家先进高新区相比，在科技企业数、申请专利数、发明专利数等方面都比较少，知识创造和技术创新能力在全国高新区排名还不算靠前。

4. 对外开放发展不充分，外向型经济发展不足

吉林省自长吉图战略实施以来，依托边境经济合作区、出口加工区、综合保税区、保税物流园区等特殊功能区建设，大力发展外向型经济取得一定成绩，但受多方因素制约，外向型经济和开放平台建设远落后于其他省份。主要体现在以下几个方面，一是开放通道和平台开放功能远远落后于其他地区；二是功能区内贸易结构、品种单一，投资合作规模较小，且多由地方政府主导；三是近年来吉林省虽建设了长春新区、长吉产业创新发展示范区、中新吉林食品区等合作园区，但无论是对内还是对外产业合作程度均不高，产业关联程度不深；四是跨境经济合作区建设仍需进一步升级。

5. 规划管理不充分，体制机制优势弱化

开发区设置的目的是发展加工业和外向型经济，带动辐射、引领示范地方经济发展。但近年来，吉林省许多开发区已突破原有空间布局和功能

定位，辖区面积过大，开发区有回归行政化趋势，改革开放的示范作用不强。从内部看，管理活力不足，用人、运营、薪酬、人才引进等体制机制弱化；从外部看，一些行政审批权限下放不到位，驻区派出机构授权不到位，办事效率低。开发区独有的"事权一致、精简高效"的优势逐步弱化，尤其是用地审批程序难以突破，有的因土地问题久拖不决而导致项目落不了地。

三 加快全省开发区转型升级的对策建议

新时期，吉林省开发区（工业集中区）建设面临诸多机遇和挑战，应以加快开发区转型升级为契机，着力解决发展过程中出现的各种不平衡不充分的问题，将开发区打造成新的改革开放战略高地，推动开发区成为现代制造业的承接地、创新驱动的核心区、对外开放的先导区以及深化改革的示范区，引领全省经济高质量发展。

（一）按照构建改革开放高地的思路，科学前瞻规划

开发区的转型升级离不开科学的前瞻性规划，各地市应聘请专业机构及专家制定科学合理的开发区发展规划，要在立足本地区位、资源要素禀赋的基础上，进一步明确开发区的发展方向、空间布局和数量规模，坚持产业差异化发展原则，依据不同开发区的特点和比较优势，实现错位发展，提高产业集中度，同时也需注重在产业规划和空间布局上的协同效应，走创新驱动和产业集聚的发展之路。各地开发区的规划建设要具有前瞻性和高标准，要坚持适度超前原则，推动开发区长远发展。无论是空间布局、产业规划、生态环保，还是基础设施建设、公共服务供给，都要体现高起点和前瞻性的规划思路。并且在总体规划确定后也应重视发挥规划的引领作用，保持实施落实的一贯性。

（二）优化招商引资思路，加快产业升级发展

吉林省应转变传统单一的租金减免、税收优惠、"捡进篮子都是菜"的招商引资思路，立足实际，依托本地特有的"关键资源""科研平台""特色产业""金融资本""供应链"等组合招商，打造良好的营商环境，

吸引龙头企业在开发区落地。明确开发区的主导产业和发展思路，坚持开发区发展的特色化、专业化和集群化，推动高新技术和战略性新兴产业在开发区内集聚。在"纵向"上实现上下游企业衔接，延长产业链；在"横向"上实现周边配套的中小企业协同，拓宽价值链。以"招商引资"和"内生成长"来不断强化和延伸产业链条。协调发展区内先进制造业和现代服务业，加快传统制造业改造升级，大力发展科技研发、物流、服务外包、金融保险等先进服务业，推动企业集群和产业集聚。支持符合条件的经济开发区申报省级服务外包示范园区。深化大数据、云计算、人工智能、工业互联网等新一代信息技术与制造业融合发展；发展总部经济，吸引极具发展潜力和强力带动效应的新兴产业和企业入驻园区；加快发展智能化生产、网络化协同、个性化定制和服务化转型等新业态新模式。鼓励各经济开发区建立大数据产业园区，利用大数据和互联网技术推动传统企业转型升级，推动数据技术在高端装备制造、航天信息等产业领域的应用，激发新兴产业发展活力，实现开发区产业升级。

（三）坚持创新驱动思路，培育区域创新平台

良好的创新创业平台和孵化载体可以有效地吸引各类要素在开发区内集聚，推动开发区和区域实现高质量发展。吉林省要进一步加大创新平台的建设，鼓励国家级经济技术开发区引进跨国公司研发中心和创新中心，引导区内企业与跨国公司建立技术战略联盟；推动有条件的国家级经济技术开发区与本地高校、科研院所建立协同创新平台，形成产业创新集群；推动具有发展优势的省级开发区升级为省级高新区。

各类开发区在转型发展过程中，应着重规划好创新载体和平台的空间布局，扎实稳步推进各级各类开发区内的标准化设施与孵化器建设，形成"众创空间—孵化器—加速器—创业园区"的创新创业发展路径，搭建起"产、学、研、金、介、政"六位一体的协同创新平台，促进各类创新要素自由流动，完善知识产权保护各项举措，在全社会营造出良好的创新创业氛围。积极推进银企对接，组建战略性新兴产业基金，建立政府主导的"天使基金"和"风投基金"，解决好中小企业发展资金问题。建议以长春新区作为改革试点，发挥其国家"双创"示范基地和科技成果转移转化示范区优势，积极推进北湖科技园、摆渡创新工场等创新创业孵化平台建

设，学习引入国外"F工作站"先进模式，探索组建功能更加完备的新一代企业孵化器、加速器，孵化更多高技术企业、小巨人企业，争取在3年内培育1~2家"独角兽"企业及若干"瞪羚"企业。探索创新地区人才新政，以更多优惠条件吸纳国内外顶尖人才在吉林落户，提升开发区对创新人才等高端要素的吸引力和承载力，支持"大众创业、万众创新"活动有序开展。

（四）坚持产城融合思路，推动开发区升级整合

"产城融合"是开发区转型升级的一大趋势，吉林省在推动开发区转型升级时，应实现开发区与城市发展的统筹规划，注重开发区发展与城市功能外延拓展的契合性，合理布局生产、生活、生态空间，进一步提升开发区基础设施建设水平和生产、生活服务功能。也应借鉴国内外先进经验，结合吉林省实际，对开发区进行升级整合。探索对长春经开区、长春高新区等与城市融合度高、城市功能健全、已无工业用地的中心城市开发区"退区进城"，交由相邻行政区或成立新区管委会，将现有社会管理职能和人员并入新区政府。对同一行政区内功能相近、连片开发、不同层次的开发区，实行合并重组，以大代小、以强带弱。同时，通过产业链条延伸和开发主体资产重组等多种方式推进"园园"联动，推进小开发区与规模较大开发区配套整合发展，实现园区之间资源共享，优势互补，共同发展。

（五）坚持集约高效思路，解决土地瓶颈制约

完善集约用地规范标准，探索在各级各类开发区建立"集约用地示范区"，完善集约用地规范标准，制定相应倾斜政策，引导开发区土地集约经营。提高土地利用门槛，对投资强度做出评估，国家级开发区、中心城市的省级开发区、县域省级开发区投资强度原则上每公顷分别不低于5000万元、3000万元、2000万元。加强土地节约集约利用和批后监管，建立健全土地集约利用综合评价机制。支持开发区充分利用"三旧"改造政策盘活土地存量。加大对闲置用地、低效用地和批而未供用地的处置力度，推进存量用地二次开发。鼓励工业用地长期租赁，引导企业通过提高容积率等方式减少占地规模，防止长期大量圈占土地。建立开发区重大项目用地

保障机制，确保高科技项目、先进制造业、战略性新兴产业项目供地，对土地利用效率低、经济效益差、达不到土地出让合同约定的项目进行"退区处理"。

（六）坚持体制机制创新思路，全面深化改革开放

积极探索形成促进开发区高效、创新、协同发展的良性体制机制，不断提升开发区的效率和活力。完善与国际接轨的经济运行机制和统一高效的管理体系，探索关键业绩指示（KPI）绩效考评机制，进一步提升效能、激发活力。构建更加合理完善的开发区公共服务体系，加大电子政务建设力度，整合各类信息系统，建立健全网上统一受理平台和政务服务中心综合受理窗口。深化行政审批改革，重点推进"只跑一次""证照分离""标准地＋承诺制"等改革工作，实现行政审批的"三集中、三到位"，打造规则无偏见、办事不求人、投资有商机的全国一流营商环境。支持开发区与投资机构、商业银行、保险公司等加强合作，创新市场化、社会化投融资体制。

凭借全面融入"一带一路"战略和中俄远东地区开发开放的东风，打造开放经济新平台。积极探索创新国际合作园区、跨境合作园区管理模式，完善市场化开发机制，在开发区建立跨国联合开发、连片开发等多元开发机制。加强国际合作平台建设，积极协调商务部、海关争取专项资金，推动全省开放平台的联动、整合与升级。完善国际陆港、空港等特殊功能区的开放平台功能，加快中白、中芬、中日等国际合作园区建设，合理利用公安部授予的外籍人才出入境优惠政策，拓展对外开放的广度和深度；加强飞地经济建设，提高与国内先进地区的经济联动与合作，以浙（江）吉（林）、（天）津长（春）等国内合作产业园区建设为抓手，做好承接产业转移各项工作；推动跨境电商等新业态持续发展，创新优化外向型经济发展模式，逐步提升利用国际国内"两个市场、两种资源"的能力和水平。复制推广上海自贸区深化改革开放经验，积极申请探索中国吉林自贸区建设。

参考文献

安礼伟、张二震：《论开发区转型升级与区域发展开放高地的培育——基于江苏的实

践》,《南京社会科学》2013 年第 3 期。

安树伟、李瑞鹏:《高质量发展背景下东北振兴的战略选择》,《改革》2018 年第 7 期。

毕晓嘉、赵四东、孙祥龙等:《从"二元分离"到"有机集中"——产业园区转型升
级过程中的服务业发展对策研究》,《现代城市研究》2016 年第 12 期。

陈耀:《推动国家级开发区转型升级创新发展的几点思考》,《区域经济评论》2017 年
第 2 期。

高贵华:《供给侧结构性改革下开发区转型升级研究》,《工业经济论坛》2016 年第
5 期。

侯彦全、樊蒙、赵芸芸:《以转型升级推动产业园区高质量发展》,《中国经济时报》
2018 年 8 月 6 日。

韩亚欣,吴非,李华民:《中国经济技术开发区转型升级之约束与突破——基于调研结
果与现有理论之分析》,《经济社会体制比较》2015 年第 5 期。

匡晖:《产业园区高质量转型之路》,《中国经济报告》2018 年第 8 期。

刘荣增、王淑华:《城市新区的产城融合》,《城市问题》2013 年第 6 期。

吕钟:《经济开发区转型升级发展方式研究》,《商业经济研究》2012 年第 33 期。

唐承丽、周海兰、周国华等:《湖南省级产业园区转型升级提质的顶层设计》,《经济
地理》2013 年第 1 期。

托马斯·法罗尔、许俊萍、李迎成:《开发区和工业化:历史、近期发展和未来挑战》,
《国际城市规划》2018 年第 2 期。

向乔玉、吕斌:《产城融合背景下产业园区模块空间建设体系规划引导》,《规划师》
2014 年第 6 期。

郑国:《中国开发区发展与城市空间重构:意义与历程》,《现代城市研究》2011 年第
5 期。

吉林省推进质量变革、效率变革、动力变革问题研究

中共吉林省委党校课题组[*]

摘 要 推动经济质量变革、效率变革、动力变革，是推进老工业基地全面振兴发展的必由之路。吉林省经济发展虽然稳中有进，稳中向好，但质量不优、效率不高、动力不强的问题还很突出，制约吉林省经济实现高质量发展。从实践看，吉林省推动"三大变革"实现经济高质量发展，依然面临着科技支撑不强，金融支持不够，人才较为短缺，营商环境不优等诸多困难和问题。"三大变革"是一场涉及吉林省发展方式、经济结构、增长动力等诸多方面的系统性重大变革，要通过强化社会导向，建设数字吉林，发展实体经济，厚植创新基因，加强人才建设，优化营商环境，重构考评体系等措施强力推动。

关键词 质量变革 效率变革 动力变革

吉林省正处在转型发展的关键时期，由规模速度型经济转向质量效益型经济，必须坚持质量第一、效益优先，以供给侧结构性改革为主线，推动经济发展质量变革、效率变革、动力变革。这"三大变革"既是党的十九大关于经济建设的新部署新要求，更是解决吉林省发展不平衡不充分问题，加快老工业基地全面振兴发展的必由之路。

---

* 课题负责人：王雪雁；课题组成员：张利华、徐寅生、代颖、齐峰、贾甲、周阔。

一 吉林省高质量发展迫切需要推进"三大变革"

近年来,面对错综复杂的外部环境及经济结构调整等多种不利因素,吉林省有效应对各种风险挑战,经济发展总体稳定,2013～2017年经济年均增长6.7%,位于合理区间。对于吉林省经济的发展,既要看到稳中有进,同时也必须看到经济增长稳中有变,稳中有忧。经济发展中质量不优、效率不高、动力不强的问题还很突出,制约吉林省经济实现高质量发展。

(一)经济增长速度下滑

自2013年以来,由于国际环境的变化和国内经济发展步入新常态,吉林省经济下行压力加大。2013～2017年,吉林省经济增速持续下滑(见图1)。特别是2017年以来,吉林省经济增长困难进一步加大,经济增速既不是常态,也不是"新常态",而是呈现"非常态"。2017年,全省经济增长速度低于全国1.6个百分点,低于预期目标1.7个百分点。2018年第一季度,全省经济增长2.2%,居全国第30位;2018年上半年,经济增长2.5%,居全国第31位。而同期辽宁省经济增长速度为5.6%,黑龙江省经济增长速度为5.5%,吉林省在东北三省中明显落后。

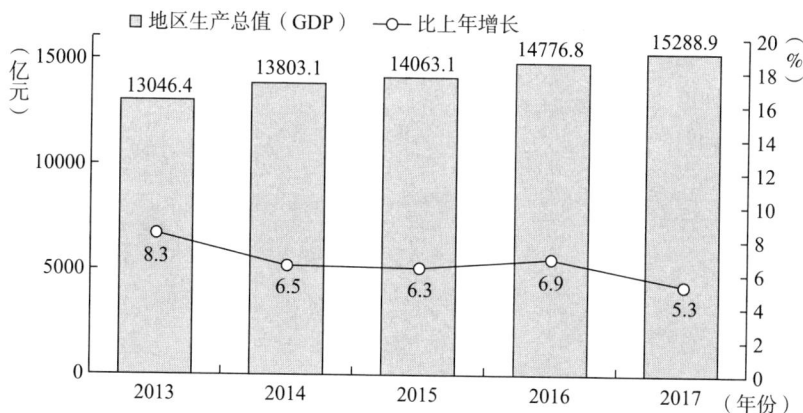

图1 2013～2017年吉林省地区生产总值及其增长速度

资料来源:吉林省统计局:《吉林省2017年国民经济和社会发展统计公报》,吉林省人民政府网站,http://www.jl.gov.cn/sj/sjcx/nbcx/tjgb/201803/t20180328_4537577.html,2018年3月28日。

（二）经济增长动力减弱

长期以来，吉林省经济增长的动力主要来自两个方面，一是投资拉动，二是工业带动。

从需求结构看，吉林省投资率长期偏高，投资对经济增长的影响大。据统计，吉林老工业基地第一轮振兴十年（2003~2012年），经济年均增长速度为13.7%，而投资年均增长35.6%，投资拉动效应显著。2013年以来，投资增速明显放缓。近五年（2013~2017年）投资年均增长11.7%，增速逐年明显递减（见表1），造成经济增速随之减缓，经济年均增长6.7%。2018年上半年，吉林省投资增速为-1.5%，经济增长2.5%。经济增长出现困境的主要原因是投资快速回落。

表1　2003年至2018年上半年吉林省和全国投资增长速度比较

单位：%

年份	吉林省	全国
2003	19.5	27.7
2004	20.9	26.6
2005	53.8	25.7
2006	55.6	23.9
2007	42.8	24.8
2008	40.1	25.9
2009	29.5	30.0
2010	32.5	23.8
2011	30.3	23.6
2012	30.5	20.3
2013	20.0	19.3
2014	15.1	15.3
2015	12.0	11.8
2016	10.1	8.1
2017	1.4	7.2
2018 上半年	-1.5	6.0

资料来源：根据历年国家和吉林省《国民经济和社会发展统计公报》整理。

从产业结构看，吉林省第二产业占比长期偏高（见图2），经济发展主要依靠工业支撑。近年加大服务业攻坚，第三产业比重有所增加，但2017年第二产业占比为45.9%，高于全国5.4个百分点，工业对全省经济带动作用强。据统计，吉林老工业基地第一轮振兴十年（2003～2012年），吉林省工业增长较快，年均增长17.8%，高于全国同期6.5个百分点。工业高速增长带动经济快速增长。自2013年以来，吉林省工业增速进入"一位数增长"，2013～2017年规模以上工业增加值平均增长6.7%，且逐年明显降低（见表2），2018年上半年规模以上工业增加增长速度值仅为2%，工业增速减缓是经济增速放慢的重要原因。

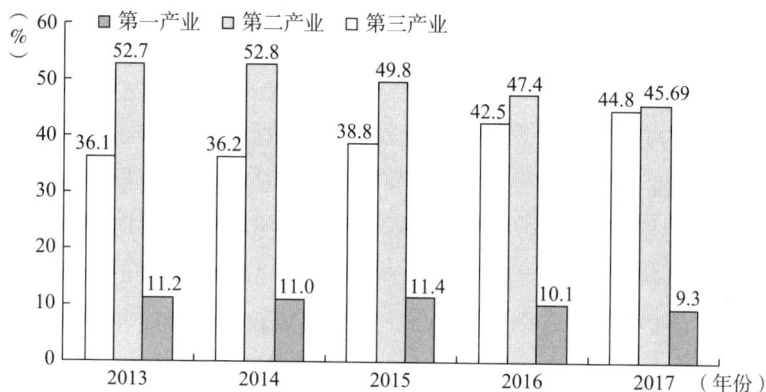

图2 2013～2017年吉林三次产业占地区生产总值比重

资料来源：吉林省统计局：《吉林省2017年国民经济和社会发展统计公报》，吉林省人民政府网站，http://www.jl.gov.cn/sj/sjcx/nbcx/tjgb/201803/t20180328_4537577.html，2018年3月28日。

表2 2003年至2018年上半年吉林省和全国规模以上工业增加值增速比较

单位：%

年份	吉林省	全国
2003	17.9	12.8
2004	18.6	11.5
2005	11.0	11.4
2006	18.5	12.9
2007	23.6	14.9
2008	18.6	9.9
2009	16.8	8.7

续表

年份	吉林省	全国
2010	19.9	12.6
2011	18.8	10.8
2012	14.1	7.9
2013	9.6	7.6
2014	6.6	7.0
2015	5.3	6.1
2016	6.3	6.0
2017	5.5	6.6
2018 上半年	2.0	6.7

资料来源：根据历年国家和吉林省《国民经济和社会发展统计公报》整理。

从投资结构看，工业投资、国有投资、房地产投资对总投资影响较大。吉林省第二产业占比高，第二产业投资状况对全省固定资产投资具有决定性影响。吉林省统计局公布数据显示：2018 年上半年，全省固定资产投资（不含农户）同比下降 1.5%，其中第二产业投资同比下降 6.9%；由于国有投资占比高，国有投资状况对全省固定资产投资影响较大。2018 年上半年，国有投资同比下降 12%，民间投资也不景气，同比下降 0.6%；房地产投资仍对固定资产投资增长产生正向影响，全省房地产投资同比增长 17.0%。

从地区结构看，全省经济动力来源单一，各地区经济发展不平衡、不充分的矛盾突出。2018 年上半年，全省经济增长 2.5%，全省 9 各市州只有长春市同比增长 12.14%，其余地区皆为负增长，经济下滑较为明显。

（三）经济发展质量不优

吉林省是较为典型的传统经济结构，经济素质不高。以重化工业为主的产业结构和以国有经济为主的经济结构叠加，经济结构低端，技术层次不高，核心竞争力不强，缺乏领军企业和全国知名品牌。

1. 经济结构不优

吉林省工业占比偏高，第三产业发展滞后。2017 年，吉林省第一、第二、第三产业占比分别为 9.3%、45.9%、44.8%，与前些年相比工业占比虽有所下降。但从全国看，服务业规模小，比重偏低，占 GDP 比重低于全国平均水平 6.8 个百分点。在全国经济已进入第二、第三产业"双轮驱动"的新时期，吉林省由于第三产业占比低，支撑力不足，导致腾挪空间不大。在工业中，生产制造环节比重大，研发设计、营销服务等生产性服务业发展滞后，产业智能化程度低，信息化和工业化融合程度不高。

2. 技术层次不高

2016 年，吉林省科技进步对经济增长的贡献率为 53.6%，低于全国 56.2% 的平均水平。传统经济在经济增长格局中的贡献仍处于主导地位，先进制造业、高新技术产业发展较为滞后。大部分企业尚无自己的技术研发机构，企业自主研发能力、引进技术消化吸收和二次创新能力较弱，拥有自主知识产权的关键技术较少。技术创新与产业融合不够。在制造业方面，汽车制造与新能源及人工智能的融合程度不高，石化、冶金、建材等产业与新型材料的结合度不高；在医药产业方面，对中草药的开发整合力度不够，中药与美容、保健等领域未能实现融合发展，产业链条延伸不长。

3. 核心竞争力不强

无论传统产业还是新兴产业，都存在科技创新支撑不够、核心技术缺乏、关键资源掌握少等问题。吉林省制造业规模大，占比高，但基础制造水平落后，处于产业链的中低端，多数为技术含量低、附加值低、价格低的"三低"产品，市场急需的技术含量高、附加值高的技术装备和产品长期依赖进口。吉林省主要支柱产业受全局性产能过剩以及自身竞争力不强等因素影响，持续增长空间受限。汽车制造是省内重点企业，主要依靠合资体系支撑，自主体系发展面临很大困难，企业综合竞争力相比国内外竞争对手有下滑的趋势。

4. 缺乏领军企业和知名品牌

省内有实力的大企业和大企业集团数量极少，2018 年中国企业 500 强吉林省入强企业只有 2 家（一汽和亚泰）。吉林省品牌建设明显滞后，有影响的品牌不多。2015 年发布的中国 500 最具价值品牌中，吉林省入围的只有一汽、解放、红旗、通化、敖东、感康 6 个品牌，只占全国的 1%。品牌意识不强，品牌创造力不足，导致生产低端化并被锁定在产业低端。

5. 经济发展质量仅体现在地区财政收入上

2017 年，吉林省地方财政收入为 1210.82 亿元，居全国第 26 位，财政收入增速比上年下降 4.1%，居全国第 30 位。而辽宁省财政收入为 2390 亿元，增长 8.6%；黑龙江省财政收入 1243 亿元，增长 11%。2017 年深圳市财政收入为 3332 亿元，收入规模是吉林省的 2.75 倍。2018 年上半年吉林省财政收入同比下降 1.6%。

（四）经济效率不高

不同的制度安排与经济效率相关。实践证明市场配置资源可以带来更高的经济效率。市场化程度决定经济效率的高低。

党的十八大以来，党中央、国务院着力全面深化改革，推出了一系列简政放权的政策措施，旨在推动"大众创业、万众创新"，新开办企业在全国出现"井喷"局面。据统计，2012～2015 年我国企业法人数增加了 52%，但同期吉林省的企业法人数增长率为 37.1%，远低于全国平均水平。

在既定的带有一定计划经济色彩的制度安排下，吉林省国有企业比重高、效率低，民营经济规模小、实力弱，形成整体经济活力不足、效率不高的局面。

1. 国有经济比重高，活力不足

2016 年，吉林省国有及国有控股工业企业占规模以上工业总产值的比重为 34%，高于全国平均水平（20.3%）13.7 个百分点。省内的国有企业近 80% 是央企，在经济中有着举足轻重的地位。一汽、吉化、长客、吉林油田等，对全省经济影响重大，当这几个企业因为资源或市场原因进入调整期时，整个地区的增长动力就会明显下滑。地方国有企业改制不彻底，企业行政色彩较浓。《2016 年中国会计统计年鉴》显示，2015 年吉林省地方国有企业（不包括央企在当地的企业）共计 822 户，国有资产总额为 874.6 亿元。2015 年吉林省地方国有企业营业总收入 782.4 亿元，利润总额 2.5 亿元，盈利面仅为 45%，有一多半企业亏损。国有企业净资产利润率为 0.2%。由此可见，国有企业经营效率极低，经济效益不高。

2. 民营经济规模小，发展不充分

由于存在民营企业创办难、成长难、创新难、盈利难，吉林省民营经济发展水平不高。2011 年吉林省民营经济占比为 50.5%，由于发展速度缓慢，到 2017 年民营经济占比仅为 51.7%。这一占比明显低于全国民营经济占比超过 60% 的水平，更低于一些发达省份已超过 70% 的水平。发达省份的民营经济呈现"大企业顶天立地，小企业铺天盖地"的发展局面。而吉林省民营经济不仅数量少而且实力不强。从 2017 年中国民企 500 强各省份上榜企业数量来看，吉林省与发达省区的差距明显。在民企 500 强中，吉林省仅有 2 家（修正药业和欧亚卖场），而浙江有 120 家，江苏有 82 家，广东有 60 家，山东有 57 家。吉林省的民营经济生存和发展较为艰难。

3. "放管服"改革不到位

在简政放权方面，随着"放管服"力度加大，出现了基层承接下放权力能力不足的问题，上级机关"一放了之"，基层不知如何做，甚至有的审批权归哪个部门负责都不清楚，存在真空。在工作状态方面，一些公务人员消极被动，躲事、推事，对上不去积极争取项目资金，对下不主动帮企业解决困难。遇事翻条文、找依据，死抠程序，推卸责任。

4. 税费负担比较重

2017 年，吉林省民营企业缴纳的税金占全省地方财政收入的 68.3%，这一比例明显高于全国平均 50% 的占比。吉林省民营企业在全省经济总量中占比低于全国平均数 8.3 个百分点，缴纳税金却高于全国平均数 50% 近 18.3 个百分点。如此高的税负使民营经济生存和发展艰难。2016 年以来，税费高的问题虽有所缓解，但税费合计比重与全国和发达地区相比处于较高水平。例如，在企业降本增效政策实施方面，一些企业反映，其制度性交易成本、税费成本、用能成本、用地成本、物流成本、融资成本以及与人力成本相关的社会保障费下降幅度低于预期。

二 制约吉林省实现"三大变革"的困难和问题

总的来看，吉林省推动"三大变革"实现经济高质量发展，依然面临着很多困难和问题。

（一）科技创新支撑不强

1. 研发投入严重不足

随着产业转型升级，研发投入的多寡会对各个区域之间的产业结构和区域竞争力产生深远影响，是衡量一个地区经济发展水平和科创能力的重要指标。2017 年，全国在 R&D 方面投入超过千亿元的省份有 6 个，分别为广东、江苏、山东、北京、浙江和上海，其中广东和江苏超越了 2000 亿元。2017 年，吉林省 R&D 方面的支出为 128 亿元，居全国第 24 位（见表 3）。

表 3 2017 年全国各省份研发投入和研发强度比较

单位：亿元，%

省份	研发投入	研发强度
北京	1579.7	5.64
上海	1205.2	3.93
江苏	2260.1	2.63
广东	2343.6	2.61
天津	458.7	2.47
浙江	1266.3	2.45
山东	1753.0	2.41
陕西	460.9	2.10
安徽	564.9	2.09
湖北	700.6	1.97
重庆	364.6	1.88
辽宁	429.9	1.84
四川	637.8	1.72
福建	543.1	1.69
湖南	568.5	1.68
河北	452.0	1.33
河南	582.1	1.31
江西	255.8	1.28
甘肃	88.4	1.19
宁夏	38.9	1.13
云南	157.8	0.96
山西	148.2	0.95
黑龙江	146.6	0.92
吉林	128.0	0.86
内蒙古	132.3	0.82
广西	142.2	0.77

续表

省份	研发投入	研发强度
贵州	95.9	0.71
青海	17.9	0.68
新疆	57.0	0.52
海南	23.1	0.52
西藏	2.9	0.22

资料来源：各省统计局

吉林省研发强度（研发经费占地区生产总值的比重）自 2015 年以来有降低的趋势（见表4），2017 年为 0.86%，居全国第 24 位，与东部沿海发达地区的研发强度差距相当明显。2012 ~ 2017 年，吉林省平均为0.93%，低于全国同期（2.04%）1.11 个百分点。

表4　2012 ~ 2017 年吉林省和全国研发强度比较

单位：%

年份	吉林省	全国
2012	0.92	1.90
2013	0.91	1.99
2014	0.95	2.02
2015	1.01	2.06
2016	0.95	2.11
2017	0.86	2.13
平均	0.93	2.04

资料来源：历年《吉林统计年鉴》和《中国统计年鉴》。

企业研发活动比例低，投入严重不足。据统计，2016 年全省有工业企业法人单位 6003 个，其中有研发活动的仅为 361 个，占工业企业法人单位的6.01%；有研发机构的企业仅为 164 个，占工业企业法人单位总数的 2.73%；有专利申请的企业仅为 249 个，占工业企业法人单位总数的 4.15%。2016年，全省高新技术企业为 442 个，其中有研发活动的企业 108 个，占比为 24.43%。

2. 产学研合作机制不完善

例如，长春市高校和科研机构集聚，每年科技成果数目可观，但科技成果转化率并不高。其原因一是有的研究成果与主导产业难以对接，无法转化；二是科研人员没有精力和条件去做转化。产业技术创新战略联盟实质作用发挥不足，科技人才、科技成果价值得不到充分体现，具有国际视野、战略高度的评估机构缺失，部分市场化中介机构行政化、事业化色彩浓厚，"一校两所"（吉大、长春光机所和应用化工所）等机构的科研成果流失到省外转化。

3. 企业承接成果转化能力不足

吉林省企业平均吸纳技术成交额为 95.65 万元，居全国第 26 位。中试环节投入近年来虽有增长，但仍然难以满足科技成果转化需要。技术落后、创新能力不强已成为影响吉林省产业结构调整和产业升级的严重障碍。

（二）金融支持实体经济不够

1. 企业资金缺口巨大

吉林省实体经济融资难、融资贵问题一直没有实质性突破。据了解，2016 年全省重点调度的 647 户工业企业流动资金总需求为 628.6 亿元，通过各种方式解决了 443.5 亿元，尚有 185.1 亿元缺口，约占企业流动资金的 1/3。信用好的企业尚且如此，众多中小企业融资难的问题更加突出。客观地说，吉林省信用环境不够好是造成融资难的直接原因，但从政策层面看，对如何引导银行破解企业信用不足问题还没能找出有效方案。

2. 贷款费率居高不下

企业反映银行贷款利率和担保费较高，有的政策性担保机构已经失去了"政策"功能。对全省 120 户小微企业问卷调查显示，省内小微企业年均抵押贷款综合费率为 5.79%，年均担保贷款综合费率为 8.88%。全省有近 40% 的企业由于抵押物不足无法贷款，部分中小企业只能通过小贷公司解决应急资金，该类融资成本超过 20%。吉林省实体经济企业税后利润平均在 5% ~10%，小微企业在 3% ~6% 之间，从利润水平和融资成本比较看，大多数企业在为银行"打工"。在调研中，企业反映最为强烈的是，使用"过桥资金"代价巨大。

3. 资本市场发育不足

吉林省股权直接融资比重小，股权基金规模小。2017 年，全省仅有 98 支私募基金，管理资金 255 亿元，分别占全国的 0.2% 和 0.3%，不及深圳的 1/40；吉林省仅有 5 支政府引导基金，管理资金 101.4 亿元，分别居全国第 28 位和第 16 位。尽管有些基金也发挥了较好作用，但仍然存在管理使用分散、与政府产业发展意图结合不紧、集中扶持优势企业不够等突出问题。个别基金偏离政府设立的初衷，变成了高薪养人机构。2017 年，全省 A 股上市企业仅为 42 家，占全国的 1.3%；新三板挂牌企业 78 家，占全国的 0.8%。

（三）各类人才较为短缺

优秀企业家少、企业技术骨干少、企业合格产业工人少，这是困扰吉林省"三大变革"的瓶颈。

1. 优秀企业家少

推动"三大变革"，人才是保障，特别是优秀企业家最为关键。近年来，吉林省涌现了一批像曹和平、李秀林、李一奎这样在全国有一定影响力的企业家，但凤毛麟角，没有形成较大的吉林企业家群体。全省"三上"企业 13620 户（包括规模以上工业企业，具有资质等级的建筑业企业，限额以上批发、零售、住宿和餐馆企业），但其中在国内和行业内有一定影响力的企业家不足百人。而且老一代民营企业家后继无人的问题凸显。

2. 高端技术和管理人才少

吉林省高端人才流失严重，受区域条件和薪酬待遇制约，吉林省留住和引进高端人才异常困难，不仅吉大、中科院、一汽的高级人才在流失，而且省内制造企业的技术骨干和管理人才也被南方企业不断挖走，同时带走了整个实验室和骨干团队。百户企业调查显示，有 98% 的企业缺技术骨干，50% 的企业缺技术团队，60% 以上的企业反映技术骨干难留住。一个重要原因是企业机制不活，股权、知识产权、研发经费等政策不优厚，落实不到位，留住、培养、吸引技术骨干成为企业发展的当务之急。

3. 企业技术工人少

吉林省制造企业工人大多来自老国企，随着老一代国有企业工人退休，在数量和素质上存在明显不足，难以满足企业发展需要。一些劳动密集型企业出现招工难，企业普遍反映，符合现代制造业要求、有一定文化素质和操作技能合格的产业工人太少、太难找。由于职业教育与企业需求结合不够紧密，加之社会地位、工资待遇偏低，导致产业工人队伍不够稳定，已成为制造业发展的严重障碍。

（四）营商环境亟待改善

1. 法治意识淡薄

由于历史原因和思维惯性，经济生活中的法治意识较为淡薄，不严肃决策和随意干预市场的现象仍然存在。有的政府部门缺乏诚信，政策缺乏连续性，决策上"翻烧饼"、瞎折腾；有的干部"新官不理旧账"，导致一些问题久拖不决；一些地方政府部门不依法行政，随意执法，权力至上、权力任性。既有认识问题，也有利益驱动问题，更有行政部门不作为的问题。

2. 服务效率低下

简政放权重形式轻效果，主要表现为权力清单少了，只看数量，不看质量。实质性部门的权力没有放；一些部门把该承担的责任减掉了，该减的权力被隐性地保留起来；有些地方，简政放权的机构改革表现为"机构换牌子，人员变位子，效果老样子"；一些政府职能部门"错位""越位""缺位"等现象屡屡出现、屡禁不止。

3. 思想观念桎梏

受传统文化和计划经济思维影响，整个社会对民营经济的认识仍存在思想上的障碍，表现为"三个不相信"，即不相信市场的力量、不相信民营的力量、不相信中小微企业的力量。忽视市场在资源配置中的决定性作用，对中小微企业重视不够，政策、资源、资金支持不足，服务不到位。在发展环境、发展氛围的营造上，瞻前顾后、三心二意，支持民营经济发展动力不强。

（五）政策支持获得感不强

1. 政策普惠性不够

多年来吉林省不断制定和下发支持企业发展的政策措施，政府一直致力于为企业减税降费，但经济主体对政策支持的感知度不高，获得感不强。部分扶持政策设置的准入标准比较高，导致一些企业无法平等获得政策红利；大多数政策性资金仍以项目方式落实，企业需要经过繁杂的申报程序并合格后才能得到，时间成本和前期费用相对较高；缺少普惠性政策的多部门信息协同平台。

2. 政策操作性不强

落实国家政策，照搬多，结合本省企业实际少，政策描述性语言多，措施中过多地强调重要性和方向性，和发达省份相比政策含金量低。企业普遍反映，企业能得到实惠、有操作性的政策不多。有些决策拿原则当作法、拿方向当政策、拿任务当措施；文件条款多以引导、推动、鼓励、支持、促进等字样出现，没有具体标准和硬性约束，更没有说明谁落实、如何落实、不落实怎么办。

3. 政策协调性不足

有些政策在落实过程中不协调、不同步。如近年来，省直有关部门和地方政府出台了多项政策扶持清洁供暖发展，但由于缺乏统一协调，致使政策推进缓慢。

三 加快推动吉林"三大变革"的对策建议

质量变革、效率变革、动力变革是一场涉及吉林省发展方式、经济结构、增长动力等诸多方面的系统性重大变革，吉林省要通过采取积极措施加大力度促进质量变革、效率变革、动力变革，推动经济转型升级，新旧动能转换，实现经济高质量发展。

（一）强化社会导向，聚焦"三大变革"

加快质量强省建设。在全社会牢固树立质量第一、效益优先和持续创新理念，加强以"重视品质、追求卓越"的工匠精神为核心的质量文化建设，引导企业树立"质量高于天"的产品理念，专注品质、一丝不苟、精益求精、注重细节。倡导优质安全绿色消费理念，转变消费者理念，提高全民质量意识，通过"用脚投票"让假冒伪劣产品退出市场。强化质检、环保、安全等监管和执法力量，加大对生产假冒伪劣产品的企业或个人的负面曝光和惩处力度，引导企业增强质量、品牌和标准意识，形成政府重视质量、企业追求质量、社会崇尚质量、人人关心质量的良好社会氛围。

（二）建设数字吉林，引领"三大变革"

以数字吉林建设为引领，坚持产业数字化，利用数字新技术新应用加快对传统产业全方位、全角度、全链条的改造，做到"有中生新"；坚持数字产业化，依靠信息技术创新驱动，不断催生新技术、新产业、新业态、新模式，做到"无中生有"。

做好融合文章。推动互联网、大数据、人工智能与制造业深度融合，以智能制造为特色和突破口，加快汽车、石化、轨道客车等重点制造领域装备数字化、智能化，打造智能化工厂、数字化车间、自动化生产线；与农业深度融合，坚持农业现代化方向，以数字化塑造现代农业"三大体系"，着力培育网络化、智能化的农业新业态、新模式；与服务业深度融合，加快信息技术在服务领域的广泛应用，发展数字化服务、数字化贸易、数字化消费，加快传统服务业现代化进程。

（三）发展实体经济，促进"三大变革"

积极采用新技术、新产业、新模式改造提升传统产业。要加快以智能化手段提高全要素生产率，以智能化改造提升传统制造业，发展智能汽车、智能制造、智慧农业、数字文旅、智慧健康等产业创新发展，做到"有中生新"，促进实体经济转型升级。

大力发展新经济、新业态、新动能，全面推行"互联网+"行动，以大数据、智能化、移动互联网、云计算等为重点，大力推进数字产业化。大力发展智能制造装备和智能终端产品，加快形成具有引领型、战略性的新兴产业，打造创新发展的新增长极，做到"无中生有"。

鼓励企业引入新技术、新管理、新模式促进全产业链整体跃升，推动生产制造向智能化、柔性化、个性化定制转变，推动制造业向智能制造、绿色制造、精益制造和服务型制造转变，加速制造业向中高端迈进。同时，坚决淘汰落后产能，为实体经济降本减负，为主导产业发展腾出空间。

推动资源要素向实体经济聚集。制造业从自动化、信息化阶段向数字化、网络化阶段升级并不需要大规模替换已有的生产设备，而是通过对设备进行数字化改造来实现"软硬结合"。通过对技术改造投资给予更大力度支持，以及在生产力布局上给予适当倾斜等多种手段，推动形成新的优势产业集群。

（四）厚植创新基因，支撑"三大变革"

强化优惠政策引导。鼓励企业在国家宏观政策指导下自主选择创新项目，政府通过产业引导基金、创业引导基金等引导资金、技术、项目、人才等创新要素向企业聚集。着力打造一批高新技术企业，培育一批骨干龙头企业，扶持壮大一批科技小巨人企业，激励和引导企业增加研发投入，着力培养充满活力的创新主体。

1. 搭建科技创新平台

发展集成创新综合体，为吉林省优势领域的战略性新兴产业关键核心技术研发与系统集成搭建平台，形成网络化、一体化的协同创新集约式生态体系。加强地方企业与科技创新平台的联系，推进科研成果转化，服务地方经济。

2. 促进科技成果转化

政府要协调金融和社会资本，尽可能保证项目资金充足到位。加强科技孵化器建设，鼓励孵化器向混合所有制发展，释放公共资源推进民营孵化器资源整合能力建设。探索建立吉林省产业技术研究院，梳理省内科技资源，以主导产业发展为己任，形成高端人才创新创业的氛围，让科研成为产业，让科研创造产业。

3. 健全保护创新的法治环境

政府要有效地激励创业创新，重点强化产权和知识产权"两权"保护，实施更加严格的知识产权保护和执法力度，大幅度提高权利人胜诉率、判赔额，从根本上改变"侵权易、维权难"的状况。

（五）加强人才建设，助力"三大变革"

1. 营造人才成长环境

一方面要努力营造良好的就业创业氛围。对创业创新者要积极给予政策上的倾斜，如创业基金扶持、税收政策优惠。对引进的人才要全面落实住房、医疗、子女教育等相关待遇，简化落户手续，解决人才的后顾之忧，让人才在吉林没有"外地人"的感觉。另一方面要完善留住人才和吸引人才的机制。要加大改革创新力度，完善促进科技成果就地转化政策措施，打造人才施展才能的事业发展平台，用事业发展的良好预期吸引"大雁南飞又归巢"；解决好科技成果转化净收入按比例奖励职务发明人、成果处置、股权收益分配等政策落实难问题，让人才"名利双收"。

2. 强化科技创新激励

实施创新企业百强工程，加快培育一批拥有自主知识产权和知名品牌、具有国际影响力的创新型领军企业。推动"大众创业、万众创新"向生产领域纵深发展，促进技术型创新创业企业不断涌现。要冲破制度樊篱，进一步完善人才奖励激励制度，为人才发挥作用尽可能创造创业创新的便利条件。

（六）优化营商环境，加快"三大变革"

1. 必须培养树立法治精神

严格依法、平等保护各类产权，坚持维护契约、公平竞争等基本导向。政府要严守承诺，不能新官不理旧账，保障不同所有制企业公平待遇，营造稳定、公平、透明、可预期的营商环境。要使政府在"看得见法律的框架"下对经济活动进行调节，政府行政行为必须在法律框架下履行职责，依法行政，依法办事。最大限度减少政府行为的任意性，要把权力装进制度的笼子里。

2. 必须切实降低制度性交易成本

通过改革进一步简政放权，给各类市场主体生存和发展留出更大的空间，通过权力结构和配置方式的重新安排和创新，使资源按市场规律有效配置。深入实施和完善"多证合一""只跑一次"等重大改革事项,进一步压缩办理时限,提高服务效率。

3. 必须继续强化政府服务意识

持续深化"放管服"改革,形成服务企业的良性机制。政府要当好服务企业的"店小二",做到有求必应、无事不扰。要提高主动服务、优质服务、精准服务意识。要建立政府与企业的沟通机制,推动有关部门在研究制定相关政策时通过媒体和公共平台网站进行发布和宣传,有效提升企业的知晓度,保证民营企业切实得到政策"实惠"。

4. 必须积极构建"亲""清"的新型政商关系

各级政府应该树立亲商理念,树立起服务企业的鲜明导向。既不能"亲"而不"清",也不能为"清"而不"亲",领导干部要经常听取民营企业的反映和诉求,特别在民营企业遇到问题和困难时,更要积极作为、靠前服务,把企业面临的实际困难搞清楚,把各项帮扶措施落实落细。要处理好"给"与"取"的矛盾,既立足于"取",又立足于"给",先让利后得利,实现"双赢"。

5. 必须大力营造尊重企业家的文化舆论环境

要大力宣传和树立一批吉林企业家典型,大张旗鼓地宣传他们的先进事迹和突出贡献,调动企业家蓬勃的创新激情和永不言败的创新精神。同时,大力宣传惩治慵懒散奢和各类腐败的典型案例,通过舆论宣传和制度政策引导全社会形成敢于创新,勇于改革,奋发进取的精神力量。

(七) 重构考评体系,推动"三大变革"

经济绩效考评体系是衡量经济高质量发展的准绳,要加快形成推动高质量发展的指标体系、政策体系、标准体系、统计体系、绩效评价、政绩考核,创新和完善符合高质量发展要求的制度环境。

1. 强化指标导向

构建体现高质量发展的指标体系,具体内容包括投入产出、质量效益、结构动力、风险防控、民生福祉等多个领域。适时将具备条件的指标纳入国民经济和社会发展中长期规划、年度计划,充分发挥高质量发展指标对各项工作的"指挥棒"作用。

2. 强化标准引领

大力实施标准化战略，加快建立由政府主导制定的标准和市场自主制定的标准共同构成的新型标准体系。着力完善产品标准、工程标准、生产和生活服务标准、基本公共服务标准，严格生态环保标准。

3. 强化统计监测

推进统计标准化、规范化，逐步完善统计分类。健全统计监测制度，及时反映幸福产业、数字经济、现代供应链等新产业、新业态、新模式发展情况。

4. 强化评价考核

探索建立覆盖各部门和各地区的分级分类绩效评价制度，实行差别化与综合性相结合、定量与定性相结合、结果与过程管理相结合的评价方式。要提高企业特别是民营企业对营商环境考评的权重，引导各级政府在推动高质量发展上下硬功夫。

激发和保护吉商企业家精神的制度安排

长春金融高等专科学校课题组[*]

摘　要　吉商企业家对吉林省抓住新一轮振兴东北的历史机遇具有重要作用，优化制度安排对激发和保护吉商企业家精神是长久之计。本研究通过调研发现，吉商企业家对营商环境的相关制度安排满意度尚可，政府仍需在"放管服"等方面加大改革力度，与社会合力打造"速度吉林""福地吉林""品牌吉林""创新吉林""温度吉林""法治吉林""风范吉林"，为发挥吉商企业家的作用创造更为优质的营商环境。

关键词　企业家　吉商　制度安排　放管服

> 今天的吉商，以其鲜明的精神特质和商业智慧成为我国商界舞台上迅速崛起的后起之秀，成为纵横四海、创富国家、回报桑梓的重要力量，是吉林最宝贵、最有潜力的战略资源，为吉林全面振兴发挥了不可替代的重要作用。[①]

—— 巴音朝鲁

一　调研基本情况

（一）调研背景

2018年9月，中共中央国务院发布的《关于营造企业家健康成长环境

---

*　课题负责人：赵娜；课题组成员：李玉英、谭荷花、朱瑛、陈雷、刘波贤、张建辉。

①　引自曹梦南《第三届全球吉商大会在长春开幕》，《吉林日报》2018年7月27日。

弘扬优秀企业家精神更好发挥企业家作用的意见》中指出："营造企业家健康成长环境，弘扬优秀企业家精神，更好发挥企业家作用，对深化供给侧结构性改革、激发市场活力、实现经济社会持续健康发展具有重要意义。"国家实施新一轮振兴东北的战略规划，吉林省地处东北亚地理几何中心，具有向世界开放的区域优势，以一汽为代表的制造业、以神华集团为代表的生物制药业、以欧亚集团为代表的商贸服务业等实体经济在松辽沃野上相互叠加、蓬勃发展，吉林正处在大有可为的历史机遇期。

吉林省民营经济发展的动力是踏实肯干的吉商企业家，支撑吉商干事创业的则是根植于他们内心的企业家精神，是吉商企业家事业发展的强大内驱力。秉承"重德重义、敢闯敢为、善融善创、思源思报"的吉商企业家精神，他们建功立业于松花江的沃土之上，对制度、技术、市场、管理等一整套体系发起攻势并进行创新，成为吉林全面振兴的重要动力和源泉。制度环境决定了吉商企业家精神的发力方向，也就是说，发挥这种精神能否对经济产生正向作用，取决于外部制度环境的优劣。鉴于制度环境的重要地位，在当前形势下，提出激发和保护吉商企业家精神的制度安排对当前深化吉林省结构性改革，推动大众创业、万众创新，激发市场活动力具有重要作用，对培育发展新动能、改造提升传统动能，促进吉林省经济社会可持续发展具有重要意义。

（二）调研目的

本调研报告从制度安排角度入手，通过问卷调研，对企业和政府部门实地走访调研以及文献分析等方法，从公权力正当行使机制、产权保护机制、公平竞争机制、创业扶持机制、激励和容错机制、守信激励和失信惩戒机制、企业精神培育机制七个方面，了解目前政府实施激发和保护吉商企业家精神的政策瓶颈，深入了解吉商企业家面临的问题，深入挖掘抑制吉商企业家精神的根本原因，并提出激发和保护吉商企业家精神的制度安排及对策建议。

（三）调研对象和方法

本项目调研对象为吉林省区域内注册的企业法人和祖籍为吉林省在外地从商的企业家代表。

项目组采取问卷调研方法，首先设计 1 份预调研问卷，涵盖 7 个主题 39 个问题，在小范围企业家群体内实施预调研，后对问卷进行调整，问题数量缩减至 28 个，形成正式调研问卷。调研问卷被设计成纸质版和电子版两种形式，电子版定向发送至企业家群体，纸质版问卷在吉商企业家云集的第三届吉商企业家大会和"金融助振兴—吉林行动"等吉商培训会议上发放。共收回问卷 282 份，其中有效问卷 220 份，有效率为 78.01%。

项目组采取实地走访的调研方法，针对不同访谈对象设计 2 份访谈提纲。一是项目组遴选长春市、吉林市、四平市、辽源市 13 位优秀企业家作为访谈对象，调研吉林省内激发或抑制企业家精神发挥的制度因素和原因，并采集相关建议；二是项目组选取吉林省发改委审批部门、省国税局、省政务大厅和长春市工信局等政府部门的相关领导和工作人员作为非企业访谈对象，实施结构化访谈，了解调研政府部门实施政策改革的效果。两种调研方法均取得宝贵的一手调研资料。

二 激发和保护吉商企业家精神制度安排的现状

项目组通过和吉商企业家的访谈形成预调研问卷，并根据小范围企业家群体预调研的情况对问卷进行修正，形成最终问卷。问卷发放对象是吉林省内企业法人及高管，以及在外地从商的吉林籍企业家代表。企业家所在企业来自制造业、医药行业、房地产开发等行业（见图 1），多以民营企业家为主。项目组对问卷数据进行整理分析，报告如下。

（一）公权力合理行使的保障机制有待增强

为了解当前吉商企业家创新创业的信心，项目组参考世界营商环境报告中关于地区企业家创新创业精神的影响因素，结合吉林省当地实际情况，列示出 10 种制度安排，并设计成李克特（Likert scale）量表[①]，调查吉商企业家对这 10 种制度安排的满意程度。每项满分 10 分，其中有关公权力行使的保障机制题项（反映地方政府官僚主义程度）为 5.98 分。

---

① 李克特量表（Likert scale）是评分加总式量表最常用的一种，对属于同一概念的项目用加总方式来计分，单独或个别项目是无意义的。

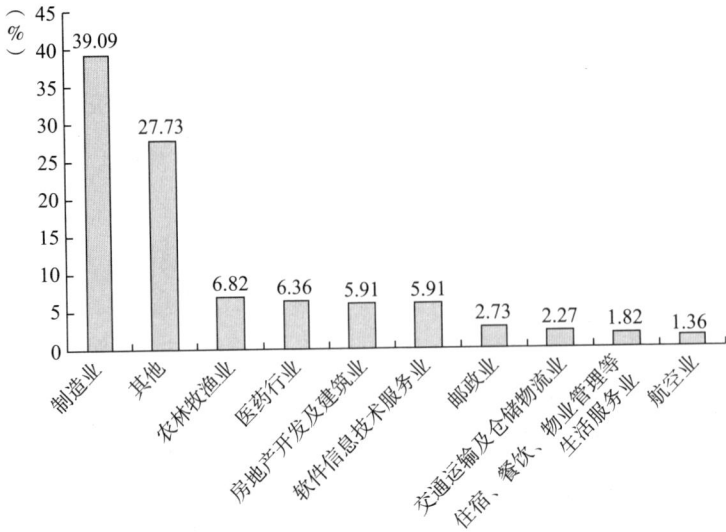

图 1　调研企业行业分布

1. 吉商企业家对吉林省政府的"放管服"改革比较满意

问卷除设计李克特量表外，对相关机制的深入问题也进行调研。2018年，吉林省省委、省政府正式实施"放管服"改革，按照总体部署，省长指示的"打造遇事不求人、规则无偏见、投资有商机的良好环境"要求，各政府部门持续落实"放管服"改革。调研发现，有 81.36% 的企业家对吉林省政府"放管服"改革的满意程度在一般及以上（见图 2），可见改革已取得初步成效。随着改革力度逐步加大，将会收到更好的改革效果。

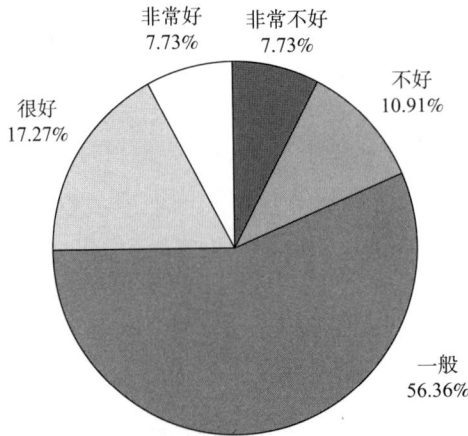

图 2　企业对吉林省政府"放管服"改革的评价

但调研中不乏问题存在，例如部分吉商企业家对吉林省政府大力推行的"互联网＋政务"工程抱有怀疑态度。不是怀疑政府倒逼改革的决心，而是某些部门"握权"思想严重，线上"一站式"业务办理较难实现；而且，就连同一城市不同区之间的同一业务办理都难有统一标准，实现全省政务线上"一站式"办理更是难上加难。

2. 政府"不作为"的情况时有发生

调研数据分析，有超过半数的企业家在创业或经营过程中遭遇过政府"不作为"的情况，占比为53.18%。一些企业反映，改革后吉林省政府部门办事效率向好转变，但仍有些部门的办事态度从"门难进、脸难看、事难办"变成了"门好进、脸好看、事不办"。有些干部认为"多一事不如少一事"，责任感不强，服务意识差，损害了民间投资创业者的积极性。

针对地方政府"不作为"的原因进行分析发现，排在地方政府"不作为"原因前三位依次是，政府官员个人行为、地方政府无外部监督机制和地方政府经济条件限制（见图3）。例如有些地方官员服务意识不强，甚至利用手中职权，"吃拿卡要"；有些官员迫于政绩需求先给企业政策承诺，而达到目的后政策不能兑现或"打折"兑现；尤其是在政府官员换届时，

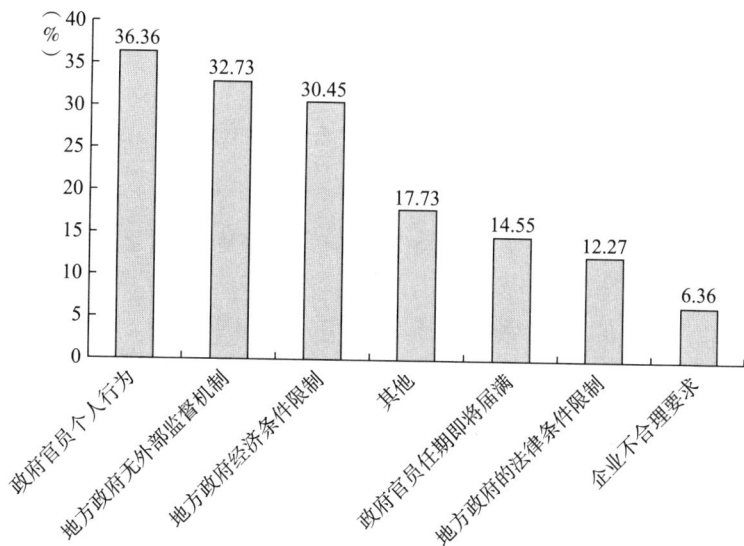

图3　地方政府"不作为"的原因分析（多选）

"不作为"的情况更加普遍，面对问题"要走的不想管，要来的不敢管"，都想换届期间"平稳着陆"或"步步高升"。因此加强地方政府官员的服务意识、端正服务态度和提高工作效率势在必行。

3. 部分企业遭遇地方政府"不恰当履职"的情况偶有发生

有时政府的"不恰当履职"比"不作为"更加伤害企业家精神的发挥。调研发现，有27.27%的企业遭遇过政府设立市场准入门槛，保护有关系的企业；20%的企业遭遇过政府相关部门设立规制谋求个人私利（见图4）。还有不恰当履职的其他情况有待进一步研究。例如消防、环保部门手握监督处罚权力，在政策规定不那么明晰，"可左可右"的情况下，会给腐败分子带来可乘之机。

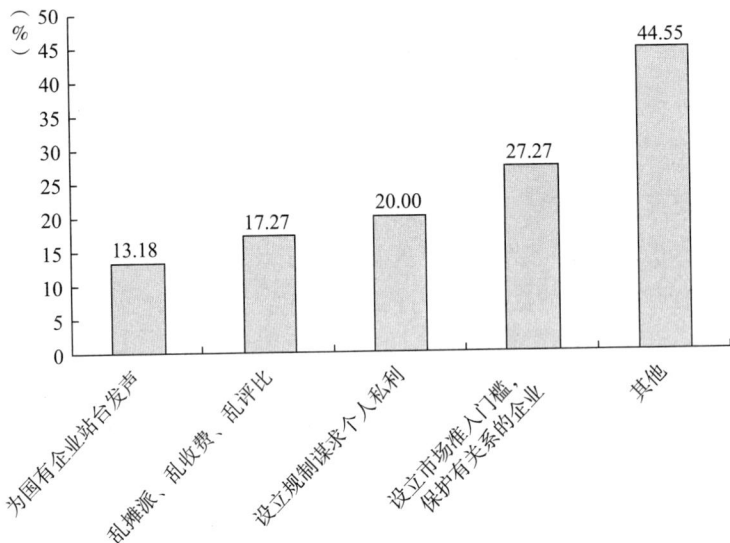

图4 企业家遭遇地方政府部门不恰当履职的情况（多选）

（二）企业的产权保护机制有待进一步增强

知识产权是企业获得长期经济效益的排他性权利，被侵害就意味着"财路被断"，将严重挫伤企业家的信心。调研发现，企业家对地方政府保护民营企业产权的满意度打6.04分。吉商企业家遭遇产权被侵害的情况偶有发生，知识产权、物权、人力资本产权等容易遭受侵犯（见图5）。

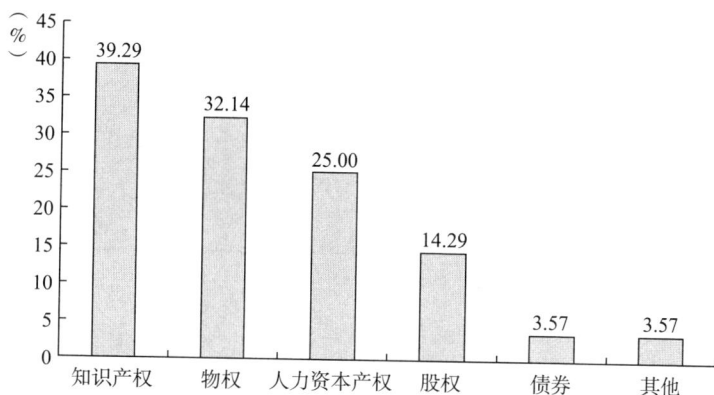

图5　企业产权被侵害情况（多选）

在维权的过程中，能够成功维权的占 46%，不能成功维权的占 54%，可见对产权保护（尤其是知识产权保护）的机制应该进一步增强。

调研中还发现，企业家的名誉权也亟待保护。企业在经营过程中非常容易遇到经济纠纷从而被起诉至法庭，诉讼记录对一家企业来讲是"污点"，将影响企业的信用，不利于企业日后发展。目前，政府对维护企业名誉权重视程度不够，在立案调查之前并没有对吉商企业家名誉权加以保护，没有庭前解决争端的沟通协调机制；法院接到诉状直接立案调查，虽然体现了诉讼的效率，但在一定程度上损害了企业的名誉，耗费企业家的时间和精力，并未达到保护吉商企业家的效果。对于一个企业家来说，如果可以选择的话，没有被诉讼要比打赢一场官司好得多。

（三）公平竞争保障机制应进一步增强

企业家期待公平、公正、公开的营商环境。通过调研发现，吉商企业家对吉林省当地市场的开放程度打 5.87 分，对吉林省内土地等实物基础设施的可获得性打 5.97 分。除此之外，项目组还对当地"所有制歧视"情况进行深入调研。

有 15.45% 的企业家表示遭遇到"所有制歧视"情况。在受到"所有制歧视"的企业中，受歧视的国有企业占国有企业样本总量的 10.34%，受歧视的民营企业占民营企业样本总量的 21.05%（见表1）。结果比较乐观，说明在吉林省经济环境中，对国有企业和民营企业的不公平待遇情况并不严重。但这并不说明"所有制歧视"情况不存在，例如在某些重点投资领域，民营企业还是会遇到"玻璃门"或"旋转门"的情况；在融资方面，除非民营企业规模很大，否则仍然会受到金融机构的"歧视"，而且给企业造成的影响一般比较严重，挫伤企业家创新创业的积极性。

表1 不同企业性质受"所有制歧视"情况

单位：个，%

企业性质	受到歧视企业		未受到歧视企业		受访数
	数量	占比	数量	占比	
国有企业	6	10.34	52	89.66	58
民营企业	16	21.05	60	78.95	76
中外合资企业	4	11.76	30	88.24	34
外商独资企业	4	18.18	18	81.82	22
其他	4	13.33	26	86.67	30
受访总数	34	15.45	186	84.55	220

（四）创业扶持机制应进一步完善

制度因素具体表现为政府主动制定创业政策或设立创业扶持专项计划来鼓励当地企业家或"准企业家"创业。坊间流传"企业的战略跟着国家政策走"的说法。调查中不乏企业随着政策的变迁而更换"赛道"的情况，政府创业政策支持力度越大，越能激发企业家的创新创业精神。调研发现，吉商企业家为吉林省地方政府对创业的支持程度打5.83分，为吉林省政府对促进研发成果转移的投入力度打5.6分。进一步调研发现，有33.2%的企业家享受到政府创业扶持政策。在被问到对政府创业政策进一步改进建议时，企业家希望政府的创业政策更加实际化、透明化、便利化和系统化（见表2），深入了解企业家所急所想，拓宽政策覆盖面，促使企业更加长远的发展。

表2 对政府创业政策的建议

对政府创业政策的建议	打分
希望政府的创业政策更实际化	7.80
希望政府的创业政策更透明化	7.73

对政府创业政策的建议	打分
希望政府的创业政策更便利化	7.67
希望政府的创业政策更系统化	7.41

调研还发现，对吉林省政府出台的新政策能否贯彻到底，部分企业家表示担忧。并且有企业家表示，工商联等相关行业协会发挥作用效果不明显，在衔接政府和企业进行政策解读、发布各方面培训信息、调研企业创新发展中的难点痛点、整合政府发布的创业政策信息等方面的工作有待进一步加强。

（五）需建立激励和容错机制

成功、首创、冒险以及强烈的事业心，被视为企业家精神的实质。改革创新伴随着风险，市场更是变幻莫测，政府和社会要对企业家多些理解和包容，鼓励企业家"放开手脚做大事"。

1. 容错意识有待增强

吉商为吉林省当地文化氛围或舆论导向对创新创业的支持程度打了 5.67 分。进一步调研发现，虽然有90%的吉商企业家认为在当地比较受尊重，但在当地社会氛围对企业家失败的容忍程度方面，有52.27%的企业家认为容忍程度一般，有19.54%的企业家表示自己的失败不能被社会容忍（见图6）。

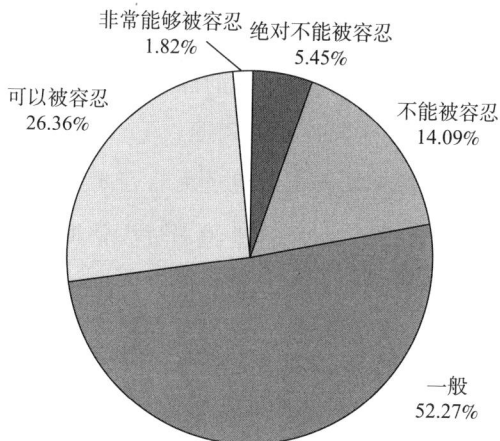

非常能够被容忍 1.82%
绝对不能被容忍 5.45%
可以被容忍 26.36%
不能被容忍 14.09%
一般 52.27%

图6 吉商企业家感知当地社会氛围对企业家创业失败的容忍程度

创业是"九死一生"的勇者行为，如果失败了连社会氛围都不能接受，一些企业家宁愿不选择创业。

2. 吉商企业家期待得到官方支持，引导社会认知

对政府实施激励和容错机制的具体安排，多数吉林企业家认为，应"发表正式文件，官方表达支持鼓励企业家群体创业，引领社会认知"（见表3）。尤其是在受到"官本位"思想影响较深的东北地区，官方表态对企业家创业的鼓励和支持，将会有效地引导社会大众的认知，为企业家营造更加宽容有温度的创业环境。

表3 吉林企业家对政府实施激励和容错机制具体安排的意见（多选）

激励容错机制安排	支持人数
发表正式文件，官方表达支持鼓励企业家群体创业，引领社会认知	112
设立创业容错基金，给予企业家先行先试的底气和勇气	87
消除嫉妒、诽谤、刁难、打击、围攻和扼杀企业家的不良势力	83
对不涉及违规决策、没有利益输送的失败企业家予以宽容和再支持	63
给予企业家正向激励，使企业家在越挫越勇过程中积累敢打能胜的经验	58
对濒临破产的企业予以重点关注，采取债务重组等帮扶措施	46
其他	9

（六）建立守信激励和失信惩戒机制

诚信的营商环境对企业家创新创业的信心非常重要，为避免企业受失信行为的影响，政府应加大对失信行为的惩戒力度，让企业家对失信行为存有戒心。

1. 有20%的吉商企业家表示遭遇过失信情况并影响严重

调研资料分析显示，有20%的企业遭遇过失信情况，在一定程度上说明吉林省当地的信用环境较好，是吉商精神中"重德重义"的体现。要是遭遇到失信情况，对企业的影响就比较严重，影响程度非常严重和比较严重的企业占比为44.44%（见图7）。

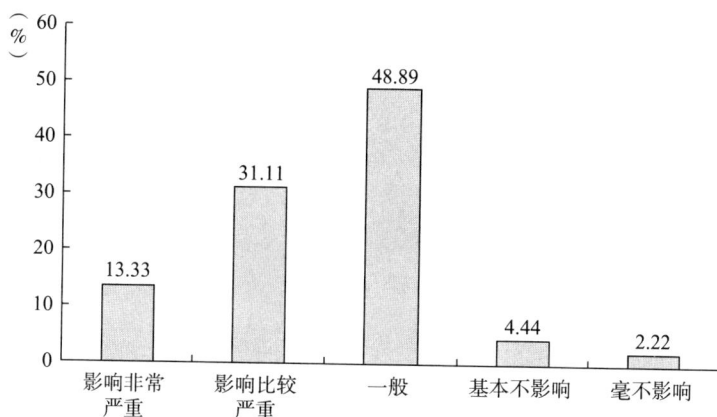

图7　失信行为对企业的影响程度

2. 期望行政、市场和社会约束合力塑造良好信用环境

调研数据显示，行政约束惩戒和市场约束惩戒对惩戒失信企业最为有效（见表4）；在银企对接活动中大力推介和优先提供公共服务便利的制度设计最能够激励企业家履行守信品质（见表5）。

表4　惩戒失信制度安排实施政策评分表

惩戒失信制度安排	得分
行政约束和惩戒（限制行政审批、上市融资、财政项目申请、行业准入等）	7.62
市场约束和惩戒（限制不动产买卖、高消费行为、提高贷款利率或保费率）	7.62
社会约束和惩戒（舆论监督、投诉曝光）	7.61
行业约束和惩戒（行业协会信用评级、公开批评警告）	7.55

表5　激励守信制度安排实施政策评分表

激励守信制度安排	得分
银企对接活动中大力推介诚信企业	7.84
优先提供公共服务便利（财政项目、招商配套、创业支持、社会保障等）	7.79
对诚信企业实行优化行政监管	7.71
实施行政审批便利服务	7.65
对诚信企业降低市场交易成本	7.65
树立宣传典型诚信企业	7.48

有部分企业家表示，企业要债无望诉诸法律，但诉讼解决纠纷的周期太长；有的企业直言："从递交诉状等待开庭，到一审、二审，就很长时间，而从不执行到强制执行又要半年。不和法官'意思'一下，开庭就遥遥无期，小微企业根本扛不住这么长时间。"漫长的法律诉讼时间和差强人意的执行效果都令企业家寒心。

（七）强化企业家培训机制

该机制的强化表现在无论是对在校学生的创新创业教育，还是对毕业后创业者或企业家的创新创业主题培训，培训的次数越多，越能够增加创业知识储备，激发创新创业灵感，有助于企业家"善融善创"精神的发挥，激发市场活力。调研显示，吉林省当地政府对企业家精神培育的重视程度打5.64分，说明尚有进一步重视提高的空间。进一步调研显示，有60%的企业家没有参与过2017年政府举办的主题培训，这表明政府组织的企业家培训范围需要拓宽，频次有待增加。

在调研吉商企业家需要的培训主题时，认为企业家职业道德培训最为关键的有115人，以下依次是企业的战略转型与创新发展能力培训、财务管理税收筹划培训等（见图8）。企业家精神培育至关重要，按需培训更能

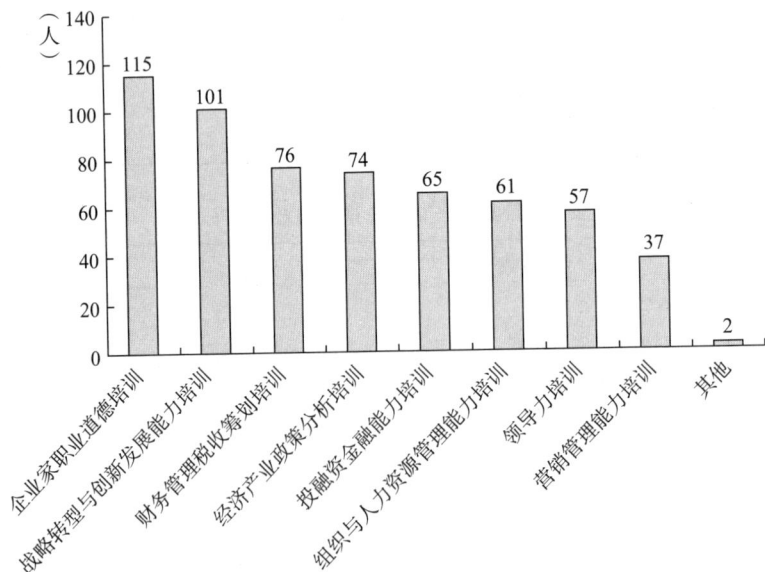

图8　吉林企业家需要的培训主题（多选）

达到良好效果。目前吉林省民营企业多处于"投机"经营阶段，视规则为儿戏，紧盯上市圈钱。"打铁还须自身硬"，长生生物上市资料造假，疫苗产品造假就是典型案例。吉商企业家对企业诚信经营呼声强烈，对政策把握和减轻税负负担比较敏感，所以应从企业家切实需要的主题培训入手，有效提高企业家创新创业的能力。

（八）被调研企业现状和未来发展预期

1. 当前制约吉商企业发展的主要因素

从外部环境来看，当前制约吉商企业发展的首要因素是地理区位的经济发展水平和国内整体市场环境低迷，税负压力紧随其后（见图9）；从企业自身来看，缺乏产品创新和技术创新，缺少现代企业管理制度、资金周转压力等因素制约了企业的发展。

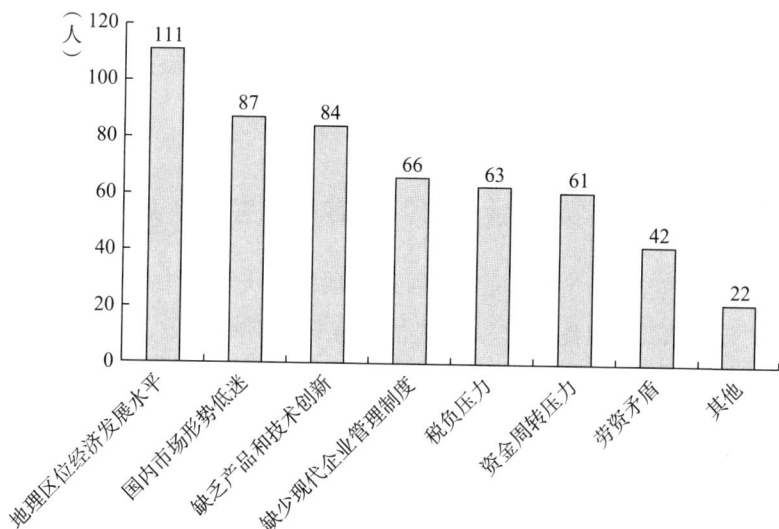

图9 制约吉商企业发展的主要因素（多选）

2. 对吉商企业未来发展前景的预期

根据调研数据分析，有44.09%的企业家对未来发展前景表示乐观，有15.91%的企业家表示不乐观，40%的企业家对未来发展的预期表示一般（见图10）。由此说明，有接近半数的吉商企业家对未来的发展存有信心，政府应尽快完善相应的制度安排来保护企业家的乐观精神，并激发更多的企业家创新创业。

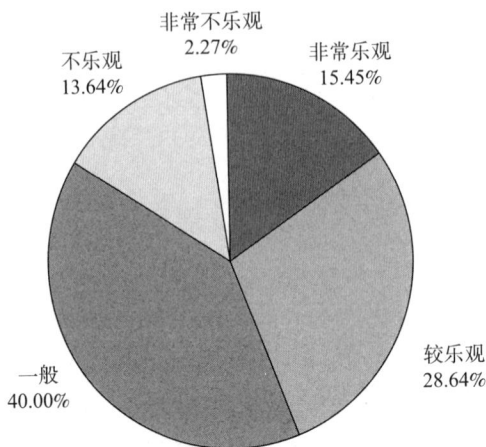

图 10　吉商企业家对企业未来发展的预期

三　激发和保护吉商企业家精神制度安排的典型案例

（一）吉林省深化"放管服"改革的优秀典型案例

营商环境就是生产力，是一个国家或地区经济软实力和竞争力的重要体现。"放管服""只跑一次"改革是政府的自我变革，是机制体制创新。吉林省持续深化"放管服""只跑一次"改革，着力改善营商环境，支持民营企业发展，激发各类市场主体活力。

项目组通过实地走访吉林省发改委审批办、吉林省政务大厅办事窗口、省国税局和长春市工信局等相关行政服务部门等方式，对 2018 年以来吉林省深化"放管服"的典型案例进行深入调研。

1. 项目投资审批流程优化，效率大大提高——吉林省发改委审批办的优秀做法

为深化吉林省投融资体制改革，落实吉林省政府全面推进"只跑一次"的改革任务，进一步改善投资环境，推动新一轮吉林省振兴战略，吉林省发改委根据相关法律、法规和规章，对标浙江，总结推广吉林省内部

分地区的实践经验，制定《吉林省人民政府办公厅关于印发吉林省加快推进企业投资项目审批流程改革实施方案（试行）》。据吉林省发改委审批办有关负责人介绍，该实施方案对标浙江省，明确要求将吉林省企业投资项目审批时间压缩至 80 天之内，如果超过期限相关部门负责和企业解释。典型经验如下。

（1）厘清审批事项。经过吉林省发改委审批部门人员的认真梳理，厘清企业投资项目的办理流程和事项，在省市县三级，明确企业投资项目最多需办理 53 个事项，并且划分为基本项目审批事项 12 项，涉及 7 个部门；特殊项目审批事项 41 项，涉及 18 个部门。

（2）并联审批。为提高效率，对没有前后置要求的审批事项，一律并联审批。将审批时限划分为公共时段和独立时段。在精简审批项目和并联审批实施下，一般项目开工前审批时间缩短至 50 个工作日，有特殊条件的项目审批时间为 80 个工作日，超出时限尚未办结的，要及时告知企业延期原因和时间。

（3）平台审批。一是为最大限度地方便广大人民群众和市场主体办理固定资产投资项目审批事项，开设吉林省投资项目并联审批办事网络平台，向公众提供投资项目在线申报服务。吉林省投资项目在线审批监管平台实现全省投资项目审批"一网告知、一网受理、一网办完、一网公开、一网监管"全程阳光可预期的目标。二是各级政务服务中心或行政审批局设立"投资审批受理台"，负责受理、审核企业通过在线平台或现场提交的申报材料、发放批复文件，做到"一口进出"。以上做法大大提高了企业办理投资事项审批的效率。

（4）建立"1 + X"工作机制。"1"是各审批环节牵头部门，例如项目批准环节为发改委或工信部门，用地审批环节为国土资源部门。"X"为特殊情况涉及部门，是项目审批在特殊情况下启动的工作机制，各审批部门将需要协调的事项及时提交至牵头部门，召开专题会议提出解决方案或上报请示意见。该机制能够明确牵头部门即责任主体，组织其他参与主体共同为企业解决问题，让政府的角色从被动等待企业来找变成主动为企业协调解决，充分保证相关项目审批工作的顺利进行，提高审批效率。

（5）监测审批过程。各级政务中心或行政审批局通过在线平台以发布信息、亮红灯等方式对各审批部门进行收件提示、到期提醒、逾期记录通报，实时监测各部门审批进度。同时，政府软环境办通过软环境建设智能管理平台，实时受理企业的投诉，对各部门审批服务进行监督监管。

总的来看，项目投资审批环节向来是企业最头疼的问题之一，涉及的审批部门多、环节复杂、耗时长，往往企业寻求中介机构代办。但通过吉林省发改委审批部门的"厘清事项→并联工作制→在线平台保障→'1+X'牵头制→内外监督"机制的建立，使项目审批流程大大简化，环节非常透明清晰，时间保证在80天以内，给企业以良好的信任感，打造出项目审批的"吉（极）速"，在竞争激烈的市场环境下，为吉商的项目投资争取到充分的时间优势。

2. "放管服"改革中的先动者——吉林省国税局的优秀做法

2017年，吉林省国税局出台了《加强税收软环境建设服务地方经济发展30条具体措施》（简称税收三十条），全力打造税收优质软环境，增强纳税人的获得感、信任感、满足感和权利感。2018年，为进一步深化"放管服"改革，减少纳税人跑腿次数，降低纳税人办税成本，吉林省税务局又发布《办税事项"最多跑一次"清单》（以下简称《清单》）。从2018年4月1日起，《清单》内六类161项办税事项保证纳税人"最多跑一次"，其中有52项办税事项实现"一次都不跑"。相比国家税务总局发布的六类105项清单，吉林省税务部门新增列了一类56事项，增设的一类就是登记类办税事项。吉林省税务局相关领导表示，"这次清单的扩容，让便民服务更有了准头。"1个月之内，吉林省税务部门共受理"只跑一次"业务145万笔，有效地减轻了纳税人的办税负担。

同时，为保证各项措施落实到位，吉林省软环境建设办公室和吉林省税务局联合制定了《优化税收营商环境事项监督措施》，确保"最多跑一次"真正跑出实效。在访谈的企业中，绝大多数企业表示，办税服务环节少，资料越来越精简，时间越来越快，提升了办税新体验。

（二）怎样增强吉商企业家的安全感——地方政法机关应为吉商企业家"保驾护航"

虽然"放管服"改革增强了吉商企业家在项目审批、税收等方面良好体验，但在地方政法机关保护吉商企业家的观念和服务上仍存在短板。有某国家级创业孵化公司的负责人表示，吉林省法院的"地方保护"或

"管"的意识需要改善，不仅要以规矩为导向去管，也应以维护本土企业声誉的导向去管。当吉商企业与其他公司（本地企业或外地企业）存在经济纠纷时，为维护住吉商企业的名誉，相关政法部门应在不违背原则的前提下，在吉商企业被诉至法庭之前，充当"庭前调解员"的角色，大事化小小事化了，避免因为不必要的诉讼记录影响吉商企业名誉的情况出现。例如，该企业孵化公司与一家设计公司因为4000元的设计费用出现经济纠纷，企业法人尚不知情，但已经被对方告上法庭，一旦企业出现诉讼记录，将影响企业的信用和后续发展，这让该企业家觉得很委屈。如果在立案前当地法院"调解"此事，就不会因为4000元的设计费用出现诉讼记录。

（三）怎样增强国有企业家使命感——解除吉商国有企业家精神发挥的瓶颈制约

信心比黄金重要，企业家的信心比钻石还重要。在调研中，项目组走访了某国资集团的独资子公司。在与董事长访谈中，项目组发现，目前的国有企业像"一只戴镣铐跳舞的大象"，且不说企业独立的市场主体地位，大到项目投资，小到职员招聘，无不需要经过上级领导的层层审批。有时某处长出差，项目投资或资金调度迟迟得不到审批，大大挫伤了国有企业领导干事创业的积极性，在市场时机的把握上与灵活的民营企业相比劣势明显。中央已经明确开展落实中央企业董事会职权试点工作，董事会依法行使中长期发展决策权、经理层成员选聘权、业绩考核权、薪酬管理权以及职工工资分配管理等权力。吉林省国有企业的负责人非常希望在本地落实该项制度，把企业自主经营决策的事项归位于企业。

（四）怎样增强吉商的幸福感——解决企业上市与人才问题

项目组实地调研长春新区一家新三板上市企业，相关负责人坦言：虽然自己的企业在新三板上市，但还是感到当地政府对上市企业的扶持和拟上市企业的培育工作做得不够。例如，在扶持企业上市政策上，继国家出台一系列支持东北地区企业上市的相关政策后，吉林省也相继出台了"新三板行动计划""建立省级上市挂牌后备资源库"等文件。根据《吉林省支持企业在全国中小企业股份转让系统挂牌培育行动计划（2016—2020

年)》，2017 年拟推动 70 家以上企业在新三板挂牌，2018 年拟推动 100 家企业在新三板挂牌。但是公开资料表明，截至 2018 年 9 月 30 日，吉林仅有 88 家新三板企业，占比 0.8%；其中 47 家企业有市值，占比为 53.4%。在培育企业上市、激发吉商企业做强做大方面仍有很长的一段路要走。

"凤翱翔于千仞兮，非梧不栖"。新区内另外一家企业表示，新三板挂牌能提供吉商做大做强的资金动力，但仍有一个关键的因素不可或缺，那就是人才。高端技术类人才招聘难度很大，很多人才表示东北经济环境一般，待遇低。目前，吉林省的人才流向已经悄然发生变化，在 2015 年之前，企业每年人才流失率超过 40%，但是最近两年人才流失锐减，每年不超过 8%。这位企业家将人才外流发生的变化归结于企业文化和公司前景带来的正向效应。如果地方政府更加重视人才，特别是吉林省对上市企业的迫切需求，成为凝聚大量专业型优秀人才的磁石，人才待遇保障机制更加完善，将为吸引优秀人才来吉带来更强的外部效应。

（五）怎样增强吉商的获得感——把政策落到实处

在走访调研长春市九台区某知名食品品牌企业时，企业高管表示："企业申请政府优惠政策容易，但拿到真正的实惠较难。"一是因为政府"藏着掖着"拖延办理，或者多个部门"踢皮球""装糊涂"，拒不办理；二是一些优惠政策透明度低，只给一些与政府关系联系紧密的企业优先享受，原本就应公平竞争、平等享受的扶持政策，演变成先看企业与相关职能部门关系远近，再选择是否告知、是否给予扶持，"就是把公共政策变成部门或个人的权力资源"，根本原因还是"官本位"的权力资源在作祟。这让企业家们缺乏政策的获得感，缺乏对政府的信任感，对创新创业的热情带来冲击。

四 激发和保护吉商企业家精神的
制度安排对策建议

2017 年 9 月，中共中央国务院发布《关于营造企业家健康成长环境弘扬优秀企业家精神更好发挥企业家作用的意见》；2018 年 9 月，习近平总书记在深入推进东北振兴座谈会上提出的第一个要求是以优化营商环境为基础，全面深化改革；2018 年 10 月，吉林省印发了《中共吉林省委吉林省人民政府关于更好发挥企业家作用弘扬优秀企业家精神营造企业家健康成长环境的实施意见》，吉林省政府同时出台了 32 条具体意见。从中央到吉林省政府，均高度重视激发吉商企业家精神，培养经济新动能。下面结合项目组调研情况，提出相关政策建议。

（一）政府不要做什么

深圳市政府做得比较好的一点，是政府基本不干预企业的具体运作。①

——任正非

建立新型政商关系对激发和保护企业家精神十分重要。对于新型政商关系，中央已经提出"亲""清"二字。"亲"强调政府官员与企业家应该亲近，认认真真办事；"清"强调官是官，商是商，清清白白地做人；强调政府在企业经营过程中不做主导，放手管理，在企业发生困难时起到必要的帮扶作用。

老子的《道德经》指出：圣人"能辅万物之自然而弗敢为"。圣人（在这看成决策者或管理者）在于摆正位置，无论是对国企，还是对民企，都不应搞"政府干预"。针对现在权力干预过多的问题，提出"以市场主体需求为导向深入推进简政放权放管结合优化服务改革"是十分必要的，需要吉林省进一步落实"放管服"改革，确保公权力正当行使。

企业家作为创新者，他们敢想、敢做，勇于征服未知（新市场、新制度），特别盼望能得到理解和支持。鉴于此，需要建立对企业家创新"帮扶机制"，扶上马，送一程，关键时刻决不能袖手旁观。

（二）政府要做什么

圣人常无心，以百姓心为心。

——《老子》第四十九章

---

① 赵东辉、李斌、刘诗平、蔡国兆、彭勇、何雨欣：《28 年只对准一个城墙口冲锋"——与任正非面对面》，新华网，http://www.xinhuanet.com//politics/2016-05/09/c_1118830653.htm，2016 年 5 月 9 日。

治理企业和治理国家一样，要想吉商企业家之所想，急吉商企业家之所急。以此为政策制定导向，完善各项制度安排，激发和保护吉商企业家精神。

1. 权力放一点，以互联网大数据为载体，深化"放管服"改革，打造"速度吉林"

（1）顶层设计长远一点。一是推动改革全领域覆盖，将改革与所有部门密切联系，激发改革意识，触及灵魂。开展"地毯式"梳理，确保各行各业、各级部门全部纳入"只跑一次"改革实施范围。逐步建立跨层级、跨地域、跨系统、跨部门、跨业务的系统管理和服务。二是推动改革全事项办理。事项梳理得再全面一些，确保清单之外无遗漏。推动改革全时限完成，对吉林省存在的历史问题要加紧处理，对标浙江省等发达省份，对照学习。

（2）流程再优化一点。改革是一项系统性工程，设计多环节多任务协同操作。就应该像吉林市落实京东"亚洲一号"智慧物流园项目一样有效率，市领导亲自负责，流程该省则省，项目进展飞快。有些人为设置的环节坚决剔除，杜绝以"防范风险"为由对企业设限。吉林省行政权力事项仍有 3965 项，继续下决心清理，按照分类原则，不同事项区别对待，适于市场调节的全部归还市场；不贪权、不揽权、不恋权；继续开展"减证便民"行动，对标先进地区，减少申报材料数量，实现数据共享。国家明确要求，企业开办时间力争压缩到 5 个工作日以内，商标注册审查时间压缩到 4 个月以内，工程建设项目全流程审批时间压减 50%。吉林省应在保证国家标准基础上，打造吉林速度。

（3）平台建设更便利一点。为"放管服"和"只跑一次"改革优化载体，利用与华为和腾讯战略合作的契机，完成政务外网、信息共享交换体系、信息安全体系、政务云建设及整合工作。推动全省各级部门业务信息系统接入全省政务服务平台，打破信息孤岛，实现数据共享交换和应用；完善征信系统，聚焦重点领域、重点行业、重点企业，开展诚信行业、诚信单位等的评选活动，强化诚信意识，让讲诚信成为竞争力。

2. 政策实一点，保证企业要素充足，降低税费负担，打造"福地吉林"

（1）给企业"加码"。一是土地要素供应。只要是真正的大项目好项目，可以试行"点供"，也可以实行省市县联供。制造业用地的使用者，可试行在规定期限内按合同约定分期缴纳土地出让价款。同时应重点解决好土地闲置与土地超供、土地缺口与土地浪费并存的问题。二是资金要素供应。定期开展银政企对接，引导和推动金融机构把支持实体经济的政策落实好。必要时，政府牵头成立帮扶基金，帮助企业解决实际困难，坚决杜绝政府部门、大企业利用优势地位"以大欺小"拖欠民营企业款项的行为。对无不良信用记录、纳税信用级别达到标准的小微企业，发放"银税互动"贷款。三是人才要素供应。精准落实吉林省发布的 18 条人才新政，吸引优秀人才落户吉林。同时想方设法使长春理工大学、吉林财经大学和长春大学等省属重点高校培养的优秀人才留在吉林，政府充当企业和高校的"红娘"，引导和激励企业与高校合作，通过成立职教集团或创新创业基地等方式将人才培养与企业需求精准对接，留住优秀人才，并辅以子女教育、父母养老、配偶工作等人性化的"留人政策"，打造良性运转的人才生态圈。四是知识要素供应。加大企业家培训力度，依托吉林大学、浙江大学和东北工业集团打造良好的平台，除按细分行业培训外，做好战略转型与创新发展能力培训、税务筹划培训、宏观经济政策分析培训、投融资市值管理培训、组织与人力资源管理培训、领导力培训等主题培训，并应在培训中加强对企业领导者素质的培训，并形成常态化的培训机制。

（2）给企业"减负"。经济运行成本、要素成本、税费成本和制度成本是政府激发企业家创新创业活力的根本要义。所以政府不仅要实实在在地"给"，还要真真正正地"减负"。一是降低税务成本。地方政府往往以补贴或奖励的方式帮助企业。但补贴不如降税，补贴使财政负担加重，同时使企业注重规模扩张甚于技术提升，补贴实质是将其他行业创造的利润转移至补贴行业，不利于经济效率的提升。补贴的作用应当仅限于发展初期提供起始动能和技术创新激励，而行业发展最终必须摆脱补贴依赖，未被慎用的补贴政策很容易使某些行业陷入产能过剩的困境。减税降费的效果虽然不如补贴直接，但会提升企业的利润率水平。

并且，减税重在奖励优秀企业，企业创造的利润越多，则减税使其获益越大，这种正向激励机制使其对经济效率的改善尤为明显。二是降低企业费用成本。从制度性交易、用工、融资、用能、用地、物流、外贸、管理等多个方面，对降成本进行细分部署。对标浙江，停征水利建设基金，实现省定行政事业"零收费"。

3. 格局大一点，引导企业抱团取暖，打造"品牌吉林"

现代制造业比的不仅是核心技术和资本，更是比产业链集群竞争能力。现代制造业不搞大而全、小而全的制造企业，而是将零部件、原材料、物流等上下游业务让那些对这些环节最有技术、能力强的企业去做，能外包的尽量外包，形成分工协作的产业链。上下游70%的部件、关键件能够垂直整合一体化。这种一体化带来四种效应：一是不仅有整装厂的产出，而且包含上中下游全产业链的产出；二是不仅有制造业产出，还带来物流、运输、销售结算等生产性服务业的产出；三是具有区域竞争力；四是产业链集群互动，既能互动促进，又能逆周期抱团取暖。应以吉林传统优势产业为基础，战略新兴产业为重点，形成上中下游产业链一体化的产业集群，例如打造吉林卫星、吉林大米和吉林医药产业集群，服务业聚焦吉林冰雪旅游和东北亚金融服务产业发展，形成"品牌吉林"效应。

4. 政策新一点，实现新区龙头优势，打造"创新吉林"

（1）打造新区优势。"新区干新事"，应当成为全产业链集聚区、产业资本集聚区、龙头企业集聚区、生产性服务业集聚区和各种交通方式集聚的交通枢纽区；把长春新区打造成产学研一体化的集聚区，孵化器、PE、VC投资基金的集聚区，独角兽企业的群栖区，创新驱动的标杆区。充分响应落实习近平总书记要求以培育壮大新动能为重点、激发企业家创新内生动力的重要举措。

（2）重点扶持一批创新企业。无论是科技创新、产品创新、市场创新还是管理创新，凡有创新，政府都应该鼓励；无论是"百千万"企业培育、"专精特新"中小微企业培育、科技"小巨人"企业培育还是"上市培育计划"等，凡是有潜力的企业，政府都应以鼓励创新为导向重点扶持。培养的企业在精不在多，企业越优秀越有示范效应。

5. 态度宽容一点，政府支持企业家创业，打造"温度吉林"

企业家作为叱咤风云的创新者，先行先试时出现失败是难免的。基于保护创新型企业家的战略考虑，应尽快落实"完善对企业家的容错帮扶机制"。对不涉及违规决策、没有不当利益输送的失败行为应宽容对待。对优秀企业家给予社会荣誉激励，拓宽企业家参与国家政治生活和管理社会公共事务的渠道，以及加强对企业家的正面宣传。吉林省应该为企业家创新创业营造良好的文化和舆论环境，大力营造尊重和激励企业家干事创业的社会氛围，崇尚创新、宽容失败，极大调动企业家蓬勃创业激情和永不言败的创新精神。

6. 下手狠一点，营造诚信环境，打造"法治吉林"

企业发展既要参天大树，又要绿草茵茵；但不能杂草丛生，不能野蛮生长，要在政府营造的制度环境下规范发展。

（1）立法支持要与时俱进。加快完善法制化营商环境的制度框架，加紧制定和完善知识产权保护和新兴业态所对应的法律法规，让企业家经营有法可依，有章可循，增强企业家安全感和创新创业的信心。

（2）司法保障要坚强有力。严格依法平等保护各类市场主体，维护契约精神，营造公平公正公开透明的市场环境，保证不同所有制企业得到公平对待，鼓励竞争，反对垄断，尽量避免"民企负重与国企赛跑"。

（3）加快建设法治政府。健全政府诚信机制，坚持信用原则，彻底扭转"新官不理旧账"的不良作风；严格制裁违约失信行为，让失信者无处遁形。

7. 谦虚一点，常沟通，常评价，打造"风范吉林"

（1）建立常态沟通反馈机制。充分发挥中介机构资源优势，发挥吉商企业家的主体作用，积极搭建政府、民间涉企协会和企业沟通交流反馈的长效机制，把"政企对话"上升到制度层面，让政商沟通"零障碍""零距离"。对企业反映强烈的问题派专人或成立专项小组解决，营造"亲商、重商、安商、富商"的良好氛围。

（2）引入第三方评价机制。重视政策出台后的落地和执行，建立责任清单，保证工作推进。注重发挥专业智库等第三方作用和优势，持续开展各项政策实施效果的综合监测和评估，及时发现问题，改进问题，为激发和保护吉商企业家精神制度改进付出实效。

五　后记

"水深则鱼悦，城强则贾兴"。企业家精神与制度环境是"鱼水"关系。没有"水"，鱼自然无法生存；但是"鱼"自身"变坏"，也会葬身于"水"。只有从内外两个方面"双管齐下"，完善制度环境与提高企业家素质并重，吉商企业家队伍才能更加壮大，企业家精神也才能得到进一步激发，助力吉林省经济腾飞，振兴之梦早日实现。

参考文献

Ahlstrom D. Bruton G. D. , "An Institutional Perspective on the Role of Culture in Shaping Strategic Actions by Technology – focused Entrepreneurial Firms in China," *Entrepreneurship Theory and Practice* 26 (2002).

Ahlstrom D. , Bruton G. D. , "Rapid Institutional Shifts and the Co-evolution of Entrepreneurial Firms in Transition Economies," *Entrepreneurship Theory and Practice* 34 (2010).

Baumol W. J. , "Entrepreneurship: Productive, Unproductive, and Destructive," *Journal of Political Economy* 98 (1990).

Covin J. , Slevin D. A. , "Conceptual Model of Entrepreneurship as Firm Behavior," *Entrepreneurship Theory and Practice* 1 (1991).

North D. C. , *Institutions, Institutional Change, and Economic Performance* (Cambridge: Cambridge University Press, 1990).

Drucker P. F. , *Innovation and Entrepreneurship: Practice and Principles* (Washington: Harper Collins Publishers, 1986).

Hebert R. F, Link A. N. , "The entrepreneur as innovator," *Journal of Technology Transfer* 31 (2006).

ShaneS, Venkataraman S. , " The Promise of Entrepreneurship as A Field of Research," *Academy of Management Review* 1 (2000).

Stevenson H. , "The heart of entrepreneurship," *Harvard Business Review* 3 (1985).

Venkataraman S. , *The Distinctive Domain of Entrepreneurship Research: An Editor's Perspective* (Greenwich, JAI Press, 1997).

陈刚：《管制与创业——来自中国的微观证据》，《管理世界》2015 年第 5 期。

李倩、邹国庆:《企业家活动影响制度变迁的机制研究》,《云南社会科学》2018 年第 1 期。

李维安、王辉:《企业家创新精神培育:一个公司治理视角》,《南开经济研究》2003 年第 2 期。

汪丁丁:《企业家的精神》,《管理与财富》2011 年第 7 期。

吴向鹏、高波:《文化、企业家精神与经济增长——文献回顾与经验观察》,《山西财经大学学报》2006 年第 7 期。

姜超、陈兴:《财政补贴知多少?——财税改革系列之二》,海通证券网站,https://www.htsec.com/ChannelHome/2016102402/5858837.shtml,2018 年 8 月 13 日。

吉林省科技型小巨人企业发展及
独角兽企业培育研究

吉林化工学院课题组*

摘　要　科技型小巨人企业和独角兽企业是带动地区经济发展的重要力量。吉林省科技型小巨人企业数量相对较少，而且在企业认定、政策支持与管理方面仍有改进空间。因此，吉林省应该在政策、招商、产业和人才四个方面实现突破，促进科技型小巨人企业发展，并争取在生物制药、健康和汽车用化工品领域培育出省内第一家独角兽企业。

关键词　独角兽企业　小巨人企业　科技型企业　吉林省

吉林省科技型企业数量在全国排名中缺少竞争力，这是由吉林省经济结构的历史原因造成的。在调研中，有一种观点对吉林省科技型企业的发展现状给出了解释。该观点认为，吉林省只有两个大的企业，"一汽"和"吉化"，其余的企业都是围绕这两个龙头企业做文章。有一些具有科技含量的企业虽然独立于两个龙头企业，专注于技术，却根本不会经营，如果经营好了，可能就会从这里诞生独角兽企业。另有一种观点认为，吉林省未来的科技型企业必然离不开原有的经济基础和结构，汽车、化工、生物制药、农产品、装备制造产业中有可能诞生吉林省第一家独角兽企业。观点虽然有差异，但都认为吉林省现有产业结构对科技型企业的成长必然产生一定的影响，也都对吉林省是否诞生独角兽企业进行了预测。科技型小巨人企业的数量是一个地区经济实力的体现，而独角兽企业则是一个地区

*　课题负责人：张立巍；课题组成员：赵光远、崔红斌、刘刚、韩冰、王立霞、宁维。

经济发展潜力的表征。吉林省应大力促进科技型小巨人企业的发展，并选择重点领域培育出第一家独角兽企业，这是吉林省追赶和超越先进地区的有力举措。

一 吉林省科技型小巨人企业发展现状

（一）吉林省科技型企业数量情况

与广东省科技型企业数量相比，吉林省科技型企业数量面临"数量待跃升，标准待衔接"的提速问题。吉林省国家标准下的科技型中小企业数量和高新技术企业数量占广东省的比例极低，分别为 4.46% 和 2.43%，而科技型小巨人企业作为地方评选的优质科技型企业，长春市企业数量占广州市的比例略高，为 18.32%（见表 1）。两低一高的比例说明，吉林省地方标准筛选的科技型企业正在弥补国家标准下企业数量的不足。未来，吉林省既要明确推动地方标准下科技型企业数量的跃升，还要将地方标准与国家标准对接，促使地方科技型企业入库国家标准。

表1　2018 年吉林省与广东省科技型企业数量对比

单位：户

省份	科技型中小企业	科技型小巨人企业		高新技术企业
		省级	省会市	
吉林省	967	409	665	524
广东省	21697	不详	3629	21590

资料来源：吉林省政府网站。

（二）吉林省市级科技型小巨人企业数量

从 2018 年吉林省各市科技型小巨人企业数据来看，长春市 2012 年开始认定市级小巨人企业，现共有 665 户；吉林市 2015 年开始认定市级小巨人企业，现共有 240 户；辽源市 2017 年开始认定市级小巨人企业，现共有 14 户；通化市 2017 年开始认定小巨人企业，现共有 19 户（见表 2）。

表2 2018年吉林省主要城市市级科技型小巨人企业数量

单位：户

地区	评选起始年份	现有数量
长春市	2012	665
吉林市	2015	240
辽源市	2017	14
通化市	2017	19

资料来源：吉林省政府网站。

（三）吉林省科技型小巨人企业在科技型企业中的地位

通过对吉林省科技型企业认定标准（见表3）的比较，特别是从科技创新角度看，科技型中小企业强调获取自主知识产权并将其转化为产品或服务；科技型小巨人企业强调知识产权的所有权，产品或服务有较大市场占有率；高新技术企业强调核心自主知识产权，并以此展开经营活动。可见，从科技型中小企业到科技型小巨人企业，再到高新技术企业，三类企业在自主知识产权方面有明显的梯度关系，高新技术企业处于最高端，科技型小巨人企业位于梯队的中间位置，科技型中小企业位于底层。

表3 吉林省三类科技型企业认定标准

单位：亿元，%

类型	注册时间（年）	经济效益		研发经费占销售收入比重	创新技术	科技人员占比	认定数量（户）
		销售收入	高新技术收入占比				
科技型中小企业	>0	≤2	—	6（满分标准）	I类知识产权（满分标准）	≥30（满分标准）	967
科技型小巨人企业	≥3	0.1~4.0	—	≥2	核心技术、知识产权的所有权	≥10（制造类）；≥30（服务类）	409
高新技术企业	≥1	≥2	60	≥3	核心技术、自主知识产权	≥30（其中研发人员≥10）	524

注：时间截至2018年。

资料来源：吉林省政府网站。

二　关于吉林省科技型小巨人企业认定、政策支持与管理的讨论

（一）对认定标准的讨论

科技型小巨人企业和独角兽企业是现代化经济体系建设的主体，是吉林省推进供给侧结构性改革的主要抓手，更是吉林省老工业基地振兴的希望所在。吉林省于 2017 年启动了首批省级科技型小巨人企业认定工作，并认定了 149 户企业；而从地市层面看，长春市自 2012 年以来累计认定科技型小巨人企业 665 户，吉林市自 2015 年以来累计认定科技型小巨人企业 240 户；辽源和通化两市也在 2017 年开展了相关工作，并认定了一批科技型小巨人企业。目前全省各类科技型小巨人企业已超过 1000 户，实现了吉林省有关规划和实施意见中关于 2020 年科技型小巨人企业数量方面的目标。

1. 省级科技型小巨人企业认定标准的科学性问题

学界对科技型小巨人企业评选标准的讨论主要有两类：一是陈心德等提出的从成长性（身高）、获利性（体重）、持续性（耐力）三个方面构建指标体系；二是孟祥芳等提出的从平衡记分卡 BSC 的财务、市场、可持续发展、内部管理四个维度构建指标体系。[①] 这些理论上的评选标准都是力求全面、客观地对科技型小巨人企业进行量化评价。但是，因为过于烦琐，而且标准细节过多，导致实施起来比较困难。

参考我国科技型小巨人企业培育和发展先进地区的经验，结合吉林省实际，筛选出研发经费占销售收入比重、企业上年度主营业务收入、主导产品或知识产权情况、近三年营业收入平均增长率和科技人员占比等 5 个核心指标进行比较（见表 4）。结果显示，吉林省所有省级核心指标皆低于先进地区，部分指标甚至低于市级指标。这在一定程度上说明，吉林省的

[①]　陈公德、王宇熹、吴忠：《科技"小巨人"企业综合评价体系的构建和实施》，《上海企业》2007 年第 3 期；孟祥芳、夏来保：《天津科技小巨人评价指标体系研究——基于 BSC 和 AHP》，《科研管理》2015 年 S1 期。

省级科技型小巨人认定指标值得商榷。一是吉林省省级科技型小巨人的研发经费占销售收入比重要求不低于年销售收入的 2%，而省外发达地区为 3%，长春市也定位为 3%；二是企业上年度主营业务收入吉林省认定标准为 1000 万元以上，省外发达地区最低为 5000 万元，吉林市为 2000 万元；三是在主导产品或知识产权方面，吉林省没有明确提出市场占有率概念；四是科技人员占比低于上海标准；五是近三年营业收入平均增长率与苏南地区持平。总之，在 5 个核心指标中，有 4 个指标值较低，1 个指标值与发达地区持平。

表4 吉林省和部分地区科技型小巨人企业主要筛选指标体系

单位：万元，%

地区	研发经费占销售收入比重	企业上年度主营业务收入	主导产品或知识产权情况	近三年营业收入平均增长率	科技人员占比
苏南	≥3	≥5000	占有率居全国前五位	≥10	
天津市		≥10000	占有率居全国前十位	≥20	
上海市	≥5	10000～100000（制造类）；6000～100000（服务类）		≥20	≥20（制造类）；≥50（服务类）
吉林省	≥2	1000～40000		≥10	≥10（制造类）；≥30（服务类）
长春市	≥3	≥1000		≥15（未来三年）	≥20
吉林市		≥2000			≥10
辽源市	≥2	≥1000		≥10	≥10（制造类）；≥30（服务类）
通化市	≥2	≥200		≥5	≥10（制造类）；≥30（服务类）

注：时间截至 2018 年

资料来源：相关地区政府网站。

2. 认定标准分级问题

吉林省省级科技型小巨人企业有自己的认定标准，市级科技型小巨人企业各市设定了不同的认定标准。因为标准不同，所以衡量各市小巨人企业规模没有统计上的意义。吉林省可尝试设定科技型小巨人企业标准和科技型小巨人企业培育标准，前者对应省级标准，后者对应市级标准。建议把吉林省科技型小巨人企业标准适当提高，这样才能更好地代表省级科技企业的质量，也指明了企业的努力方向。而吉林省科技型小巨人企业培育标准应适度降低，这样可以将更多企业纳入培育体系中，发挥重在培育的作用。

（二）对政策支持的讨论

先进地区在推进科技型小巨人企业发展的案例有 3 个可以借鉴。一是苏南对专精特小巨人的培育，共分为两个阶段，第一阶段为企业提供要素支持，包括人才、资金、研发；第二阶段系统推进小巨人企业培育，包括构建培育政策、支持创业创新、整合社会资源。二是天津以重大项目作为有力抓手，通过航空航天、生物医药、新能源等产业助推科技型小巨人成长。三是上海实施"上海小巨人工程"，建立小巨人专项资金和补贴、建立"市区联动"的合作机制，促进区级政府对科技型小巨人企业的资金支持。

吉林省对科技型小巨人企业的支持应聚焦于资金扶持。从课题组的实际调研来看，这基本对症了吉林省科技型小巨人企业发展的痛点之一。但是，科技型小巨人企业还对政策优惠（如电和水的优惠价格）、人才吸引（如引进人才，留住人才）和政府工作效率（如审批新建项目程序）等仍有较高和紧迫的需求，吉林省可在这些方面继续发力，优化支持方式，为科技型小巨人企业提供精准助力。

（三）对管理监督的讨论

吉林省对科技型企业的管理监督从本质上来说，关注点在于后续的资金扶持。由于吉林省科技型企业发展速度略有滞后，对符合省级科技型小巨人企业认定标准的，吉林省积极推动企业参与认定审核。政府主管部门对已纳入认定标准的企业进行后续动态管理，在必要时进行审核，在审核中即使不符合要求也不会退出科技型小巨人企业序列，只是不再给予政策扶持。地市级政府由于本地科技型小巨人企业资源有限，其主要精力集中在入口处的管理，对后续的动态管理和复审，缺乏有效的制度。

三 吉林省培育独角兽企业的可行性

（一）生物制药健康领域培育独角兽企业的可行性

1. "科技基础"加"集成创新"具有催生独角兽企业的基础

当前，独角兽企业培育的热点正在向"硬科技"领域转移。而吉林省具有较好的科技基础（包括科技成果、科技平台和科技人力资源等），在汽车、生物、农业、医药、新材料等相关领域的技术创新能力具有一定优势，很多成果已经支撑了其他省份高新技术企业和独角兽企业的发展。相对而言，吉林省所欠缺的是基于产业链和价值链的"集成创新"能力。在未来3~5年，以资本配置为核心，以市场价值为引导，发挥有关协会、新型研发机构作用，围绕市场需求利用科技成果包、创新工程包等形式进行推动，促进生物与医药、生物与农业等技术领域的融合发展和集成创新，吉林省可以在生物制药健康的细分技术领域发挥独角兽企业培育的技术优势。

2. "产业资源"加"特色资源"具有培育独角兽企业的潜力

当独角兽企业培育的热点转向"硬科技"领域的时候，区域内基于民营经济和市场机制配套的产业资源和特色资源的作用就更加明显。目前，吉林省农业、汽车零部件、医药、新材料等领域的产业资源比较丰富，避暑气候、自然风光、民族风情等特色资源正在加速转化为经济资源，相关资源的区域独特性十分显著。相比之下，产业资源与特色资源结合还不紧密，以制造业思维而不是服务业思维谋划经济社会发展仍占主导地位，产业资源和特色资源不能最大化发挥作用是当前吉林省面临的重要问题。在未来3~5年，强化民营经济发展和市场机制建设，以民营企业家为核心，通过政策引导和制度创新，促进"产业资源"加"特色资源"融合发展的新模式，为"硬技术"创新和应用提供较好的产业生态，吉林省培育独角兽企业的潜力将大大增强。

3. "对口合作"加"异地孵化"增加培育独角兽企业的概率

独角兽企业培育必须用好"对口合作"牌。对珠三角、长三角有关孵化器的调研显示，"异地孵化""联合孵化"等模式正在兴起，浙大与四川宜宾的异地孵化器为四川宜宾发展发挥了重要作用，当前珠三角、长三角的孵化器也对与吉林省合作有着浓厚兴趣，这些现实情况为吉林省培育独角兽企业带来了新的契机。吉林省与浙江省对口合作以及中国（杭州）独角兽企业园暨独角兽企业孵化园的开园更强化了这种机遇。用好"对口合作"牌，用好"股权参与"牌，引进浙江的独角兽企业孵化器开展联合孵化，用好浙江以及其他地区的孵化经验，吉林省有望在短期内培育出独角兽企业。

（二）化工与汽车产业融合领域培育独角兽企业的可行性

1. "产业基础"加"新核心"为汽车用化工品领域独角兽企业的诞生提供了新需求

吉林省汽车工业产值一直居省内第一位，具有雄厚的产业基础。在汽车产业的辐射效应下，吉林市汽车产业逐渐形成了吉林省的第二核心，"长春一汽"品牌的整车项目快速在吉林市投产和销售。随着原有的汽车"产业基础"和逐渐凝聚的"新核心"，吉林省汽车产业会对化工产业提出巨大的需求。根据吉林省汽车产业提升方案，省属汽车产业零部件地方配套率需要提升至50%，届时，对汽车用化工品的需求将十分庞大，具备了孕育该类独角兽企业的市场环境。

2. "龙头企业"加"循环升级"为汽车用化工品领域独角兽企业的诞生提供了新动力

化工属于资本密集型产业，资本集聚速度极快。但是伴随产业规模扩张而来的还有环境的问题。例如，哈尔滨化工产业规模超过千亿元，却丧失了其主导产业的地位；宜昌化工产值超千亿元，却面临"去产能"的阵痛。统计显示，吉林市化工产业规模约840亿元，处于向千亿元规模突破的窗口，这意味着化工产业必须寻找新的绿色增长点，避免因规模过大、污染过重而被边缘化。所以，化工产业循环经济将是其重要的发展路径，化工"龙头企业"要主动开发汽车用化工品，化工产业要从清洁生产、企业间循环向产业循环过渡，实现与汽车产业的"循环升级"。总之，以"循环升级"为契机，发挥"龙头企业"的平台作用，将成为汽车用化工品领域独角兽企业诞生的新动力。

3. "产业布局"加"差异定位"为汽车用化工品领域独角兽企业的诞生提供了新载体

汽车、化工和农产品加工是吉林省传统的三大支柱产业，其中汽车产业主要布局在长春市，化工产业主要布局在吉林市。吉林省目前有两大省级化工循环经济园区，分别位于吉林市和松原市。吉林松原石油化学工业循环经济园区目前已经在生物质化工取得突破，利用秸秆技术形成了化工与农业的融合发展路径。遵循"差异定位"发展策略，结合化工和汽车"产业布局"的空间特点，吉林化工循环经济园区的最好选择是创新思路，加强化工与汽车产业的协同发展。结合"产业布局"，以"差异定位"为方向的新园区将成为汽车用化工品领域独角兽企业诞生的新载体。

四 科技型小巨人企业发展及独角兽企业培育的对策建议

(一) 政策突破，建立面向科技型企业的对内梯度培育政策

吉林省想要培育出第一家独角兽企业，必须建立完善的科技型企业的梯度培育体系。

1. 实施科技型中小企业培育工程

实施科技型中小企业培育工程，提升科技型中小企业的总体规模。措施包括鼓励各级科技人才创业，引导科技人员深入企业开展创新服务，补贴入库企业购买科技服务的经费支出。

2. 实施科技型小巨人企业提升工程

实施科技型小巨人企业提升工程，提升科技型小巨人企业的内涵式发展。措施包括设立分级认定体系，鼓励企业以项目为依托吸引高素质人才，引导和鼓励高校院所、大型企业与科技型小巨人企业建立产学研用合作机制，直接给予企业大额度的资金奖励等。

3. 实施高新技术企业和独角兽企业引领工程

实施高新技术企业和独角兽企业引领工程，发挥企业自主创新的核心

地位，提升高新技术企业系统性技术创新能力，期望成功孕育出吉林省第一家独角兽企业。措施包括鼓励企业引进国内外顶尖人才，注重与顶级资本、国际一流孵化器、区域股权交易市场的对接与合作。

（二）招商突破，开展面向科技型企业对外精准招商工作

1. 创新招商方式，补数量链

借助对外招商，在全球范围内聘请招商大使；建立产业招商引导资金，将社会资本与科技型企业相衔接；定期举办招商服务年、招商引资攻坚年等专题活动，建立招商引资企业信息库，优化招商环境。

2. 对接域外孵化器，补创新链

对接异地孵化器，建立招商渠道。鼓励地方企业赴异地孵化器创业成长，选送具有成为高新技术企业潜力、符合异地孵化标准的企业到异地孵化，并确保将毕业企业引回吉林，"借鸡下蛋"。共建异地孵化器，将吉林省招商引资的触角延伸到高新技术企业的活跃地区，利用当地资源孵化企业，并最大可能引企入吉。

3. 衔接加速器，补培育链

对接异地加速器，引进和培育小巨人、独角兽潜在企业；对接省内加速器，吸引科技创新企业与区域资本市场对接，促进区域资本市场从四板上市角度对企业进行业务辅导和审核，以吸引科技创新企业进入吉林省，并与区域资本市场对接，建立估值渠道，择机快速培育出独角兽企业；建立省内加速器，引进和辅导企业扩展业务，侧重聘请小巨人和独角兽企业相关人员作为导师，传授发展经验，培育小巨人、独角兽企业。

（三）产业突破，培育重点领域独角兽企业

1. 在医药健康领域加快培育独角兽企业

吉林省医药健康领域素有优势，建议吉林省实施"三个工程"，在医药健康领域加快培育独角兽企业。

（1）吉林省应实施面向全球的科技创新开放工程，以政府资助、政府引导等方式获取全球最前沿的技术和人才。在吉林省科技发展规划体系中

设立专门的类别，取消行政区划限制，按照科研基金的管理方式，在医药健康相关技术领域，每年设置 10 ~ 20 个重大的、面向全球顶尖科学家的邀请招标类科技项目。

（2）面向独角兽企业的联合孵化工程。吉林省对口合作省份浙江省在孵化器发展方面具有优势，且多个孵化器有意与吉林省合作。为此，建议吉林省尽快实施"注册在我、联合孵化、共用资源、共享收益"的联合孵化工程。

（3）面向医药健康领域独角兽企业的精准招商工程。珠三角、长三角等地的创新基地里面潜藏着很多成长性良好、具备冲击独角兽的"准独角兽企业"。吉林省只有面向这样的企业进行招商，才能更快地激发出经济发展的活力和动能。同时，还要面向"高水平孵化器"和"新型科研机构"进行精准招商。

2. 在汽车用化工品领域加快培育独角兽企业

依托吉林省汽车和化工两大支柱产业，发挥平台优势，通过"平台—机制—园区"模式，催生汽车用化工品领域的独角兽企业。

（1）搭建产业融合信息交流平台。鼓励建立民间化工和汽车产业联盟，发挥产业协会作用。设立产业信息交流平台，如举办企业对接会，并将其制度化、常态化和正规化。同时，政府应积极参与平台交流活动，帮助企业解决政策、税收方面的难题，为产业融合保驾护航。

（2）创立产业融合技术创新机制。汽车产业发布需求，化工产业提供产品，这是两大产业融合的经济逻辑。所以，化工企业应主动联合汽车企业设立联合研发中心，从产品设计初始就占据需求终端。鼓励有意向的两类企业互相投资参股，形成密切的经济共同体，以促进技术层面的合作开发。

（3）建设产业链中游企业特色园区。化工和汽车产业之所以出现融而不合的现象，就在于吉林省化工—汽车产业链有缺失，中游产业链急需补充，汽车用化工品企业数量和质量明显不足。可从全球精准招商和鼓励新建两方面着手，建设产业链中游企业特色园区。随着园区规模的扩大，产业链中游企业特色园区将有更高概率成为吉林省首个汽车用化工品独角兽企业的诞生地。

（四）人才突破，利用新一轮市院合作机遇为独角兽企业培育引进人才

独角兽企业的培育需要高端智力资源，短期内无法依靠省内自身实力实现。吉林省人才突破策略要落实到各个主要城市层面，各城市应该建立、深化、扩大与中科院系统的合作，为培育独角兽企业引进高端智力资源。

1. 实施"中科院＋"行动

以各市（州）级以上开发区为主要平台实施"中科院＋"行动，谋划一系列合作项目。例如，培育和打造以中科院科技成果转化为核心内容的主题产业园，按照新型科研机构模式建立产业技术研究院，各地财政设立不低于3000万元的专项资金。

2. 实施"服务院士"专项行动

吉林省要督促各市（州）加强院士工作站建设，实施"服务院士"专项行动，打造一批能留住院士、引来专家的合作新载体，包括分级、分类推进院士工作站建设，扩大各市（州）院士工作站的院士遴选范围。

3. 建立全面合作机制

建立各市（州）的党委、政府和中科院之间的全面合作机制，包括建立市（州）政府和中科院科技促进发展局之间的合作机制，建立市（州）政府与中科院、大学之间的人才培养合作机制，建立市（州）党委、政府主要领导赴中科院访问的常态机制等。

参考文献

张睿、石晓鹏、陈英武：《"专精特"小巨人企业培育路径研究——以苏南地区为例》，《中国工程科学》2017年第5期。

沈红丽：《天津科技小巨人企业发展影响因素及对策研究》，《科技管理研究》2015年第7期。

朱勇萍：《上海科技小巨人工程的挑战与思考》，《华东科技》2017年第7期。

王珅：《上海市科技小巨人工程发展研究》，《华东科技》2016年第10期。

楚天骄、宋韬：《中国独角兽企业的空间分布及其影响因素研究》，《世界地理研究》

2017 年第 6 期。

车运景：《"独角兽"企业爆发源——新时代企业家精神》，《领导科学》2018 年第 11 期。

刘程：《如何成为"独角兽"企业》，《企业管理》2017 年第 6 期。

张立巍、赵光远：《聚焦医药健康产业领域 加速培育"独角兽"企业》（该报告获吉林省副省长吴靖平批示），《社科理论动态》2018 年第 7 期。

张立巍：《关于吉林市化工与汽车产业融合发展咨政建议》（该咨政建议获吉林市首届社科研究成果咨政论坛优秀建议奖），《经济研究导刊》2018 年第 29 期。

赵光远、崔岳春、张立巍：《利用新一轮省院合作机遇加速吉林市振兴发展咨政建议》（该咨政建议获吉林市政协副主席孙秀云批示，未发表）。

科技部火炬中心：《2016 中国独角兽企业发展报告》（2017 年 3 月）http://www.360doc.com/document/17/0307/12/9416703_634687255.shtml。

科技部火炬中心：《2017 中国独角兽企业发展报告》（2018 年 3 月），https://wenku.baidu.com/view/6bedf2edc0c708a1284ac850ad02de80d4d80697.html。

关于推进四平市换热器产业创新驱动升级路径研究

四平市社会科学界联合会课题组[*]

摘　要　创新驱动发展战略是党中央提出的一项重大战略部署，相关研究已经成为学术界最为关注的课题之一。创新是产业升级的基础和必要条件。换热器产业是四平市立足于全国工业版图的重要战略基点。四平市应抓住国家重大战略实施的历史机遇，坚决实施创新驱动发展战略，加快换热器产业转型升级。

关键词　创新驱动　产业升级　换热器　四平市

一　创新驱动升级的背景和内涵

创新驱动发展战略，在党的十八大报告中被提出后，上升为国家发展战略，凸显其重大意义。实施创新驱动发展战略，必须始终坚持走中国特色自主创新道路，我们党始终高度重视科技进步和创新。从"向科学进军"到"科学技术是第一生产力"，从"科教兴国战略"到"提高自主创新能力、建设创新型国家"，党领导我国科技事业在实践中探索出一条底蕴深厚、前途广阔的中国特色自主创新道路，展现出强大的生机和旺盛的活力，昭示了我国经济社会和科技发展的光明前景，成为科学发展观的重要内容、中国特色社会主义理论体系的重要组成部分。

---

* 课题负责人：赵敏；课题组成员：佟铁兵、赵洪丹、陈智敏、张跃鹏。

在新的发展时期，我们必须充分认识到，建设创新型国家与全面建成小康社会是同步走、同向行的关系，创新驱动发展的成效直接影响到我国加快转变经济发展方式、推动经济社会科学发展的成效。我们必须坚持走中国特色自主创新道路，努力在创新驱动发展上有新的重大作为。

(一) 创新驱动升级的背景

改革开放以来，世界经济全球化、国际产业化分工以及国内开放政策等多因素的聚合效应，推动中国经济快速发展。伴随着国际经济形势不断变化，传统的要素驱动经济发展模式举步维艰，创新驱动发展的重要性逐渐凸显。创新驱动发展是相对于生产要素驱动发展而言的。长期以来，我们都是依赖劳动力、土地、资本、自然环境等生产要素进行配置、消耗和整合来发展经济，这种经济发展方式在发展初期取得了一定成效，但是随着发展速度加快，其弊端逐渐显现甚至在一定程度上阻碍了经济发展，因此国家提出用创新驱动代替生产要素驱动。首先，创新是各个生产要素的整合，从而避免了单一生产要素的消耗，实现了各生产要素的可持续发展；其次，创新本身是可再生资源，创新一旦成为发展的原动力，就会源源不断地发展壮大；最后，创新可以产生高附加值，由创新转化的生产力呈现级数效应，相对于生产要素的加数效应和乘数效应，具备超乎预测的放大功能。创新驱动发展就是依赖创新，使生产要素高度整合、集聚，可持续地创造财富，从而驱动经济社会健康稳步地向前发展。

(二) 创新驱动升级的内涵

加快实施创新驱动发展战略，就是要使市场在资源配置中起决定性作用和更好地发挥政府作用，破除一切制约创新的思想障碍和制度樊篱，激发全社会创新活力和创造潜能，提升劳动、信息、知识、技术、管理、资本的效率和效益，强化科技同经济对接、创新成果同产业对接、创新项目同现实生产力对接、研发人员的创新劳动同其利益收入对接，增强科技进步对经济发展的贡献度，营造大众创业、万众创新的政策环境和制度环境。创新要坚持需求导向、坚持人才为先、坚持遵循规律、坚持全面创新。最终经过努力，基本形成适应创新驱动发展要求的制度环境和政策法律体系，为进入创新型国家行列提供有力保障。人才、资本、技术、知识自由流动，企业、科研院所、高等学校协同创新，创新活力竞相迸发，创新成果得到充分保护，创新价值得到更大体现，创新资源配置效率大幅提高，创新人才合理分享创新收益，使创新驱动发展战略真正落地，进而打造促进经济增长和就业创业的新引擎，构筑参与国际竞争合作的新优势，推动形成可持续发展的新格局，促进经济发展方式的转变。

二　四平市换热器产业发展现状及存在的问题

四平处于东北亚经济圈的中心，是长吉图发展战略的组成部分，是哈大经济大动脉的重要节点城市。四平换热器产业起步于 20 世纪 70 年代，"七五"时期国家开始重点扶持建设换热器生产基地，经过 40 多年的发展，已形成了比较大的产业规模，在全国同行业中形成了区域性特色品牌，已经成为全国换热器生产的基地。目前，四平换热器企业发展到 108 家，板式换热器、管壳式换热器、螺旋板式换热器、板壳式换热器、空冷器、烟气换热器等产品广泛应用于石油、化工、电站、供热、冶金、食品等诸多领域。每年有大约 300 万平方米板式换热器、20 万吨管式换热器、2000 多台（套）换热器机组从四平市销往全国各地，出口俄罗斯、法国、越南、巴基斯坦、蒙古国等十多个国家和地区。四平已经成为名副其实的"换热器之乡"，换热器产业已成为四平一张极具特色的亮丽名片。

（一）四平市换热器产业的基本状况

1. 四平市换热器产业基础雄厚

四平换热器产业历史悠久，是国家从"七五"时期就开始重点扶持的换热器生产基地，很早就形成了板式换热器、管式换热器，并且形成门类齐全、具有相当规模的换热设备制造业体系，是国家重点建设的换热设备制造业生产基地。在 20 世纪 90 年代，四平涌现出一批中小型换热器企业，换热器产业逐渐发展壮大，以巨元瀚洋、维克斯等为核心的换热器产业集群粗具规模，目前已形成了较大的产业规模，在全国同行业中创造了区域性特色品牌。四平换热器产业技术水平世界领先，产能占全国 1/4，产品打入核电、核导等领域，领衔行业技术高端，拥有单板换热面积国内最大、单机装机能力国内最大、承压能力国内最高等 5 项行业纪录。

2. 四平市换热器企业众多

四平是国内换热器生产企业最集中的地区之一，换热器产业已成为四平主导产业之一。四平市换热器企业数量众多，产品门类齐全，是国内最大的板式换热器产业集群。近年来，四平市积极引导并推动龙头企业与国内外一流企业开展技术合作，培育了一批骨干企业，同时也带出了一批中小型企业。

3. 四平市换热器品牌认可度高

在我国换热器产业的荣誉榜上，"四平换热器"首屈一指。从国内市场占有率来看，四平换热器占全国板式换热器市场的 37.1%，占管式换热器市场的 10.2%，占换热机组市场的 45% 以上。四平换热器产品销往全国各地，并出口俄罗斯、蒙古国、巴基斯坦及东南亚等多个国家。四平换热器拥有一批国内外知名品牌，如中国驰名商标"维克斯"，吉林省著名商标"巨元瀚洋""恒达"，以及吉林省名牌"艾维""吉泰""睿能北方"等。巨元公司的 THT 牌换热器、维克斯的"雪山"牌换热器应用于葛洲坝电站、北京正负电子对撞机、大亚湾核电站等重大工程。

4. 四平市政府对换热器产业的支持力度大

多年来，吉林省及四平市先后出台一系列政策措施，极大地促进了四平换热器产业发展。四平是国家装备制造（换热设备产业）新型工业化示范基地和换热器产业集群区域品牌示范市，为打造"中国换热器城"提供了强有力的载体支撑。2015 年，"吉林省换热设备产业发展战略联盟"在四平成立，并且换热器国检中心落户四平，开创了换热器产业发展的新局面。

5. 聚焦特色产业，做强做大

四平市成立了由市领导挂帅、工信部门牵头抓总的产业发展推进小组，协调相关部门合力推动换热器产业。2009 年委托中国机械工业联合会编制完成了《吉林省四平换热器产业发展规划》，指导换热器产业发展和集聚。换热器园区作为省级特色工业园区，包括循环经济示范区换热园、红嘴经济技术开发区换热园和巨元—比克换热园，累计入园企业 108 家，其中规模以上企业 32 户。在园区的孵化带动下，全市换热器行业现生产各类换热器近 600 个规格品种，几乎涵盖了目前国内所能生产的全部产品，其中达到国际先进水平的超过 10 种，国内领先的达几十种。

（二） 四平市换热器产业发展存在的问题

经过长期的积累，四平市换热器产业已经具有较好的产业基础，但是近年来，中国经济发展进入"新常态"，经济增长速度放缓，结构性矛盾突出，四平市经济发展受到全国宏观经济影响较大，加之自身存在的体制机制性问题，导致四平市换热器产业在发展过程中出现了一些问题，主要表现为制造装备水平较低、产业集中度不高、市场竞争力减弱等问题，致使产业发展动力不足，阻碍了产业转型升级。具体来看，四平市换热器产业目前存在的主要问题有以下几个方面。

1. 四平市换热器产品的行业准入标准不够完善

调研发现，四平市现有换热器制造企业发展参差不齐，产品质量差异较大，特别是在供热企业工程招投标中，一些质量较差的产品往往由于其价格优势，出现低价中标的现象，严重影响了换热器产品的质量提升。大批低质低效热交换产品充斥市场，甚至出现了"劣币驱逐良币"的现象。现有的国家标准主要考虑换热器产品的安全性能，缺乏其他技术参数的规定，对于节能效果非常显著的热交换产品，没有有效的能效技术指标，用户在选择换热器产品时，几乎无法列出针对该产品能效的技术要求，某些进口热交换产品在进入中国市场后，同样存在不同程度的虚标现象。之所以出现这样的情况，主要在于我国对热交换产品标准中传热系数、单板面积等重要指标缺乏有效的判定依据，导致市场机制不健全，给低质产品创造了机会，提供了生存的空间。换热器产品有很多重要参数，例如产品的单板面积、传热系数等，但是这些重要参数在国家标准中并没有统一规定，一些企业在生产产品时，只考虑达标，为了降低生产成本，对于其他重要参数考虑得较少，从而导致产品质量低下。更为重要的是，大部分企业没有检测设施，在设计工况过程中缺少测试环节，所生产的产品得不到数据检验的支持，因此只能虚标技术参数。虽然有少部分企业有数据支持，但为了在招标中能够中标，也虚标技术参数。这使得招投标程序形同虚设，严重阻碍了四平市换热器产业的健康发展。由于缺乏关于换热器产品检测的硬性规定，导致大多数换热器产品没有进行检验检测就投入市场，对于产品的质量状况企业自己并没有把握，尤其是在供热企业招标中没有引进第三方进行技术把关，导致一些低端产品靠价格战扰乱行业的正常秩序。

2. 产业集中度有待提高

实践表明，利润率、市场份额与产业集中度之间存在一定的正向关系。提高产业集中度，有利于企业实现规模经济，提高经营效率，扩大市场份额，增强企业的市场竞争力。四平市现有换热器企业108家，大多数企业规模都很小，产品在质量上并不具有优势，主要依靠政府补贴、偷税漏税、规避环境监管和价格低廉等优势占领市场，从而导致无序竞争、恶性竞争，这种情况不利于提升四平市换热器产业的整体水平。因此，需要将四平市换热器企业进行有效整合，提高换热器产业的集中度，由此可以进行专业化分工，实现规模经济，筑好产业的护城河，增强换热器产业的市场竞争力。

3. 研发投入需进一步提高

四平市换热器企业在研发方面能力较弱。以巨元公司为例，巨元公司是全国换热器行业的龙头企业，该公司有员工600余人，每年营业收入在6亿元左右。在研发投入方面，每年投入资金1000万元左右，占营业收入的1.7%；研发人员75人，占全部员工的1.3%。在我国，全社会的平均研发投入比例2.8%，发达国家的研发投入比例在4%左右，由此可见企业的研发能力投入不足，导致企业的核心竞争力较弱。除少数龙头企业外，多数企业产品尚处于单一化、机械化阶段，技术靠引进，制造靠模仿，产品简单组装而成，没有自己的核心技术，系统软件与高端部件对外依存度过高，离"智能制造"相差甚远，竞争力处于劣势。

4. 高端人才严重匮乏

随着中国经济步入"新常态"，供给侧结构性改革的持续推进，换热器行业的竞争压力越来越大。事实上，企业的竞争归根结底是人才的竞争，尤其是高端人才的竞争。谁能吸引更多的高端人才，谁就能在竞争中把握先机。然而，由于四平市所处的东北自然环境、商业环境以及发展空间等因素的制约，导致四平市换热器企业的高端人才严重匮乏，不仅缺乏适合研发的科学技术人才，还缺乏技术熟练、经验丰富的技术工人，以及具有商业创新意识和国际视野的高级职业经理人。高端人才储备不足已经成为制约四平市换热器行业发展的瓶颈之一。

5. 域外竞争压力较大

2006 年，因为辽宁省铁岭市昌图县老四平工业园区给予企业更加优惠的政策，所以四平市有 20 家企业搬迁至辽宁省。辽宁省铁岭市昌图县老四平工业园区所提供的主要优惠政策为零地价、税收免 2 减 3、承诺提供银行贷款。原四平市远大公司，因为无法解决企业用地问题，搬迁至辽宁省昌图县，地方政府给予该企业 4000 平方米的厂房，3000 平方米的办公楼。辽宁省工人退休工资要比吉林省工人退休工资每月高 1000 元左右。辽宁省每年都举办工业博览会，有助于扩大企业品牌影响力。辽宁省铁岭市昌图县老四平工业园区距离四平市不足十公里，并且给企业提供了十分诱人的招商引资政策，导致四平市一大批换热器生产企业大规模的迁移。据了解，辽宁省铁岭市政府将要全力发展换热器产业，并想尽办法吸引四平市的换热器企业到他们那里落户，这对四平市的换热器行业产生了较大的冲击。如果，四平市不再采取强有力的政策措施，出台相关有效政策，那么四平市的换热器产业优势将会逐步减弱，这对四平市的换热器产业发展是极其不利的。

6. 企业家开拓创新意识需要进一步增强

企业是市场经济的主体，企业家是企业发展成功的关键要素。企业家的胸怀和视野决定了企业发展的高度。由于多方面原因，造成了四平市一些企业家安于现状，存在小富即安的心理状态，还有一些企业家视野不够开阔，开拓精神不足，仅仅满足于在省内或者国内开发市场，而不能或者不敢进一步开拓国际市场，这使得四平市换热器企业失去了开发外部市场的机会。四平市换热器产业已经具有一定规模，有几家企业已经实现做大目标，例如巨元公司在全国换热器市场份额中已经占有一席之地。但是在核心技术和高端产品方面，四平市换热器企业还需进一步攻坚克难，在实现做大目标的基础上，应该追求做强的目标。这有赖于发挥企业家敢闯敢试的开拓创新精神。

三 四平市换热器产业实施创新驱动的
路径及对策

（一）建立换热器产业发展平台

1. 建立科技研发平台

科技创新是经济发展的主要动力，这要求一方面要提高科技创新对经济发展的贡献率，另一方面要促使创新要素的高度集聚。要加大创新投入。在创新驱动中最为重要的有两个方面：一是人力资本比物质资本更重要，因此人力资本投资成为投资的重点，其中包括提高劳动者素质，但更为重要的是集聚高端创新创业人才。这里需要纠正长期占主导的低成本战略理论所强调的以低劳动力成本作为比较优势的观点，创新的基本要素是人才，低价位的工资只能吸引低素质劳动力，只有高价位的工资才能吸引到高端人才，才能创新高科技和新产业，从而创造企业的竞争优势。二是孵化和研发新技术成为创新驱动的重点环节，创新投资要更多的投向孵化和研发环节，才能获得源源不断的新技术。只有这两个方面的投资有所保障，才可能转向创新驱动的发展方式。

2. 建立创新投融资平台

在创新驱动平台中，科技创新的投融资平台具有相对独立性，而且在创新过程中，资金问题一直是制约创新驱动的短板和瓶颈。由此可见，科技创新投融资平台在推动创新发展方面尤为重要，它推动科技资源与金融资源无缝对接。近年来，四平市逐步探索出一个由政府倡导的以金融企业为主导，积极引导科技成果转化孵化和产业化运作的科技创新融资平台，初步形成了以政府投入为引导，以企业投入为主体，利益共享风险共担的科技投融资体系。今后，要加大四平市政府对科技创新的投资规模，奖励科技创新企业，专门设立创新基金，扶持高新技术和重点技术的研发，实行税收优惠政策，鼓励商业银行专门建立科技支行，组建科技小额贷款公司，降低贷款门槛和条件，扩大科技型企业保险规模，大力发展非银行金融机构，积极探索风险投资制度，运用多种金融工具及衍生金融工具，开拓科技创新投融资平台的融资渠道，牵头建立投融资综合服务机构。

3. 建立公共服务平台

公共服务创新平台是以政府为主导，企业、高校、科研院所和行业协会等共同参与，依托科技中介机构建立起来的服务平台，主要为技术研究、开发技术转移和技术资源共享等提供技术性服务。积极建设效能政府，简化政务流程，公开办事程序，为企业和其他机构提供高效方便公开规范的管理服务；积极组织各类专家、企业家和中介服务机构更多地参与咨询，使决策科学化、民主化和规范化；积极加强科技政策法规的实施与监督，宏观调控产业结构和发展；积极发展各种中介机构，制定激励中介服务机构发展的优惠政策，为企业提供高质量的服务。政府要投入大量的公共资源，构建公共服务创新平台，为技术交流与技术交易提供服务，提升技术市场的信息化服务水平，强化相关科技中介机构的服务功能，进一步完善服务和孵化功能，营造良好的创新环境。

（二）推进产业集群创新

在区域经济发展中，产业结构和产业集群决定了转变经济发展方式的速度和质量，因此在实施创新驱动发展战略过程中，首先要搭建产业集群创新平台，通过这个平台完成创新要素的集成协同和整合，促进创新成果外溢，并逐渐商品化、产业化和国际化，催生现代产业集群，从而带动整个地区的产业变革。产业集群创新平台是指在产业集群地区建立服务体系，有针对性地服务于本地区相关产业集群的企业，为产业集群地区的企业创造生存空间，为它们解决发展中遇到的问题，为产业升级创造良好的手段和条件。在波特竞争优势理论中，产业集群是竞争力构成的基本单元，产业集群发展的五个基本要素为生产要素、需求状况、相关产业发展、企业策略结构和竞争对手。通常情况下，产业集群创新平台由政府主导，建立高科技园区和高新技术产业园区等。这些园区作为高科技产业化运行机制有效实施的社会组织安排，在一定地域范围内，有效集中了资金、土地、人才、信息和技术等多种生产要素，并为它们提供了良好的空间载体和基地。今后，要充分发挥园区在产业集聚中的作用，不断完善市场竞争制度，建立清晰的产权制度，科学制定产学研合作制度，探索风险投资制度，营造开放的地区文化发展氛围。

（三）完善创新驱动机制

实施创新驱动发展战略，要靠运行机制来完成和发展，创新驱动机制是推动经济发展的重要保障。创新驱动机制是一项复杂的系统工程，只有不断完善才能保障系统安全健康稳定地运行，才能找到创新驱动战略的正确途径。创新驱动发展的效率和质量在很大程度上取决于驱动机制的保障和提升，因此要不断完善以下机制。第一，完善创新评价机制。一是软指标与硬指标相结合，二是过程评价要与结果评价相结合，三是单一评价要与多元评价相结合。第二，完善创新人才机制。做到人尽是才，用人机制可以做到人尽其才。在用人过程中要建立科学公平合理的激励机制，鼓励创新人才创新的积极性，营造创新优先的良好氛围。第三，完善创新政策机制。一是做到单项政策与全面决策相协调，二是做到短期政策和长期政策相协调。

（四）改善创新软环境

实现创新驱动发展，创新环境建设非常重要。发展创新型经济，转向创新驱动，需要引进和集聚创新资源，创新要素涉及创新人才、创新机构、创新投资和创新成果等。其中最为重要的是创新人才，尤其是高端的创新创业人才。因此，要为高端创新创业人才提供宜居、宜研、宜产业化的环境。要强化市场竞争，增强企业进行技术创新的动力，同时要建设激励创新的公共服务环境。市场经济体制能够较好地解决效率问题，但不能完全解决创新问题。创新企业可在一段时间内垄断和独占创新收益，可以使创新者的创新成本得到充分的补偿。

（五）正确处理政府与市场的关系

创新制度的建设既要尊重市场规律，又要更好地发挥政府作用。就创新投入制度来说，既要有市场创新，又要有政府创新。政府必须提供自主创新的引导性投资和公益性投资，同时为创新成果的采用提供必要的鼓励和强制措施。当然政府的创新投入不能替代企业的投资主体地位，更不能挤出企业的创新投入。政府介入创新最为重要的是对企业的技术创新与知识创新两大创新系统的集成。政府要推动协同创新和建设产学研合作创新平台。

综上，经过长期努力，四平市已经成为全国换热器产业重镇，无论是在产业规模还是品牌影响力方面，都已经具有相当优势。但是，四平市换热器产业还存在很多制约发展的瓶颈问题，必须予以破除。这些问题主要有：一是行业准入标准不够完善，造成产业内企业恶性竞争；二是产业集中度不高，制约了企业进一步做大做强；三是研发费用和研发人才较少，科技创新能力较弱；四是高端人才严重匮乏，导致产业可持续竞争力不足；五是域外竞争压力较大，对本地产业形成一定冲击；六是企业家创新开拓意识不强，限制了产业发展空间。

若要破解上述问题，必须实施创新驱动发展战略，依靠技术创新加快转型升级。一是通过建立换热器产业科技研发平台、创新投融资平台和公共服务平台为换热器产业提供良好的发展平台；二是通过设立科技产业园区等推进换热器产业集群创新，发挥产业集聚效应、知识和技术溢出效应以及规模经济效应；三是通过完善创新评价机制、完善创新人才机制和完善创新政策机制等建立起完善的创新驱动机制，为换热器产业转型升级提供强有力的机制保障；四是通过加强知识产权保护和营造公平的社会氛围等改善创新软环境，在创新过程中处理好政府与市场的关系；五是正确处理政府和市场的关系。

参考文献

高广超、张鑫、李超：《换热器的研究发展现状》，《当代化工研究》2016 年第 4 期。

葛秋萍、李梅：《我国创新型产业升级政策研究》，《科技进步与对策》2013 年第 8 期。

洪银兴：《论创新驱动经济发展战略》，《经济学家》2013 年第 1 期。

惠双民：《关于"十三五"期间创新创业、创新驱动发展的思考》，《经济研究参考》2016 年第 7 期。

江飞涛、武鹏、李晓萍：《中国工业经济增长动力机制转换》，《中国工业经济》2014 年第 5 期。

刘佳杰：《换热器行业未来发展趋势分析》，《中国市场》2016 年第 3 期。

裴小革：《创新驱动发展战略实施途径探讨》，《智库理论与实践》2017 年第 6 期。

王海燕、郑秀梅：《创新驱动发展的理论基础、内涵与评价》，《中国软科学》2017 年第 1 期。

张银银、邓玲：《创新驱动传统产业向战略新兴产业转型升级：机理与路径》，《经济
　　体制改革》2013 年第 5 期。

刘伟等：《经济增长与结构演进：中国新时期以来的经验》，中国人民大学出版社，
　　2016。

2020 年后扶贫开发政策转型研究

吉林农业大学课题组*

摘　要　2020 年后，深度贫困区域、转型贫困群体和持久性贫困人口将会成为扶贫开发新的目标群体。扶贫开发应以基本实现农业农村现代化为贫困区域发展目标，以持续发展确保脱贫不返贫为永久目标，以农民增收富裕为基本目标。扶贫开发政策要坚持产业扶贫与乡村振兴战略相衔接，坚持扶贫开发与城乡融合相贯通，坚持强化外部支持与提高农民自我发展能力相结合，建立起政府、社会、农户参与联动的持续脱贫机制，确保贫困村退出、贫困户脱贫、贫困县摘帽后实现可持续发展。

关键词　扶贫开发　贫困代际传递　多维贫困　相对贫困　2020 年

一　引言

改革开放以来，中国政府立足国情，依据贫困现实，开展了有计划、有组织的大规模扶贫开发，通过产业扶持、转移就业、易地搬迁、教育支持、医疗救助和社保兜底等措施，扶贫开发工作取得了历史性成就，现有扶贫标准下的农村贫困人口从 2012 年末的 9899 万人减少至 2018 年末的 1660 万人，贫困发生率也由 10.2% 下降至 1.7%。到 2020 年，中国绝对贫困人口的数量和比率会进一步下降，但并不意味贫困完全消除，相对贫困、多维贫困将成为贫困主要表现方式，中国扶贫开发的重点和方向将会发生根本性转型，这就要求学术界提前谋划 2020 年以后扶贫开发政策，以

---

*　课题负责人：姜会明；课题组成员：刘会春、唱晓阳、徐玲、吉宇琴、费红梅、张钰欣。

便更好地指导实践。

学术界对 2020 年以后的中国扶贫开发政策已有关注。谷树忠（2016）认为，2020 年之后的贫困问题应从经济、社会、生态等多个维度来审视。牛胜强（2018）提出，2020 年以后要进一步丰富完善贫困标准内涵，并赋予其较为充分的民生含义。李小云、许汉泽（2018）亦认为，2020 年之后新的农村扶贫战略要考虑城乡一体化开发与社会公共服务一体化。张琦（2016）认为，2020 年之后的贫困治理将由集中性向常规性转型，由绝对贫困向相对贫困转变，由农村减贫向城乡减贫转变，由依靠国内向国内与国际合作转变。

综上可见，已有的研究探讨了贫困内涵、减贫治理战略以及创新反贫困政策等问题，但少有对 2020 年以后的扶贫开发对象和标准、扶贫开发政策运行机制、扶贫开发保障体系的分析。本文沿用农户需求和政策供给分析框架，借鉴已有研究成果，探索 2020 年之后扶贫开发的内涵及特征，揭示贫困线的静态和动态标准，为扶贫开发理论提供支撑。在调研的基础上，主要围绕从消除绝对贫困向缓解相对贫困转变，从解决收入贫困向解决多维贫困转变，从解决农村贫困向统筹城乡扶贫转变，提出 2020 年之后中国贫困治理机制和治理结构，构建城乡融合的多维度扶贫政策体系和保障体系，为国家相关部门制定 2020 年以后的扶贫开发政策提供决策参考。

二 2020 年之后扶贫开发政策目标选择

（一）2020 年之后扶贫开发的内涵及特征

贫困涉及经济、社会、历史、文化和生理等各个方面，因人、因时、因地具有不同含义。有代表性的是世界银行给贫困所下的定义："贫困是指缺乏人类发展最基本的机会和选择——长寿、健康、体面的生活，自由、社会地位、自尊和他人的尊重。"[1] 贫困可分为绝对贫困和相对贫困，绝对贫困是指在一定的社会生产方式和生活方式下，个人和家庭依靠其劳

---

[1] 世界银行：《1990 年世界发展报告》，中国财政经济出版社，1990。

动所得和其他合法收入不足以获得最低生活必需品，即"食不果腹、衣不遮体、住不避风寒"；相对贫困是指同一时期不同地区之间、各阶层之间、各阶层内部不同成员之间可能存在明显的收入差异，导致有一定比例的人群始终维持在相对于社会其他人群的收入低状态。2020 年以后，按现有的扶贫标准使贫困人口全部脱贫，扶贫开发将从消除绝对贫困向缓解相对贫困转变，从解决收入贫困向解决多维贫困转变，从重点解决农村贫困向统筹城乡扶贫转变，将会呈现新的特征。

1. 从主要消除绝对贫困向缓解相对贫困转变

习近平总书记在党的十九大报告中指出：中国特色社会主义进入新时代，我国社会主要矛盾已经转化为人民日益增长的美好生活需要和不平衡不充分的发展之间的矛盾。地区之间、行业之间、城乡之间出现十分明显的不平衡现象，贫困背景由普遍的绝对贫困转变为局部的深度贫困和社会阶层分化导致的相对贫困，扶贫减贫重点也将转向相对贫困，扶贫政策急需实现向"发展型社会救助"转变。①

2. 从主要解决收入贫困向解决多维贫困转变

当农村存在的绝对贫困问题得以较好地解决之后，单维的以收入与食物消费支出作为衡量贫困的标准已经无法反映农村的实际贫困状况，机会缺失与能力发展问题已不可或缺，2020 年之后中国以维持基本生存为出发点的农村贫困将转变为农村居民在发展自身能力方面（教育、医疗、居住、文化、健康、公共物品与服务等）的需要。随着贫困内涵的转变，扶贫方向将从单维的经济角度转向多维角度，包括对物质资本、人力资本、文化资本和社会资本等综合视角。基于此，2020 年以后的扶贫开发要进一步增加贫困群众主体地位的政策供给，应从产业帮扶、发展教育、生态补偿、城乡融合、社会保障等多个角度建立扶贫体系，增强贫困群众的发展权、安全权、选择权等"民生权利"。

3. 从重点解决农村贫困向统筹城乡扶贫转变

2018 年，我国常住人口城镇化率为 59.6%，户籍人口城镇化率为 43.4%，人户分离人口为 2.86 亿人，其中流动人口大约有 2.41 亿人。劳

① 左停：《反贫困的政策重点与发展型社会救助》，《改革》2016 年第 8 期。

动力流动到城市以后，在城乡扶贫标准不统一的情况下，基于农村贫困的区域瞄准和城市反贫困体系的减贫措施，致使城乡之间人户分离人口反贫困治理形成真空，碎片化的城乡扶贫和救助管理与扶贫工作要求城乡融合推进之间的矛盾日益显现，迫切需要构建城乡融合的扶贫体系。

（二）2020 年之后扶贫开发政策指导思想与基本原则

1. 指导思想

2020 年中国将进入全面建设社会主义现代化国家新征程。扶贫开发政策要坚定地以习近平总书记扶贫开发重大战略思想为统领，坚持产业扶贫与乡村振兴战略有机衔接，坚持扶贫开发与城乡融合相贯通，坚持加强外部支持和提高农民自我发展能力相结合。从主要消除绝对贫困向缓解相对贫困转变，从主要解决收入贫困向解决多维贫困转变，从重点解决农村贫困向统筹城乡扶贫转变。更加注重深度贫困地区，更加注重脱贫质量，更加注重阻断贫困代际传递，构建专项、行业、社会互为融合的扶贫体系，实施政府、社会、农户参与联动的脱贫机制，确保贫困村退出、贫困户脱贫、贫困县摘帽后实现可持续发展，通过教育和健康扶持积累和提升人力资本，辅之信贷政策来提升一般贫困人口向上流动的可行能力，不仅要提高贫困人口的收入水平，更要将他们引入一种富裕、健康、文明的新生活，增强贫困群众获得感，走城乡融合发展之路、共同富裕之路、中国特色减贫之路。

2. 基本原则

（1）坚持产业扶贫与乡村振兴战略的有机衔接。乡村振兴与产业扶贫是内在统一的关系。乡村振兴，必须把促进农民共同富裕作为出发点和落脚点，摆脱贫困是前提，要做好实施乡村振兴战略，必须先打好产业扶贫攻坚战。产业扶贫是实施乡村振兴战略的重要内容，是决胜全面建成小康社会补短板、强弱项的重点任务，是全面建设社会主义现代化国家的重大历史任务。实施乡村振兴战略，既有利于当前加快实现脱贫目标、巩固脱贫成果，也有利于为脱贫之后从根本上改变贫困地区面貌奠定基础。因此在实践中，要把产业扶贫与乡村振兴结合起来。

（2）坚持扶贫开发与城乡融合发展的有机结合。2020 年全面建成小康社会之后，随着城乡深度融合，中国城乡之间的教育、医疗、养老、就业等开始迈向一体化进程，这就要求我们谋求城乡贫困标准统一，农村贫困人口、城镇贫困人口、城乡之间人户分离人口统一纳入减贫任务中来，减贫战略重心也应由农村减贫转向农村和城市减贫融合的方向上来，培育城乡融合综合性贫困治理机制和贫困治理结构。

（3）坚持外部支持和农民自我发展能力提升的有机统一。面对 2020 年之后的多维性贫困，在贫困治理中发挥政府主导作用的同时，需要动员和吸收社会力量协同发力，在建立政府、企业、社会组织多主体参与的外部输血体系的同时，又要以推动贫困地区市场化和提高贫困农户自我发展能力为出发点，充分尊重农民意愿，充分发挥农民主体作用，促进贫困地区与贫困农户造血功能，提高贫困群众的可持续脱贫能力和获得感。

（三）2020 年以后的贫困治理目标

2020 年以后，现有贫困标准下的绝对贫困预计会消除，但是相对贫困仍将长期存在。在脱贫攻坚战全面胜利以后，中国贫困治理的根本任务就变成让相对贫困人口进入小康社会，让贫困地区同全国一道进入社会主义现代化。现存的贫困地区应以基本实现农业农村现代化为发展目标，现有的贫困户以持续发展确保脱贫不返贫为永久目标，现有的贫困人口以农民增收富裕为基本目标。建立起可持续的脱贫机制，确保脱贫不返贫，坚决阻止贫困现象代际传递。到 2025 年，农民收入水平不断提升，教育、医疗、住房"三保障"水平不断提升，农村贫困户的生活幸福指数显著提升。贫困地区发展的活力和动力增强，进一步缓解收入差异，向共同富裕迈出坚实步伐，基本实现城乡基本公共服务均等化，城乡融合发展体制机制更加完善，农业农村基本实现现代化。到 2035 年，农民内部差异、城乡差距、区域差距不平衡矛盾得到极大缓解，人民日益增长的美好生活需要与不平衡不充分发展之间差距进一步缩小，实现共建共享的共同富裕。

三 2020 年之后扶贫开发对象及标准

（一）扶贫开发标准确定

2018 年中国经济总量达到 13.6 万亿美元，居世界第二位，人均国内生产总值接近 1 万美元，已经步入中等收入国家行列，甚至部分地区已基本实现了现代化，到 2020 年如期实现脱贫的前提下，扶贫标准应综合考虑充分满足农村居民生存需要的条件下，满足其发展需要和适度享受需要，实现农村居民从事正常社会活动所需要的"两不愁三保障"。

"两不愁"中的"不愁吃"不仅要吃"饱"，更要吃"好"，吃得健康；"不愁穿"则不仅要日常衣被不缺，还要做到穿新穿暖。"三保障"中的"保障教育"是确保农村家庭适龄儿童不因贫困而辍学，"保障基本医疗"是保证农村居民不会出现因病返贫、因病致贫，"保障安全住房"是农村居民实现"安居梦"的生活设施。2020 年以后，还应将农村一般社会成员发展需要（包括文化、体育、交通、通信服务、就业培训、少量旅游等）和适度享受需要（健康快乐）纳入"两不愁三保障"的内涵中。

在制定扶贫政策时，应该选择"恰当"的贫困标准、扶贫标准及贫困线。贫困线反映的是在一定社会经济条件下社会可以接受的最低生存标准，收入或支出在贫困线以下的人为贫困人口。目前国际上并没有统一的贫困标准，比较常见的贫困标准有三种方法：一是国际上通行的恩格尔系数法（联合国规定恩格尔系数在 59% 以上为绝对贫困类型，50%~59% 为温饱类型，40%~49% 为小康类型，20%~40% 为富裕类型，20% 以下为极度富裕型）确定农村贫困标准，假定农村非贫困人口恩格尔系数为40%，倒推出新的农村贫困标准 = 小康水平的基本食品消费支出/0.4。二是参照经济合作与发展组织将上年度农村居民人均纯收入的一定比例（如50%）直接作为当年农村贫困标准。三是借鉴新加坡每年按收入最低的20% 住户确定贫困人口进行帮扶，可按农村居民总人口 10%（多数国家的扶贫规模都在总人口的 10% 以上）确定新的贫困标准。应该强调，上述方法确定的贫困线因出发点不同会有差异，可在对比基础上根据实际情况具体灵活选择采纳不同方法。①

（二）重新确定扶持对象

在由绝对贫困向相对贫困转变的背景下，2020 年以后的扶贫开发对象

---

① 牛胜强：《多维视角下贫困内涵及我国农村贫困标准的科学构建》，《当代经济管理》2018年第 7 页。

需重新确定,主要内容包括对"重点贫困地区"的进一步倾斜政策、对阻断贫困代际传递政策和对脱贫达标最困难群体(五保、低保户等无劳动能力群体)的救济兜底政策三种。

1. 贫困县摘帽后,扶贫重点放在深度贫困地区

随着扶贫开发的推进,2020 年以后的贫困县只剩下少数深度贫困县,国家扶贫工作的重点由面上的集中连片转变为零散分布的深度贫困地区和深度贫困县。根据贫困发生率、人均可支配收入、基础设施和基本公共服务水平等指标,可由省级政府自行确定本区域少量深度贫困县进行重点扶持,县级政府确定少量的深度贫困乡村进行重点帮助。

2. 贫困户脱贫后,要特别关注贫困代际传递

2015 年 3 月 8 日,习近平总书记在参加十二届全国人大三次会议广西代表团的审议时强调:"要帮助贫困地区群众提高身体素质、文化素质、就业能力,努力阻止因病致贫、因病返贫,打开孩子们通过学习成长、青壮年通过多渠道就业改变命运的扎实通道,坚决阻止贫困现象代际传递。"农村教育水平尤其幼儿教育落后,导致许多农村留守儿童的智力发展水平较低,贫困儿童健康不容乐观。贫困人口资产累积比能够有效化解贫困代际传递,2012~2017 年我国农民财产性收入绝对数从 249 元增长到 303 元,年均增长 4.00%,但农民财产性收入相对数却从 2.97% 下降到 2.56%,贫困人口资产累积比值得关注。

3. 贫困人口脱贫后,更加关注孤寡老人、残疾人等持久性贫困群体

农村贫困孤寡老人、贫困残疾人收入和消费都低于贫困标准,属于持久性贫困群体,这一群体在脱贫过程中难以享受产业扶贫政策和就业扶持政策,存在救助政策定位困难、实施难以到位、返贫风险大等特征。一是关注贫困孤寡老人群体。我国已进入老龄化社会,2017 年末 60 周岁及以上人口 2.41 亿人,占总人口的 17.3%,其中 65 周岁及以上人口 1.58 亿人,占总人口的 11.4%。由于农村人口流动以年轻人为主,农村独居和空巢老人预计占老年人口的 50% 以上。独居和空巢老人贫困现象尤为突出,是 2020 以后需要重点关注的贫困群体。二是关注因病因灾致贫及残疾人群体。2017 年 3 月 4 日,习近平总书记在看望参加全国政协十二届五次会议的各界委员时指出:因病致贫问题"是一个长期化的、不随着 2020 年我

们宣布消灭绝对贫困以后就会消失的，对此应当进行综合治理"，我国因病致贫现象十分突出。根据国务院扶贫办和中国残联统计数据，截至 2017 年 2 月，建档立卡贫困残疾人有 335 多万人，这部分群体贫困状况需要特殊关注。①

四 2020 年后扶贫开发政策体系构建

基于地域资源环境差异、经济发展阶段、特殊人群特点以及城乡融合进程等多方面因素综合考虑，应从集区域式、开发式、精准式和城乡融合等多个维度构建 2020 年以后扶贫开发政策体系。

（一）深度贫困地区实施乡村振兴与脱贫攻坚衔接政策

2020 年以后，扶贫开发政策要以实施乡村振兴战略为统领，把脱贫攻坚作为实施乡村振兴战略的一项重大任务，以深度贫困地区为主战场，以产业兴旺、生态宜居、乡风文明、治理有效、生活富裕为总要求，以坚持农业农村优先发展为主线，以率先实现农业农村现代化为主题，充分利用各方面资源并发挥贫困地区后发优势，迅速赶上发达地区，发展新主体、新产业、新业态，推动质量变革、效率变革、动力变革，把提高脱贫质量放在首位，将扶贫开发融入乡村振兴战略之中，建立可持续的农村减贫长效机制，为贫困地区脱贫攻坚和乡村振兴提供更加坚实的基础支撑，实现由脱贫向振兴转变，为脱贫攻坚和乡村振兴注入新动能。

1. 突出扶贫特色产业提升，把贫困地区脱贫与产业可持续发展相结合

深度挖掘农业多功能性，以竞争力的强弱为尺度选择农业生产，建设"粮食安全—结构转换""产业多元—绿色发展"联动发展机制，坚持质量兴农、绿色兴农、品牌强农、效益优先，大力发展"三品一标"（无公害产品、绿色产品、有机产品和地理标志）农产品，培育一批名牌产品和驰名商标，增加优质农产品供给。将"单元农业"发展为食用、饲用、加工用"三元农业"，发展休闲农业、农村旅游、农村电商等新业态。做好龙

---

① 汪三贵、曾小溪：《后 2020 贫困问题初探》，《河海大学学报》（哲学社会科学版）2018 年第 2 期。

型经济、特优经济、绿色经济三篇文章，夯实发展基础，注重加强产销对接，切实提高农业竞争力。

2. 使贫困人口从生态建设与修复中得到更多实惠

牢固树立和践行"绿水青山就是金山银山"的理念，在生态环境容量和资源承载能力的制约下挖掘贫困地区优势资源，发展优势特色产业，推动扶贫开发与资源环境相协调、脱贫致富与可持续发展相促进，全面加强农业面源污染防控，推进农业绿色发展。大幅度提高养殖废弃物综合利用率、农作物秸秆综合利用率、农田林网控制率，努力实现"一控两减三基本"的目标。

3. 全力推进现代农业生产体系、产业体系、经营体系建设

建立各具特色、有竞争力的现代农业产业体系，为农民增收和脱贫致富提供坚实的产业支撑。形成以粮为基、农牧结合水平领先、"粮牧特加"并举、绿色安全优势突出、一二三产业融合发展的现代农业生产体系；注重技术服务支撑保障，以人为本、设施装备配套、工程与技术综合集成，高产出、低能耗的高效率生产体系；注重新型经营主体培育，以资本为纽带、适度规模经营、新型主体多元合作发展，品牌化、市场化的高效能经营体系。

4. 加快构建促进农民持续较快增收的长效机制，要让广大农民都尽快富裕起来

以农业专业化和创新驱动为双核，努力打造现代农业产业链、价值链、供应链，积极引导农户根据自身要素禀赋选择特色农业品种、方式或外出务工的地区及行业，大力促进农村产业融合深度与非农产业就业能力同步提升，以培养职业农民和农民工市民化为突破口，破解城乡二元结构，依靠自身努力彻底走出贫困。

（二）转型性贫困地区实施城乡融合一体化发展政策

推动城乡基础设施互联互通，建立健全城乡融合发展体制机制和政策体系，推动四化同步发展，加快形成工农互促、城乡互补、全面融合、共同繁荣的新型工农城乡关系。

1. 促进城乡教育资源分配均衡化，阻断贫困的代际传递

优化学校空间布局，在县域内统筹推进城乡义务教育一体化，基本实现县域校际资源均衡配置，扩大优质教育资源覆盖面，统筹乡村幼儿园、小规模学校、寄宿制学校、完全小学校、初高中学校等布局，保障适龄儿童就近接受教育。积极发展深度贫困地区学前教育。科学规划幼儿园布局，建立和完善覆盖城乡、布局合理的学前教育网络，保障适龄儿童接受基本的、有质量的学前教育。强化农民工的技能培训，加大对农民职业培训的补贴，为农民工提供社会保障体系，增强脱贫人口自我发展能力和内生发展动力，稳步提升贫困人口的综合素质和发家致富能力，防止各种返贫现象出现。

2. 丰富农民生活，全面提升贫困地区文化建设水平

2014 年 2 月，习近平总书记在中央全面深化改革领导小组第二次会议上指出："要紧紧围绕建设社会主义核心价值体系、建设社会主义文化强国，完善文化管理体制和文化生产经营机制，建立健全现代公共文化服务体系、现代文化市场体系来做好工作，以此推动社会主义文化大发展大繁荣。"进一步完善公共文化设施网络，推动县级图书馆、文化馆总分馆制，加强基层综合性文化服务中心建设，实现乡村两级公共文化服务全覆盖，提升服务效能。依托行政村村部设施，配备村民开展文化活动所需设备，推进村综合性文化服务中心建设。推动城乡各类公共文化设施免费向农民工、老人、残障人士开放，力争文化服务对象全覆盖。

3. 加快建设体系完整、覆盖城乡的分级诊疗制度，改善贫困地区医疗健康服务能力

加强对口三级医院与县级医院、县级医院与乡镇卫生院（社区卫生服务中心）之间的远程诊疗信息系统建设，促进医疗资源向基层流动，构建与经济社会发展水平相适应，与人民群众健康需求相匹配，体系完整、分工明确、功能互补、密切合作的整合型医疗卫生服务体系，建立以新农合制度为主干，医疗大病保险和疾病应急救助为补充的健康扶贫体系，打造30 分钟基层医疗服务圈，保障贫困人口享有基本医疗卫生服务，努力防止因病致贫、因病返贫。实施城乡环境卫生整洁行动，深入推进卫生城镇和健康城市（村镇）建设。加大农村人居环境治理力度，加强农村垃圾和生

活污水治理。开展"厕所革命",提高农村卫生厕所普及率。实施饮水安全巩固提升工程,实现县(市)水质卫生监测全覆盖,实施农村危房改造工程,农村贫困户实现安居梦。

4. 深化户籍制度改革,构建城乡一体的贫困救助体系

推进城乡居民低保、就业、义务教育、住房保障等领域的并轨,构建城乡一体的贫困救助体系,逐步建立城乡可衔接的农村社会保障体系,特别要妥善解决失地农民和进城农民工的社会保障问题,着力推进农村"五保"户供养、特困户救助等制度建设。

(三) 特殊困难贫困人口实施精准滴灌式扶贫政策

劳动能力低下或者不具备劳动能力的特殊困难贫困人口,难以享受区域发展、开发式扶贫成果,对他们应该采取兜底救助政策,建立一种覆盖面广的滴灌式保障体系,以构建综合性保障政策体系为着眼点,以老幼病残等特定群体的兜底保障为着力点,持续开展"四个一批"专项行动,加强和改进特困人员救助供养工作,加大临时救助力度,确保将完全或部分丧失劳动能力且无法依靠产业就业帮扶脱贫的人纳入社会救助兜底保障范围。

1. 积极探索建立符合农村特点的养老保障制度

探索可持续的家庭和社会共同养老的模式,建立健全农村留守老年人关爱服务体系。强化家庭和子女在赡养、扶养农村留守老年人中的主体责任,支持家庭成员与老年人共同居住生活。落实村(居)民委员会关爱服务的基础作用,建立农村留守老年人关爱巡视探访制度,增强农村老年协会关爱服务能力建设,以农村经济困难家庭的高龄、失能留守老年人为重点对象,督促各方履行关爱职责。对互助养老、志愿服务给予资助支持。

2. 解决因病因灾致贫返贫

加强妇幼保健机构能力建设,加大重大疾病和地方病防控力度,完善城乡救助和重特大疾病保障制度,有效解决因病致贫、因病返贫问题。强化气象为农服务,加强动植物疫病和灾害防控,提高防灾减灾能力。健全临时救助制度,对遭遇不测、因病因灾陷入生存困境的贫困群众及时实施"救急难",对遭受特别重大困难,造成重大刚性支出远远超过家庭或个人

承受能力的特困供养人员、孤儿、低保对象、未纳入低保的支出型贫困家庭实施特别救助，提高贫困群众抵御突发风险的能力。

3. 解决残疾人贫困

不断完善社会福利政策，继续完善对困难残疾人低保等的社会救助政策和困难残疾人生活补贴、重度残疾人护理补贴等保障制度。完善残疾人贫困预防制度，建立县、乡、村三级康复服务网络，减少贫困残疾人医疗康复费用刚性支出。为部分有劳动能力和就业意愿的城乡残疾人免费提供就业创业服务，按规定提供免费职业培训。①

五　2020 年以后扶贫开发政策推进措施

2020 年全面建成小康社会，要取得持续性脱贫成效，推动深度贫困地区和贫困人群稳定脱贫，需要内生动力（扶志）、自身能力（扶智）和社会环境（扶制）三者的有机结合。针对现有碎片化贫困治理状态，2020 年以后的扶贫开发政策制定和实施需要有完善的制度支持才能有序高效地推进，需要有法律法规等规章制度保障，需要有一批素质过硬的人才队伍去实施，需要利用现代信息技术手段进行实时动态监控。

（一）构建扶贫开发制度保障体系

发挥政府调控职能，统筹力量，整合资源，强化要素支持，构建扶贫攻坚制度供给，建立可持续的脱贫机制。

1. 转变扶贫领导方式

完善党委统一领导、政府负责、扶贫部门统筹协调的扶贫开发领导体制。建立省负总责、市县抓落实、乡村具体管理的体制机制。根据公平与效率判断，在中央政府、地方政府和贫困农户等利益相关者之间，形成利益分享与责任分担，明确不同责任主体的责任范围、行动方式和行动目标，形成规范化机制。

---

① 汪三贵、曾小溪：《后 2020 贫困问题初探》，《河海大学学报》（哲学社会科学版）2018 年第 2 期。

2. 加强基层社会组织建设

强化农村基层党组织领导核心地位，健全自治、法治、德治相结合的乡村治理体系，确保乡村社会充满活力、和谐有序。推进集体经济组织发展，着力为社会参与可持续扶贫提供机会和条件，加强社会扶贫信息服务网络建设，充实、丰富和动态管理信息资源，搭建社会扶贫平台，搞好基础设施建设，提高教育医疗等公共服务质量和水平。

3. 推进城乡深度融合

统筹城乡产业体系、基础设施和公共服务、劳动就业、社会管理等方面发展与建设，制定农村第一、第二、第三产业融合发展的鼓励政策，鼓励和促进工业与城市资源要素向农业农村配置，调动农民参与农业农村基础设施建设的积极性。

（二）构建脱贫人才保障体系

着力破除束缚人才发展的体制机制障碍，推动各类人才形成合力，健全完善乡村引才、育才、用才、留才的配套机制，打造一支强大的懂农业、爱农村、爱农民的"三农"工作人才队伍，为扶贫开发提供强有力的人才支撑和智力保障。

1. 倡导扶贫人才下沉，城乡资源共享

倡导各类专业人才走到贫困地区，定期和分批到贫困地区工作，解决贫困地区人才短缺的问题，为贫困地区提供人才供给。切实改善乡村人才在医疗、住房、子女就学、家属随迁、文化需求等方面的条件，解决乡村人才的后顾之忧。

2. 优化人才引进政策，"留得住"和"引进来"相结合

依照优惠政策积极引进各类科技人才，将科技人才留下来，利用科技人才的技术技能水平来改变贫困地区落后的面貌；利用科技人才具有的高文化素质水平来改变贫困地区落后的人员素质面貌；利用科技人才掌握的专业知识为贫困地区建言献策，发展适合当地的产业。

3. 制定适合本地的劳动力返乡就业政策

拓宽扶贫资金供给渠道，鼓励工商资本进入农村，打造"农村半小时

就业服务圈"，积极推进农民返乡就业创业，为本地产业结构优化升级提供充足的劳动力资源，加快提升贫困地区公共服务水平，动员社会力量，组织开展阳光工程、电商知识和创业致富带头人培训，进行有针对性的服务供给。全面促进就业流动，改善当地贫困环境，让有劳动力且有劳动意愿的贫困人口有增长收入的机会。

（三）强化可持续的投入保障体系

按照"统一规划、集中投入、渠道不乱、用途不变、各负其责、各计其功、形成合力"的原则，整合各类扶贫资金，从扶贫资金单打一转变为力争与其他开发资金统一运筹、配套使用，动员全社会形成合力，集中力量打好扶贫攻坚战，提高扶贫资金使用效益。

1. 强化财政投入保障机制

加大公共财政向乡村产业倾斜力度，在财政收入增加的基础上，确保"三农"投入力度不减少、总量稳步增长。创新财政支农机制，支持市（州）、县（市）政府发行项目融资和收益自平衡一般债券与专项债券用于支持乡村振兴、脱贫攻坚领域的公益性项目。

2. 拓宽扶贫资金筹集渠道

推广政府和社会资本合作，逐步形成多形态、多层次、多元化的乡村产业振兴投融资体系。大力推动可持续扶贫小额贷款，用好用活扶贫再贷款政策，大力发展农村土地金融，有序推进农村土地承包权，农民房屋向金融机构抵押融资，推进土地资本化。

3. 提高扶贫资金的使用效率

在扶贫资金的拨付及使用过程当中，把各部门、各行业分配资金安排项目转变为集中资金按片区综合开发治理，协调好扶贫项目各部门的工作与职责，避免出现扶贫资金重复投入，造成资金浪费的现象。同时，在扶贫资金的分配过程中，必须要有针对性地进行分配，不能对不同程度的贫困地区平均分配扶贫资金，而应根据贫困地区的实际以及扶贫项目的状况分配资金，从而提高扶贫资金的使用效率。

（四）构建多元主体扶贫协调机制

针对现有碎片化贫困治理状态，贫困治理参与主体应充分体现新时代的发展理念，坚持把政府主导和社会参与有机结合，兼顾地区之间、城乡之间、政府和社会之间的协同，构建一个综合的贫困治理机制，使扶贫成果能够更加公平的惠及人民群众，促进经济协调均衡发展。

1. 构建多元主体扶贫合作治理模式

充分调动政府、市场、社会等多元主体共同参与。政府重点全面落实扶贫捐赠税前扣除、税收减免等扶贫公益事业税收优惠政策。企业承担起社会责任，充分发挥其高效和市场化的优势，在产业扶贫中发挥作用；社会组织利用其专业性、灵活性优势，在文化扶贫、智力扶贫等方面充分发挥作用。

2. 推进城乡要素平等交换和公共资源均衡配置

赋予农民更多财产权利，完善农民土地征占补偿机制，让农民切实从土地征用中分享到来自工业化和城镇化所带来的土地增值好处，真正保障农民的土地权益。进一步推进农村集体产权制度改革，拓宽农民财产性增收渠道，加大土地承包权永久性退出探索力度。

3. 构建和完善合作治理主体之间利益分享机制

贫困地区要加强资源整合，努力使贫困人口提高分享改革成果的机会和能力，使经济增长成果各方公平合理共享，增强发展的协调性与均衡性。

参考文献

牛胜强：《多维视角下贫困内涵及我国农村贫困标准的科学构建》，《当代经济管理》2018 年第 7 期。

汪三贵、曾小溪：《后 2020 贫困问题初探》，《河海大学学报》（哲学社会科学版）2018 年第 2 期。

唐梅玲、曹昛：《我国贫困治理政策的回顾与展望》，《学习与实践》2018 年第 3 期。

李小云、许汉泽：《2020 年后扶贫工作的若干思考》，《国家行政学院学报》2018 年第 1 期。

左停：《反贫困的政策重点与发展型社会救助》，《改革》2016 年第 8 期。

姜会明、孙雨、王健等：《中国农民收入区域差异及影响因素分析》，《地理科学》2017 年第 10 期。

姜会明：《农户兼业经营问题浅议》，《经济纵横》1990 年第 9 期。

王俊程：《中国农村扶贫实践逻辑与未来发展（1978—2017），《青海社会科学》2018
　　年第 5 期。

谷树忠：《贫困形势研判与减贫策略调整》，《改革》2016 年第 8 期。

张琦：《贫困退出机制的现实操作：冀黔甘三省实践与启示》，《重庆社会科学》2016
　　年第 12 期。

关于我国农村土地流转的若干政策建议

吉林省社会科学院四平分院课题组[*]

摘　要　农村土地流转工作的推进，必须坚持农村土地集体所有制，兼顾公平和效率，保护农民权益。要在明确产权的基础上，重视集体所有权和经营权，发挥集体的作用，引导农民合作社的发展，同时在资金、人员培训以及相关制度建设上进行政策支持，以促进农村土地规范和有效率地流转。

关键词　土地流转　农村集体　资金保障　人员培训　制度建设

一　发挥集体作用，实现集体的所有权与经营权

我国农村土地产权制度还不够完善，难以保证农村土地流转合理有效地运行。最明显的问题就是集体土地主体不清，具体表现为：一是集体所有权的不明确性，具体是指哪一级别的集体，没能明确划分。尽管我国关于土地的法律中规定农村的土地归集体所有，但在具体操作和执行中仍会遇到很多问题。比如，这里集体到底是指乡（镇）、村中的哪一级别的"集体"所有，关于集体所有权主体的界定在不同的法律中规定不一致。二是农民的农村土地所有权不清晰，现行的农村土地制度是农村土地集体所有制，明确规定了我国的土地所有权，人人都有份额，共同占用。但是如何共同占用并实现所有权的经济收益，都是不明确的。三是如何界定集体成员的边界，仍存在不合理的地方。

---

　* 课题负责人：兰玲；课题组成员：郭衍宏、杜冰冰、李清、王金娟。

（一）保证集体所有权不变，进一步确定集体所有权归属

在农村土地产权问题的讨论中存在着多种说法，特别是确权工作实施以来，想搞农村土地个人私有制的说法增加，这是极其危险的。我国农村土地不管如何流转，都不能改变农村土地集体所有制这一基本前提。我国《宪法》和《土地管理法》都明确规定了农村土地所有权归集体所有，以土地流转和土地确权来试图改变农村土地所有制是违宪和违法行为，会动摇社会主义国家的所有制基础，这一原则是不可违背的。一旦私有化，必然会产生土地买卖、土地兼并，产生资本对土地的控制，在社会主义初级阶段，在土地依然是农民生产生活基本保障功能的前提下，这种做法在动摇社会主义经济制度的同时，还会产生一系列的经济和社会问题。

在明确集体所有权权属的基础上，应该实现集体所有权在经济收益上的多样化形式。目前虽然是农村土地集体所有权不变，但集体所有权并没有得到经济利益实现，农村土地集体所有，农户承包经营，这就存在所有权和经营权的分离，既然存在分离，那么就应该产生地租。农民是集体中的一员，所以农村土地所有权和经营权的分离是不完全的；这种分离既然是不完全的，那么部分的分离，也应该体现出所有权的经济收益。取消农业税，是把社会主义地租以惠农政策的方式返给了农民，是一种政策措施。这一政策措施，确实提高了农民的生产积极性，提高了农民生产收入，但是也伴随着出现了一些问题，最主要的问题是集体所有权在形式上被一定程度架空，集体所有权没有实现经济收益，限制了农村的基础设施建设、文化建设等，也影响了基层政治建设。因此，我国应该适当地逐步找到能够体现集体所有权的经济实现形式，体现集体发包方应得的收益，进而更好地发挥集体在新农村建设中的作用。

（二）积极发展农村集体经济，发挥农村土地集体经营权的作用

农村土地是集体所有下的家庭联产承包，是"统分结合、双层经营"，既有"分"的部分，也应有"统"的部分。家庭联产承包责任制实施以来，农户承包土地经营，促进了农民生产积极性，提高了农民收入。但是同时也应该看到，集体经营权"统"的方面有所欠缺。上面提到农村土地集体所有权经济收益没有得到实现，但即使得到实现，这种经济收益还是

比较少的。而发挥集体的作用，实现集体经营权的经济收益，这种经济收益才是更重要的收益。集体经营的欠缺，是农村建设集体投入资金不足的重要原因。

近年来，人们越来越关注集体在农村经济建设中的作用，习近平同志在深度贫困地区脱贫攻坚座谈会上的讲话中提到，在贫困村中有"四分之三的村无合作经济组织，三分之二的村无集体经济"[1]。邓小平的"两次飞跃论"中，指社会主义农村和农业的改革发展要有两次飞跃：第一次是从人民公社制度改为家庭承包经营为基础的统分结合的双层经营体制；第二次飞跃仍然是搞集体经济、集约经济，因为集约经济既可以通过资本主义性质的私人农场实现，也可以通过集体经济和集体经营，包括几个村联合经营来解决。在农村经济建设的典型模式中，有一个共同的经验就是集体作用的发挥，如"塘约经验"和"代村经验"，他们都是发展农村集体经济的榜样，更好地发挥双层经营制度中"统"的功能，推进农民由当前"分"的阶段向更高层级的"合"不断转化，增加农民持续稳定的收益，实现了集体的农村土地经营权及其对应的收益。在我国家庭联产承包责任制下的所有权与经营权这一组关系中，所有权收益体现不明显，即使进行改革来实现集体所有权的经济收益，其相对于经营收益还是少的，因此集体收益主要来自经营权的收益。所以，搞好集体经济，增加集体收入，是提高农民个人收入和增进农民福利的重要手段。

（三）引导和促进合作社建设

学者徐旭初对农村合作社的性质进行了分析，他的观点认为我国农村合作社属于企业、社团或者是特殊组织，其根本性质取决于如何为解决"三农"问题提供更好的服务，其中最为根本性的决定因素是我国农村、农民和农业现代化发展进程的推进程度及其效率。随着我国对"三农"问题的日益重视，新型农村合作社对农村发展的介入程度必将不断深化，同时为了更好地为"三农"提供服务，规范合作社的行为规范，我国也制定了《中华人民共和国农民专业合作社法》，这部法律对我国农村合作社的

---

[1] 习近平，《在深度贫困地区脱贫攻坚座谈会上的讲话》，http://www.xinhuanet.com/politics/2017-08/31/c_1121580205.htm，新华网，2017年8月31日。

法律内涵进行了定义，将农村家庭承包经营制度作为农民专业合作社的基础制度，将农村合作社界定为一种自主管理的互助性经济组织，其形成的过程是由同类产品参与者自愿联合建立的，符合社会主义市场经济要求，是运行效率更高的制度安排。

当前，我国有些地区的农村合作社发展较快较好，其他地区要结合本区域特征，科学合理地吸取先进地区的经验和教训，特别是农村合作社依然薄弱地区，更要加快步伐，政府积极发挥引导作用，促进农村合作社快速发展。

1. 创造有利于农村合作社发展的外部环境

在农村合作社发展的外部环境方面，尤其是在政策、制度、资金等方面需要给予全方位支持，是推进农村合作社快速发展的主要动力。建立持续不断地资金支持系统，是保障农村合作社稳定运营的重要一环。各地各级政府需要重点关注农村合作社的建立和发展，并将实现农村现代化作为财政支出的重要方面，建立并完善专项资金体系以确保农村合作社健康稳定发展。

2. 建立健全农村合作社运行机制

我国部分地区农村合作社起步较晚，处于合作社的初级阶段，规模较小，正在不断地摸索发展。农民对合作发展经济的合作文化缺乏意识，因此需要积极推广农村合作社经济，积极鼓励和引导广大农民群众参与到合作社的经济模式中。在合作社发展过程中应该始终坚持农村合作社的基本原则，保障合作社社员的切身利益，这是合作社建立和发展的前提。一般来说，农村合作社的发展规模小，主要是缺少整体的长期规划，只有科学分析判断区域优势，制定符合地区特征和产业优势的长远规划，才能分阶段有目标地完成集体经济发展，也能明确在发展中应坚持的原则和引进产业、资金投入的类别和比例等。

3. 大力培养农村合作社的行动主体

农村合作社持续不断的发展，保持其旺盛的生命力，必须要维护农民社员的切实利益，并将这一利益放在首位。农村合作社有序、稳定以及可持续发展离不开有效的管理。要结合实际情况，积极创新探索新型的、适应当前情况的管理方式。需要培养一批带动农村合作社发展的行动主体，包括带头人、农业技术人员以及农村经济管理人员。尤其需要专门培训农村合作社的行业带头人，不断规范现有经济业务，积极发掘合作社中的优势项目，并在此基础上积极扩大合作社业务，扩大合作社的经营规模，提高合作社的收益。通过良好的发展势态增加农民的信心，使农民更加融入合作社，进而加深合作社和社员的关系，有利于合作社长远健康的发展。

二　加强资金保障

各级政府通过制定政策加强资金扶持，加强对农村合作社、家庭农场、专业大户、龙头企业等新型经营组织主体的资金投入。通过资金奖励或者补贴的方式促进和激活土地各要素的流转，增强农村合作社等新型经营主体的自主创新能力，增强家庭农场、专业大户等农业企业的规模和扩大再生产能力，并促进家庭承包经营逐渐向规模化集约经营转变。此外，各级政府需要考虑如下影响因素，如农民流动情况、自然环境、经济发展水平和农业机械化水平等，制定本地区的土地规模经营标准，对符合条件的经营主体给予重点扶持。在实施过程中防止违背农民意愿、防止脱离实际、防止片面地追求大规模经营等问题的出现。

（一）政府应加大资金投入

土地政策作为稳定发展农村的政策一直得到党中央高度重视，实行家庭联产承包责任制后，农村经济得到了大力发展。随着时间推移和招商引资高位推进，土地流转促进土地集中，再次突显出农民、土地客商的矛盾，实现农民既有地种又可以把过多土地流转出去增加收入的目标，各地政府应参与其中，寻找平衡点。同时，政府应加强对相关资金的投入。通过对达到一定条件的土地流转项目进行财政补贴，使农村土地流转规模不断提高，规范土地流转交易行为，进而引导农业向规模化和现代化模式发展。然而，对于过度扩大经营规模倾向的财政补贴必须进行纠正。总之，政府必须合理运用限价和补贴手段，充分考虑并加以利用农村土地使用权的市场差异。

1. 政府应积极发挥财政补贴的示范引导作用

各地政府可以借鉴国外一些国家对经营主体实施财政补贴的做法，对经营主体大力支持，逐步加大财政补贴比重。

（1）直接财政补贴政策主要有以下一些规定。一是补贴条件。对达到一定标准的流转规模、符合一定条件的流转期限和满足一定租金水平的项目，可以依据土地流转面积情况进行财政补贴。二是补贴金额。每亩补贴额度从几十元到上千元不等。三是补贴方式。一般分为一次性补贴和经常性补贴两种。四是补贴对象。补贴对象比较全面，进行多方补贴。这类补贴对象包括土地转出方、土地转入方以和村集体等中介服务组织。

（2）间接的财政补贴政策有以下几个方面的规定。一是在配套基础设施方面，经营方可以在经营期间，对一定规模的园区建设水利设施、公路、电力设施等公共服务设施的，国家给予一定的资助。二是在金融方面，当土地流转的面积达到规定标准，为了引导规模化经营，给予金融方面的支持。三是在税收补贴方面，满足税收优惠条件的农村土地流转项目给予税收补贴。同时，在实施政策过程中强调补贴的公平性，不因单位或者企业性质的差异而存在不平等对待情况。积极带动农业规模经营，从需求方面积极有效地促进土地流转，并提出简化补贴手续的原则，增强补贴的开放度和透明度。除此之外，政府还要建立相应的监督反馈平台，追踪补贴政策的实施情况，对补贴效果进行动态评估，并不断调整该政策。

2. 建立与土地流转市场相适应的直接补贴和综合补贴扶持

例如，对粮食给予直接补贴，对农资给予综合补贴。同时，对一些规模经营主体可以给予二次财政补贴。这样才能够大大调动土地转入者进行土地转入的积极性，进一步推动农业规模化生产经营。要因地制宜调整和出台多种政策，实事求是地根据农民需要和土地流转实际情况，对农业生产基础设施进行补贴。

3. 为农村承包土地和流转土地营造环境

政府应依法依规将农村土地承包经营和流转管理纠纷调解仲裁的工作经费列入同级政府财政预算，为履行职能职责做好保障，为进一步规范、监管服务农村承包土地及流转土地创造宽松环境。在财政支农政策的基础上，政府还应加强对新型经营主体的资金扶持，综合运用税收、补助、参股、贴息、担保等手段，激活农村土地流转的各要素。政府积极发挥财政投资的引导功能，引导各种民间资本通过多元化投资入股形式参与农村基础设施建设。

4. 投资建立农村土地承包经营权流转市场

政府在加大资金投入的同时，通过建立流转信息收集、整理和发布体系，健全管理机制，规范市场交易秩序，从而为农村土地流转供求双方搭建交易平台。

（二）积极引进社会资金投入农业生产经营

龙头企业通过向农户提供产前、产中、产后的相关服务，不仅能显著降低农产品在销售过程中的市场风险，还有助于优化农村家庭种植结构，增加农民家庭收入。促进龙头企业发展，引进社会资金投入，有利于农业生产经营。因此，应积极鼓励农业龙头企业保证原料供应数量和质量的稳定，从当地农村基础出发，整合农村承包土地，实现土地流转和规模化经营。为吸引龙头企业投资农业，可采取如下政策措施。一是通过政策支持，降低龙头企业积极扶贫的成本，如实施加大对企业税优惠力度的政策，并提供技术上的支持以及完善公共服务措施，为农民提供培训和教育机会。二是政府采取财政补贴等具有鼓励性的措施，引导龙头企业帮助农民，让利于民。三是应大大提高龙头企业利用扶贫资金效率，积极主动地投资农业，实现龙头企业自身利益最大化，提高整个社会经济效益，实现"互利共赢"的经济发展势头。四是推进企业与农户建立合理、稳定的利益联结机制。企业需要稳定的原材料供应，农户需要稳定的产品销路，这是企业与农户之间建立利益联结机制的客观基础。在企业与农户自愿的前提下，积极探索公平合理的利益联结方式。企业与农户联结机制的建立，会由原来以松散型买卖为主的联结方式转换为紧密型产权式的联结方式。农户由原来通过出售原材料获得一次性收益转换为与龙头企业合作共享收益利润的方式，使龙头企业与农户成为真正的利益共同体。鼓励一些具有条件的龙头企业确定最低收购保护价，这样可以将部分加工和销售环节的利润返回给农民。

（三）促进金融机构加大对农业生产经营的投入

推进土地流转制度离不开政策性农业保险保驾护航，更离不开商业性金融大力支持。对此，一是完善金融机构贷款抵押担保机制，建立健全农村土地和农产品抵押机制；提升农业经济的发展地位，积极引导和鼓励我国国有或者股份制银行积极出台相关的金融项目，有针对性地扶持农业的发展。二是深度发掘金融支持作用，增加开办一些村（镇）银行及小额贷款公司作为农村金融体系的补充；大力发展农业保险业务，鼓励各级财产保险机构积极参与相关的农业保险业务；商业性金融机构应重点支持体现地方特色和优势农业产业的发展，加大信贷投放力度，促进从事农业经营企业的发展。三是充分发挥国家开发银行和中国农业发展银行的政策性金融作用，引导资金更多地投入农村最需要的地方；商业性金融机构应开发担保样式更多元、贷款期限更灵活、贷款额度更多选择的金融产品，以满足各类农业生产经营者的金融需求；通过采取差别化法定存款准备金政策、支农再贷款政策、税收优惠政策等，进一步完善农村金融信用担保体系和农村金融风险补偿机制等措施，鼓励和引导商业性金融机构更好地提供金融服务。

三　加强人员培训

培训的本质就是一个系统的学习过程，并且具有计划性、组织性和持续性。接受培训人员的知识、技能、态度等在一定的时间内能够得到较大的改善，可以让受训人员发挥更大的潜能，进而提高工作效率和质量，培训的终极目标便是实现个人与组织共同发展的双赢。为加快农村土地流转，积极吸引龙头企业投资农业、经营农地，建设绿色农业或生态农业等新型农业企业，提高相关人员的专业素养，加强相关人员的培训尤为重要。

（一）加强政府人员的培训

长久以来，农民都是依靠土地生活，土地既是农业发展的基本要素，又是农民生活的基本保障。土地流转无疑对农民土地的保障权提出挑战，因此土地流转常常很难得到农民的认同。政府必须通过组织进行宣传、积极引导，改变农民固守僵化思想、不断转变传统农业发展理念，使农民认识到土地流转不仅是国家优化土地资源实现经济增长，更主要是解放农村劳动力，发展现代农业，提高农民收入。

针对土地流转服务机制不健全问题，各级政府可以从以下四个方面入手。一是进一步规范土地流转行为，建立土地流转价格指导机制。提高政府人员工作能力，综合考虑当地经济发展水平、当地土地产出因素，科学合理地制定土地流转的指导价格，并在签订的流转合同中规定流转价格。二是开展培训学习，提高政府相关人员的协调能力，调节在农村土地流转过程中出现的各种纠纷。三是加强政府人员相关信息的管理能力，对土地流转信息进行备案审查。严格规定土地承包经营业主的资信水平、履约能力，强化监督管理经营业主的生产经营能力、项目风险收益管理能力，并对整个经营项目实施备案审查。四是建立土地流转的准入和退出机制。对退出的流转土地，建立再流转机制，保障所退出的土地及时有效地实现再流转。

目前，农业企业准入制度和风险机制尚不健全，针对相关职能部门在管理、指导、服务不到位，信息上报不及时，有关软件资料管理不规范等方面的问题，应加强对政府人员在土地流转相关程序方面的培训，引起政府人员对土地流转流程及管理工作的重视度，要求工作负责人熟练掌握相关软件系统的操作方法，优化政府人员的服务；要求政府相关负责人员及时提供发布交易信息、受理交易咨询和申请、协助产权查询、组织交易、出具产权流转交易鉴证书，协助办理产权变更登记和资金结算手续等基本服务；加强农村产权交易法律法规、政策制度、实务操作流程、网络平台管理等各环节的业务培训，逐步提高政府相关工作人员的专业化水平，建好流转平台，做好指导服务，争取平台交易信息延伸到客户端。提高相关工作人员的产权交易操作能力和监管水平；强化平台建设，加强定期检查和动态监测，促进交易公平，确保平台规范运行。针对土地使用权和房屋产权隐性交易问题，加大政府各部门的联合执法力度，查处不规范交易和私下交易等行为，规范农村产权交易，维护农民权益。

（二）加强农村基层干部的培训

在农村土地流转过程中，农村基层干部直接与农民进行沟通，起到承上启下的重要作用。农村基层干部素质直接影响到当地土地流转的效益，因此要加强对农村基层干部的培训。

1. 加强对基层干部的科技知识、经济知识的普及与教育

过去单纯的文化知识培训已经不能满足当前工作的需要，应向综合素

质教育转变，重视理论与实际相结合。培训工作要紧密围绕如何建设新农村、加快土地流转、增加农民收入这个中心，结合当地实际情况调整产业结构，发挥本土资源优势，促进绿色农业、生态农业的发展。要把理论和实际相结合，帮助基层干部掌握实用技术和市场经济知识，引导他们解放思想、总结经验，成为依靠科技致富的带头人。

2. 开展相关课程的培训

农村基层干部要掌握关于土地流转的相关国家方针政策，熟悉相关法律法规，准确无误地向农民宣传土地流转的程序及注意事项。同时，应提高农村基层干部计算机应用能力，掌握相关软件使用方法，熟悉网上查询土地流转信息及发布信息的方法。

3. 要提高农村基层干部调解和处理矛盾纠纷的能力

农村基层干部要做好土地流转工作的宣传与解释工作，用好村规民约，消除农户疑虑，化解各类纠纷，切实把矛盾解决在基层，做到一般纠纷不出村组，较大矛盾不出乡（镇），问题在一线发现，困难在一线解决，矛盾在一线化解。

（三）加强对中介机构人员的培训

加强对土地交易所及相关中介机构人员的培训，充分利用农村土地交易市场这个中介平台，进一步丰富服务业务内容，不断增多交易项目。相对于其他商品来说，农村土地的交易尤其是产权交易更加复杂。大多数农民由于文化水平不高并且法律意识不高，对具体的土地流转程序缺乏了解，导致在实践中农地流转合同履行不彻底甚至出现违约的情况，使相关主体利益受损。目前，农村土地流转的相关制度还不够完善，在土地流转过程中存在各种问题。比如，支持土地流转的地方政府和部门，经常在主持土地流转的交易过程中与农民发生冲突，有些地方的农民、农村集体经济组织以及地方政府和部门之间存在利益分配不均的严重情况。没有严格权威的流转收益分配标准、没有统筹土地流转收益制度、没有土地流转利益的监督机制和监督人，难以解决在交易过程中产生的各方利益冲突问题。为解决各方利益冲突，农村土地交易所及相关中介机构的作用日益凸显。土地流转的中介机构可以成为土地交易者的桥梁，用自身的专业知识为相关主体服务，进而促进土地流转交易顺利完成。为确保土地流转顺利进行，交易平台应该增设风险评估、抵押物价值评估、法律咨询服务等部门，为土地流转提供全方位的服务。为了保证所提供的中介服务符合土地流转实践，这就要求中介工作人员具备一定的专业资质，以专业知识为农地交易者提供服务。

在我国，由于农村土地中介服务机构起步晚、发展慢，因此对相关从业人员的资质审核、常规化培训与继续教育就显得十分必要。相关部门需要定期对农村土地中介服务机构人员进行法律道德教育，使得他们遵纪守法、按章办事，实施标准化工作流程，规范土地流转市场交易行为，进而保障土地流转供求双方的利益。

四 加强制度建设

产权交易涉及多个行政部门，如农业、林业、水利、国土和工商等部门；需要各种法律来保障交易过程的规范性，如民法、物权法、商法、合同法等，保证各个部门职责分工明确，建设和完善合理的法律制度是必不可少的一环。尽管我国法律制度在不断发展和完善，但是对于产权交易可能会出现的新问题及挑战，相应的法律条例尚未成熟，目前各个省份都亟须法律来保障产权交易市场操作的规范性。

（一）建立健全相关的法律制度

法律法规是土地流转良性运行的保障，强化完善我国土地相关法律制度，设立科学的土地流转评估机构，更好更快地实现农村土地承包经营权流转，必须建立有法理依据的配套的法律制度，完善当前土地流转制度，保障农民利益不受损失。

1. 完善农村土地流转的市场机制

要科学合理地确定农地使用权的价格制度，以确保农村土地在交易市场中长期稳定。做到这一点，有一系列的工作需要完成。一是在土地流转过程中，应该保障具体流转价格的控制权在农民手中，即农民可以根据当地交易市场和自己的需求情况制定流转价格。二是建立土地流转价格信息平台，使土地流转主体各方都能获得全面的价格信息，以减少不公平交易发生的概率。三是建立第三方价格评估机构，为土地流转价格提供有效的定级信息，以促进土地的良性流转。四是进一步规范中介服务组织，通过建立农村土地承包经营权流转信息交易平台，及时为土地供给主体和需求主体建立有效联系，构建包括代理、咨询、评估、仲裁等方面的机构和配套制度，特别是要明确各方的法律责任。围绕农村土地流转进一步完善与农村相关的信托、证券和抵押等方面的工作，以明确契约关系，实现农地真正有偿、高效的流转，增添农村经济发展的活力。

2. 充分发挥政府的监督作用

在土地流转中出现的种种问题，许多与政府的管理和监督相关，因此促进农村土地承包经营权流转，对农村土地资源进行合理配置，需要政府部门发挥应有的作用。一是政府要根据实际情况，与立法机关商讨协调，并且在相关政策文件的制定过程中集思广益，进一步完善土地流转的法律和政策，为产权交易市场有序流转提供良好制度环境。二是为了提高土地流转工作的效益，政府部门要加强自身的监督职能。对农村土地流转一线部门的工作进行常规检查和不定期抽查，对于不符合法律要求的情况、不作为情况进行严厉查处。三是政府通过规范化管理，明确土地流转的程序规范，使土地有序合理地流转。

3. 健全配套的土地管理法律法规体系

要强化立法、执法和仲裁工作，加强监督管理工作。为确保农村产权交易市场体系有效运作，要根据社会主义市场经济的发展要求，修改、完善有关的土地管理法律法规，对农村土地产权结构、经营方式、流转制度等各种土地关系进行科学合理的规范，为产权交易市场的实施奠定坚实的法律基础。

4. 进一步修改和完善有关农村土地的法律法规

对现行法律中关于限制农村土地产权市场化流转，不利于农村土地市场发育的条款进行进一步修改和完善，要规范国家的法律法规，促进产权主体对自己的行为有合理的预期，减少不确定性，进而提高产权交易市场的运作效率。

（二）加强产权交易平台建设

在 2015 年的《政府工作报告》中，李克强总理提出"互联网＋"计划，推动大数据、云计算、移动互联、物联网等新型网络与现代制造业结合，积极促进互联网金融、电子商务、工业互联网的健康发展，并引导互联网企业拓展国际市场。这里的"互联网＋"，简单说就是将互联网＋传统产业，但是二者不是简单相加，而是相互融合。利用互联网的平台，发挥互联网大数据优势和通信技术，将互联网融入传统的行业中，创造出新领域、新模式。因此"互联网＋农业"也十分必要，并且具有广阔的应用前景。从当前考察的实际情况来看，我国已经生成初级的土地流转市场，农民感觉该市场没有发挥理想中作用，因此目前土地流转方式主要还是在农户之间自发地进行流转，这是大部分农村普遍存在的情况。农地交易市场没有发挥作用主要是许多地区还没有建立权威的信息网络平台，土地流转中介服务存在滞后性，交易平台信息不对称，甚至有的信息失真。鉴于此，应加快建立系统化的交易平台，必须以各区域实际情况为基础搭建信息网络和服务平台。

我国农村土地流转信息交易平台的建设要坚持实事求是、因地制宜、大胆创新、兼容并包的原则。各地的信息平台要以政府为引导，以"互联网＋"为依托。具体来说有以下两点需要注意：一是农村土地产权交易信息平台要具备基本的服务功能。例如，各地信息平台可以逐步实现四类功能，即产权信息发布、政策规则发布、咨询交流、网上办公。前三项功能是信息平台的基本功能，最后一项可以根据各地的实际情况逐步开展，进而提高土地流转的效率。另外，随着各地土地流转工作的不断推进，各地信息平台可以因地制宜地开展富有特色的网上栏目，为农民服务。例如，以网络情景剧的形式宣传土地的最新政策。二是各地的信息化平台需要分级设立，可以从县级、市级、省级分为三级（有需要、有条件的地区也可以建设乡镇级信息平台）进行信息平台的建设。三级信息平台要遵循同样的建设标准和规范以便实现联网运行，进而实现平台一体化，只有平台一体化才可能实现信息共享。只有实现了各级信息平台的数据资料共享，政府才有可能在第一时间充分准确地掌握农村土地流转的具体情况，进而保证相关决策的科学性和前瞻性。并且基于信息平台的数据分析，可以实现各地农村产权交易市场健康、规范、有序地运转，进而提高农村土地流转工作的效益。

（三）完善农村社会保障制度

2017 年 3 月，在全国政协十二届五次会议上，张全国委员在《关于推进土地制度进一步改革的提案》中指出：破解城乡二元结构、推进农村居民社会保障体系建设是我国全面建成小康社会的当务之急，只有建立以社会养老保险为主体，医疗保险、工伤保险、失业保险、生育保险等全面覆盖的农村居民社会保障体系，才能妥善解决农村土地流转过程中失地农民的后顾之忧。以社会保障取代农民的土地保障、家庭养老等生存模式，农民才会放心地将土地流转经营，做到真正意义上的离开土地；通过参加技能培训拥有一技之长而从事非农工作，拓宽致富道路，逐渐市民化、实现小康生活。

1. 各地根据实际进一步完善农村最低生活保障制度

最低生活保障制度的宗旨是保障农民最基本的生活水平，这项制度关系农村社会的稳定。最低生活保障制度要有所侧重，根据实际情况向农村的弱势群体进行倾斜。基层单位要有所作为，禁止出现"开宝马吃低保"的现象。另外，我国不同农村地区经济发展差异较大，要注意制定合理的低保标准。随着物价水平的波动，低保的标准也需要动态调整。

2. 建立农村养老保险制度

在实践中，有很多农村土地流转受阻的一大原因就是养老问题，很多农民以地养老。为了解决这个问题，可以建立农村养老保险制度。通过该制度把处于退休年龄的农民纳入保险体系，保障他们的晚年生活。农村养老保险制度资金的筹措可以通过农民个人缴纳、政府补贴与基层村民组织补助的方式解决。

3. 进一步完善农村地区公共医疗服务

广大农村地区存在看病难的现象，而医疗费用偏高导致农民因病致贫现象时有发生。因此，各地政府需要提升农村地区的基本医疗服务，至少保障一个乡（镇）设有一所公办卫生院，在乡（镇）大力引进民间资本投资医疗设施建设，保障农民基本卫生安全。国家相关部门可以引导城市的专业医生按批次下乡进行服务，服务周期至少要在半年以上，这样既能保障提供的医疗服务质量，又可以帮助乡（镇）提高医疗水平，进而可以提升农村地区医护人员的专业技能，为农民带来优质的医疗服务，解决农民的看病难问题。

参考文献

卜红双：《中国农村土地承包经营权流转制度研究》，辽宁师范大学博士学位论文，2013。

黄祥芳、陈建成、陈训波：《地方政府土地流转补贴政策分析及完善措施》，《西北农林科技大学学报》（社会科学版）2014 年第 2 期。

兰玲：《我国农村土地经营发展方式转变问题研究》，《吉林师范大学学报》（人文社会科学版）2012 年第 1 期。

兰玲：《我国农地两权关系演变规律研究》，吉林大学博士学位论文，2011。

李清、刘鸣霁：《吉林省农村产权交易市场建设现状与对策研究》，《经济视角》2017 年第 5 期。

马兴彬：《我国农村城镇化进程中土地流转问题研究》，哈尔滨工业大学硕士学位论文，2013。

王娟、王志彬：《农村土地流转中介组织建设探析》，《广东农业科学》2012 年第 2 期。

朱钦麟：《农村基层民主政治建设的问题与对策研究——以重庆市五区县为例》，西南大学硕士学位论文，2018。

朱玉龙：《中国农村土地流转问题研究》，中国社会科学院研究生院博士学位论文，2017。

兰玲、李清、王金娟：《农村土地产权交易市场现状与对策——基于吉林省的研究》，经济管理出版社，2018。

吉林省农村土地流转中的问题

——基于现代农业示范区 22 家新型农业经营主体的实地调研

吉林省社会科学院课题组[*]

摘　要　近年来,吉林省不断推进农村土地经营权流转,在土地确权和推进适度规模经营方面走在了全国前列,取得一定成效,但与习近平总书记提出的吉林省"争做现代农业建设排头兵,率先实现农业现代化"[①]的要求还有一定距离,仍需作进一步的研究。为给省里有关政策制定提供参考,为向国家争取扶持政策提供支撑,课题组深入洮南、公主岭、永吉、梅河口和敦化等地进行调研,发现农村土地流转中存在"局部地区上地租金上涨过快且波动幅度较大、土地流转期限过短和土地流转程序不规范"等突出问题,成为影响农业现代化进程的主要因素,应引起重视,并采取有效举措予以解决。

关键词　吉林省　土地流转　农业经营主体

土地经营权的有序流转是发展农业适度规模经营和推动现代农业发展的先决条件。近年来,吉林省在《吉林省率先实现农业现代化总体规划(2016～2025 年)》进程中,不断推进土地经营权有序流转,开展适度规模经营,土地流转面积占比超过全国平均水平,取得一定成效,但距中央的要求仍存在一定距离,需要作进一步的研究。

　＊　课题负责人:郭连强;课题组成员:李新光、张洁妍、丁冬、祝国平。
　①　载《吉林省率先实现农业现代化总体规划(2016～2025 年)》,2016。

一 吉林省农村土地经营权流转中存在的三个突出问题

（一）局部地区土地租金过快上涨，而且波动幅度较大

调研数据显示，洮南、公主岭、永吉、梅河口和敦化五个现代农业示范区在租赁耕地超过 800 亩的 22 家新型农业经营主体中，2017 年度土地租金平均每亩价格为 460.82 元，平均每亩收益为 1250.72 元，平均每亩土地租金占农业收益的比重为 36.82%，其中占比最高的为 48.50%，占比最低的为 20.23%（见表 1）。

表 1　2017 年吉林省部分地区土地租金收益情况

调研地点	调研日期	经营主体名称	流转土地数量（亩）	地租单价（元）	2017 年总收益（元）	地租占收益比重（%）
敦化	2018 - 8 - 9	敦化永清农牧品专业合作社	3450	368	3274375	38.77
敦化	2018 - 8 - 9	敦化联谊农副产品供销联社	12000	330	9813000	40.35
敦化	2018 - 8 - 9	敦化种植合作社	1967	370	2027300	35.90
敦化	2018 - 8 - 9	敦化种植大户	1500	330	1185000	41.77
公主岭	2018 - 8 - 23	公主岭兴佳家庭农场	19200	500	24001750	40.00
公主岭	2018 - 8 - 23	公主岭汇鑫农业合作社	3990	485	4095280	47.25
公主岭	2018 - 8 - 23	公主岭龙宇农业合作社	4500	535	6253125	38.50
公主岭	2018 - 8 - 23	公主岭利民农业合作社	5250	467	6559000	37.38
梅河口	2018 - 8 - 5	梅河口醇沣农机化合作社	1700	400	1631664	41.68
梅河口	2018 - 8 - 9	梅河口种植大户	800	400	659800	48.50
梅河口	2018 - 8 - 9	梅河口正裕合作社	800	400	772000	41.45
梅河口	2018 - 8 - 9	梅河口江达合作社	1140	450	2536000	20.23
梅河口	2018 - 8 - 9	梅河口种植合作社	1967	470	2517300	36.73
洮南	2018 - 6 - 17	洮南市车力乡向前屯专业大户	835	433	1307500	27.65
洮南	2018 - 6 - 17	洮南车力育种专业合作社	16500	400	21760000	30.33
洮南	2018 - 6 - 17	洮南王洪艳家庭农场	18000	500	23960090	37.56
洮南	2018 - 6 - 17	洮南种植大户	1500	430	2384600	27.05
永吉	2018 - 8 - 14	永吉种植大户	1500	600	2586000	34.80

续表

调研地点	调研日期	经营主体名称	流转土地数量（亩）	地租单价（元）	2017年总收益（元）	地租占收益比重（%）
永吉	2018-8-14	永吉种植合作社	1967	570	3518300	31.87
永吉	2018-8-14	永吉种植大户	1500	550	2087800	39.52
永吉	2018-8-14	永吉种植合作社	1967	600	3517300	33.55
永吉	2018-8-14	永吉种植合作社	1967	550	3617300	29.91

数据来源：课题组根据调研数据整理。

农业生产所能承担的合理地租取决于土地投入对农业产值的贡献率。农业全要素生产率领域的研究结果显示，在土地、劳动、科技和资本等要素中，科技和资本投入对农业增长的贡献率大于劳动和土地投入的贡献率。吉林省农业科技进步对农业发展贡献率高达 59.4%，扣除其他要素的贡献，可以判定土地地租占农业产值比重不宜超过 20%。另外，《全国农产品成本收益资料汇编》的数据显示，2012~2016 年每亩土地成本占三种粮食作物（水稻、小麦和玉米）产值的比重分别为 14.37%、15.04%、16.50%、17.09%、19.63%，即使近年来土地成本快速上升，其比重也不高于 20%。由此可见，吉林省局部地区土地租金存在上涨过快的趋向。

从土地租金的波动性看，国内土地流转大型门户网站"土流网"的数据显示，洮南、公主岭、梅河口、永吉和敦化土地租金 2018 年 1 季度较 2017 年 1 季度同期分别上涨了 21.69%、21.64%、21.87%、21.96% 和 21.64%。近三年土流网关于吉林省五县（市）土地流转租金数据显示，2016 年 1 季度较 2015 年 1 季度涨幅均超过 4%，2017 年 1 季度较 2016 年 1 季度下跌幅度均超过 5%，而 2018 年 1 季度较 2017 年 1 季度涨幅均超过 21%（见表 2）。以上数据显示吉林省农村土地租金波动较大。

表 2 2015 年 1 季度至 2018 年 1 季度吉林省部分地区每亩土地租金

单位：元

地区	2015年1季度	2016年1季度	2017年1季度	2018年1季度
洮南平均（水旱田）	415	440	415	505
公主岭平均（水旱田）	599	623	587	714
敦化平均（水旱田）	398	414	391	475

地区	2015 年 1 季度	2016 年 1 季度	2017 年 1 季度	2018 年 1 季度
梅河口平均（水旱田）	600	624	588	716
永吉平均（水旱田）	424	448	422	515

数据来源：课题组根据土流网数据整理，https://www.tuliu.com/。

从表 2 可以明显反映出吉林省局部地区土地租金已呈现上涨过快的态势，而且近年来涨幅过快与大幅波动特征并存。土地租金过高及波动性大不利于土地经营权的有序流转，不利于农业适度规模经营，如不加以正确引导，不仅直接影响农业生产成本，也使得经营主体不愿意在农田基础设施建设、购置农业机械、改善土壤条件等方面投入，影响现代农业发展进程。

（二）土地流转期限过短，不利于农业长期稳定投资

尽管土地租金价格由市场因素决定，但农户对土地租金的涨幅和政府惠农政策的预期普遍较高，尤其在粮食直接补贴政策刺激下，更加剧了农户对土地租金的上涨预期。课题组在调研中发现，多数农户对土地租金上涨的预期普遍较高，担心流转期限过长会影响自己的收益，因而更愿意选择短期多次流转方式，导致土地流转的合同期限越来越短，多数为一年一签。部分极端的农户看到经营主体效益较好，随即提出涨价，否则以终止合同相要挟。同时，土地流转期限相对稳定是新型农业经营主体获得稳定收益并进行前期投入的前提，由于签约期限短，经营主体缺乏对农业长期投入的动力。甚至有的农业经营主体"干一年算一年"，有的进行掠夺式土地经营，更有极个别经营主体以"圈地"套取政府的产业项目补贴为目的，改变土地的农业生产用途，甚至将土地层层转包，造成农业生产风险。另外，过短的土地流转期限不利于盘活农村土地资产。调研中还发现，由于土地流转期限过短，部分地区银行机构已经限制了土地经营权抵押贷款业务，抑制了金融服务的应用推广，不利于更多的资金流向乡村振兴领域。

（三）土地流转程序不规范和平台缺失，阻碍了土地经营权的有序流转

调研中发现，吉林省农村在土地流转中存在土地流转不规范的问题，

口头化、短期化、随意化问题普遍存在。农村土地流转多数为自发流转，亲戚朋友之间流转的比较多，而向新型农业经营主体或工商企业流转的比较少。流转程序不规范，在转让、转包、出租等过程中绝大部分人不签订合同，只有口头协议，或者对流转协议的遵守不规范、不严格，随意性较大，致使承包关系不清晰，缺乏政策法规和有效的组织形式。农村土地经营权不规范的流转潜藏着较大的纠纷隐患。近五年来，仅吉林省法院所审理的涉及农村土地经营权流转等案件就高达 7128 件；许多乡（镇）建立的土地流转服务中心往往有名无实，只在农经部门挂个牌子进行数字统计，真正充当流转服务媒介、履行服务职能、发挥中介职能的还不多。

土地流转程度的不规范和支撑平台的缺失，导致在土地流转基础上的土地评估作价、抵押质押、违约处置、收益保全等业务不易规范开展，阻碍了土地经营权的资本化，限制了金融资本对农业的支持；土地流转不规范也不利于农业财政补贴发挥稳定和鼓励农业生产的作用，容易限制财政资金对实际从事农业生产主体的支持。

二 促进吉林省土地经营权有序流转的对策建议

根据习近平总书记 2018 年 9 月东北考察的指示精神，持续深化农业领域改革，落实"争作现代农业排头兵"战略，是吉林省农业工作的核心任务。发挥适度规模经营在建设现代农业中的引领作用是大方向，因此要从保障国家粮食安全与推进吉林经济新一轮振兴发展的战略高度，推动农村土地经营权有序流转，力求探索可供复制的吉林模式，为全国提供可借鉴的吉林经验。

（一）示范引导，典型引路，"先试先行"

榆树、农安、德惠、双阳、九台、永吉、敦化、梨树、洮南、东辽、前郭、抚松、公主岭、梅河口作为吉林省 14 个率先实现农业现代化示范区，承载着农业现代化先驱的重任。吉林省以 14 个现代农业示范区为试点，先期开展农村土地经营权有序流转改革工作，通过流转租金价格形成机制、流转期限确定机制和流转方式的创新，"先试先行"获得改革经验、减少改革风险，力求探索可供复制的吉林模式，为全国提供经营权有序流转的吉林经验，为在争取国家政策与省内政策制定上提供实践依据。

（二）建立并完善涵盖省、市、县、乡（镇）四级联动的土地流转交易市场体系

依托现有的农村集体土地管理体系，整合全省农经部门、各地土地流转市场试点平台等机构的职能，建立全省统一的涵盖省、市、县、乡（镇）的四级土地流转交易平台，充分发挥其土地经营权流转中介、土地收益评估、土地经营权抵押、土地经营权处置、土地流转纠纷仲裁等方面的职能作用。

以县为基本单位设置有形的土地交易流转交易市场，要把提供信息采集发布、合同签订指导、纠纷调处等职能真正承担起来，在农村土地租金合理价格形成、稳定租金预期和规范流转程序方面充分发挥作用。乡（镇）设立的农村土地流转服务站应增强服务意识，将负责收集、提供流转信息、协助农村土地流转双方签订流转合同等责任落在实处。土地流转服务主体可以开展信息沟通、委托流转等服务。真正形成省、市、县、乡（镇）有平台，村有服务站，上下贯通、分工明确、覆盖全省的农村土地流转服务网络。继续探讨建立完善协商、调解、信访、仲裁、司法保障等相结合的农村土地承包纠纷调处机制，有效及时化解土地流转纠纷问题。

在线上建立"互联网＋土地流转"的涵盖语音、短信、手机 App、视频及农民土地供求信息、土地价值评估、土地流转价格指导等在内的农村土地流转综合信息服务平台。政府应做好线上平台的推广工作，省、市、县、乡（镇）、村联动，迅速推动信息进村入户工程建设全面展开，降低土地流转的交易成本。

（三）建立土地质量评价、"3＋N"流转期限和"固定收益＋浮动收益"流转价格稳定增长三个机制

1. 建立土地质量评价机制

在土地确权的基础上，对流转土地实施等级划分与评定，根据不同的土地等级，结合土地收益、政府补贴、耕种意愿、劳动力机会成本、土地自然条件、土地供求关系、土地流转市场化程度和经济发展水平等状况厘定不同的土地流转指导价格，形成土地质量评价机制，逐步实施竞价

流转。

2. 建立"3＋N"土地流转期限机制

考虑到土地经营权流转的目标是为了推动规模经营和现代农业发展，所以土地经营权流转的合同期限应至少三年，一次流转，三年耕作，原则上应低于十年。通过"3＋N"土地流转合同期限机制的形成，稳定土地流转关系，提高规模经营水平。

3. 建立"固定收益＋浮动收益"土地流转价格稳定增长机制

在适度延长土地流转期限的基础上，加强农村耕地流转价格指导，根据土地收益评估结果和市场供求关系变化，确定以指导价格为基准的流转价格合理浮动区间。根据"固定收益＋浮动收益"的原则，确定土地流转价格动态增长机制，稳定农户与经营主体对土地租金增长的预期。土地流转价格要考虑固定收益和浮动收益两部分，其中固定收益是按当年土地流转指导价格计算产生的收益；浮动收益要考虑流转年限，第一年浮动收益为零，第二年开始根据农业产值增长率变化逐年增加，以此切实保障农民的利益不受损失。

（四）修订《吉林省农村土地承包经营管理条例》

在中共中央办公厅、国务院办公厅《关于引导农村土地经营权有序流转发展农业适度规模经营的意见》和农业部《农村土地经营权流转交易市场运行规范（试行）》等制度文件的基础上，以促进农村土地经营权有序流转为目标，重新修订《吉林省农村土地承包经营管理条例》（以下简称《条例》）。在完善土地流转监管机制下，将财政、金融、社会保障等内容补充进《条例》，促进土地经营权有序流转。

1. 逐步完善农业补贴制度

以鼓励适度规模经营和绿色生态为导向，提高农业补贴政策的指向性和精准性。持续深化农业补贴从"身份"补贴向"行为"补贴转变。财政补贴增量应向农业新型经营主体倾斜。补贴投向应当支持新型经营主体开展基础设施建设等长期投资，特别是对农业生产条件等方面的改善，积极创造条件，促进新型经营主体发展壮大，推进适度规模经营的发展。

2. 完善金融保险保障机制

稳妥有序推进农村承包土地经营权抵押贷款，不断扩大金融服务范围，吸引更多的资金投向乡村振兴领域。探索建立土地经营权流转担保基金机制，"利益共享，风险共担"，促进土地经营权有序流转。设计多层次、可选择、不同保障水平的保险产品。积极开发适应新型农业经营主体需求的保险品种，发展适度规模经济，探索开展土地经营权流转保证保险试点，保障土地经营权有序流转。

3. 健全农村社会保障体系

为土地流转解除后顾之忧，探索建立健全社会化的农村保障体系，通过农村医疗保险、养老保险、失业保险等保障制度的健全，逐步释放农业的社会保障功能，消除农户对土地流转的顾虑，提高土地流转效率。

吉林省实施耕地占补平衡政策
实证研究

吉林省社会科学院课题组[*]

摘　要　耕地占补平衡是我国耕地保护政策体系的重要组成部分，该项政策的实施保障了耕地数量质量相对稳定、守住了耕地保护红线，促进了节约集约用地、提高了用地效益。本报告对吉林省实施耕地占补平衡政策所取得的成就以及实施过程中存在的问题进行了深刻的分析和总结，以补改结合方式落实占补平衡试点的镇赉县和洮南市作为实证，对其进行大量的实地调研，总结经验和教训，提出推动吉林省耕地占补平衡政策的实施。

关键词　耕地　占补平衡　补改结合

耕地占补平衡是当前我国耕地保护制度的重要内容，是我国耕地保护政策体系的重要组成部分，是一项我国特有的土地用途管制制度。在《中华人民共和国土地管理法》（1998 年修订版，以下简称《土地管理法》）中又称为占用耕地补偿制度。经济越发展对土地的需求越多，经济发展的区域差异，反映在耕地后备资源和开发难度上基本上是相反的，并且耕地后备资源总体形势较为严峻。实施耕地占补平衡政策可以最大限度改善这种不利的情况。

＊　课题负责人：李冬艳；课题组成员：张磊、丁冬、姚堃、张金朋、田鑫。

一 吉林省耕地占补平衡政策实践发展现状

（一）吉林省耕地占补平衡政策不断完善

1. 实施高位统筹政策，严格落实耕地保护制度

切实履行耕地保护的第一责任，实行政府和国土部门双向目标责任制管理，层层签订耕地保护责任书，形成了"横向到边，纵向到底"的责任体系，初步形成了"政府负责、部门协同、公众参与、上下联动"的耕地保护工作格局。不断完善耕地保护制度政策，吉林省委、省政府于2018年初印发了《加强耕地保护和改进占补平衡的实施意见》，国土部门先后启动起草表土剥离暂行办法、耕地开垦费管理办法、耕地保护补偿机制、耕地保护责任制考核办法等配套文件，积极构建了耕地保护长效机制。

2. 实施管控性保护政策，严控耕地转为建设用地

突出做好土地规划管控和用途管制，加强计划管理，从严控制建设占用耕地特别是优质耕地，2012~2017年吉林省使用新增建设用地计划指标比国家下达指标减少37万亩，其中占用耕地指标减少19万亩。严格核减吉长两市城市建设用地上报国家审批的使用规模，2016年和2017年共核减耕地1.2万亩。国土部门会同有关部门联合印发《吉林省城镇建设用地增加规模同吸纳农业转移人口落户数量挂钩机制实施细则》，建立了符合吉林省实际的城镇建设用地增加规模同吸纳农业转移人口落户数量挂钩机制。同时，加强建设项目的用地预审、农用地转用和土地征收审批。进一步规范了土地征收审批工作，明确了建设用地审批办理程序和监督检查、责任追究等措施。

3. 实施建设性保护政策，严格落实耕地占补平衡

不断健全和完善土地整治制度，保障了土地整治工作的规范开展。实行省域内补充耕地动态平衡，会同省财政厅印发《吉林省补充耕地指标交易办法》，破解部分地区占补平衡难的问题，有力地保障了一大批重点项目落地。此外，积极研究探索整合各方资金，合力推动土地整治。"十二

五"期间，全省建成高标准基本农田 1309 万亩，超额完成了国家下达给吉林省"十二五"时期的 1227 万亩建设任务。西部土地开发整理重大项目一期工程目前已全部完工，项目累计完成建设规模 268.66 万亩，新增耕地面积 148.33 万亩，建设高标准农田 229.93 万亩。

4. 实施约束性保护政策，科学划定并严格保护永久基本农田

紧紧围绕国家粮食安全、生态红线和全省经济社会发展大局，着眼吉林省是农业大省的实际，按时圆满完成永久基本农田划定工作。省域内共划定永久基本农田 7386 万亩，数量有所增加，完成了国家下达给吉林省的永久基本农田 7380 万亩保护目标任务；下发了关于永久基本农田特殊保护文件，有效巩固划定成果；重点部署要求各地积极开展永久基本农田整备区建设；要求各地对临时用地占用永久基本农田必须上报省国土部门进行论证。

5. 实施倒逼性保护政策，全力推进节约集约用地

坚持最严格的节约用地制度，最大限度释放节约集约利用的空间和潜力。实施建设用地总量与强度双控行动，先后组织图们江图们城区段界河航道码头建设工程项目、舒兰市博能环保有限公司生活垃圾焚烧发电项目等 16 个无标准、超标准项目节地评价，科学供地 1444 亩。积极盘活存量建设用地，不断提高土地利用效率。落实"十三五"期间单位GDP 建设用地下降 20% 的目标任务，2017 年单位 GDP 建设用地同比下降 5.82%，超额完成年度任务。充分发挥市场配置资源的基础性作用，2017 年土地出让价款 350 多亿元，同比增加 20%，形成量减价增的良好态势。

6. 实施黑土地补救性保护政策，不断提高耕地的粮食综合生产能力

2015 年开始在长春农安等 4 个县（市）组织实施了黑土地保护利用试点工作，每年实施面积 40 万亩，至 2017 年已连续实施了两年，每年土壤有机质含量增幅在 1% 以上；着重加强黑土区耕地质量建设。吉林省粮食作物测土配方施肥技术已基本实现全覆盖，省财政每年安排 1000 万元，实施有机质提升项目，积极推广高留茬、垄侧栽培、少耕免耕秸秆覆盖等保护性耕作方式。2014～2016 年，全省投资补贴资金 1.8 亿元，开展保护性耕作达 919.5 万亩以上。2016 年，黑土地保护列入省人大常委会立法计

划，2018 年 7 月 1 日实施；积极推进耕作层土壤剥离再利用，国土资源部在吉林省召开了全国耕作层土壤剥离再利用现场会。

（二）吉林省实施补改结合落实耕地占补平衡政策

吉林省高度重视耕地保护，相继出台占补平衡政策。2016 年初，吉林省率先向国土资源部汇报补改结合创新思路，申请补改结合落实占补平衡试点省成功。同年 8 月，省国土资源厅下发《关于实行补足耕地数量与提升耕地质量相结合提高占补平衡保障能力的通知》，部署开展补改结合工作。全省首先在洮南市和镇赉县实施了补改结合项目，将旱田改造为水田，增加水田面积，提高耕地质量等级。镇赉县旱田改水田项目建设面积为 3.75 万亩，涉及 5 个乡（镇）；洮南市旱田改水田项目总建设规模 12.23 万亩，涉及 11 个乡（镇）64 个村。项目在提高耕地质量等级的同时，使耕地的经济效益和社会效益得到有效提高。2018 年《吉林省委省政府关于加强耕地保护和改进占补平衡的实施意见》再次强调坚守土地公有制、耕地红线、农民利益、粮食生产能力四条底线，要着力加强耕地数量、质量、生态"三位一体"保护，确保到 2020 年全省耕地保有量不低于 9100 万亩，永久基本农田保护面积不低于 7380 万亩，确保建成 2740 万亩高标准农田，为稳步提高粮食综合生产能力提供坚实资源保障。镇赉县和洮南市分别于 2018 年 8 月 29 日对补充耕地指标进行了挂牌调出公示。

1. 镇赉县通过补改结合项目实施占补平衡

镇赉县旱田改水田项目按照《吉林省土地整治规划（2015 - 2020）》相关要求，结合镇赉县实际，县政府决定在 2019 年年末完成 3 万亩占补平衡项目。

镇赉县位于吉、黑、蒙三省份结合部，地处嫩江流域，属松嫩平原和科尔沁草原交汇地带，是国家大型商品粮基地县。全县大部分的农田种植区内农业基础设施条件较差，农作物产量不高，抗旱防涝能力低。镇赉县政府组织财政、国土、水利等相关部门通过深入调查统计分析，选定了近 1.17 万亩的建设区域，具体位于镇赉县五棵树、东屏、嘎什根、镇赉和坦途等乡（镇）。此次规划项目区内基础设施现状差，土壤质地盐渍化程度高。主干道路有初步线形，素土路面，主干沟渠工程设施建设不足，不能达到"旱能灌、涝能排"的要求，桥、涵、闸等必要水工建筑物不足。结合项目区现状及农民的需求，设计内容主要为土壤改良，道路设施及农田水利设施的完善。

根据项目区的自然条件，参照相关的土地整治的建设标准，土地整治后的农田要达到吉林省高标准农田。

（1）土壤改良指标。利用盐碱地改良技术在项目区内进行土壤改良，改善盐碱地理化性状，满足水稻生长条件。为水稻育苗、田间管理提供技术服务。改造完成后，选定 2 个不超过 30 亩的地块进行种植（以下称"示范区"），在正常培肥和管理的条件下，改良后示范区当季种植水稻产量平均每亩 600 斤以上。土壤改良后，土壤的 pH 值在 8.5 以下，含盐量在 0.2% 以下，土壤有机质含量在 1% 以上。

（2）水利设施指标。水利以疏通、硬化沟渠为主，附属设施齐全配套、新增耕地排灌水利设施符合机耕作业和农作物生长用水的要求。加强水土保持工程建设；积极推广节水灌溉技术，灌溉保证率要达到设划标准。农田水利设施保证排涝需要，根据各个区域的不同类型，选择不同的排涝方式，排涝保证率要在 85% 以上。

（3）农田道路指标。农田道路形成网络，田间道路通达，道路布局合理，适应耕作和田间管理要求。依据现有的交通设施，修整或补充农田机耕道路，满足区域内农民生产、生活以及农业机械作业对农田道路的要求。目前该项目正在计划实施。项目完成，将强化占补平衡项目建后管护。

（4）镇赉县补充耕地指标挂牌调出公示（公示〔2018〕001 号）。依据《吉林省补充耕地指标调剂管理办法》（吉国土资发〔2018〕89 号）的要求，吉林省土地整治中心对本次调出申请材料审核后，将补充耕地指标调出信息予以公告。本次挂牌调出的补充耕地指标情况：耕地数量 1525 亩，水田规模 350 亩，粮食产能 1102455.6 公斤；调入人的资格条件必须是在本级补充耕地指标储备库中所剩指标不能满足当地发展建设需求的市（州）、县（市、区）人民政府或土地行政主管部门，并实行条件审查制，挂牌调剂时间。

2. 洮南市在大通乡等 12 个乡（镇）爱国村等 79 个村实施补改结合土地整治项目

根据《国土资源部关于补足耕地数量与提升耕地质量相结合落实占补平衡的指导意见》（国土资规〔2016〕8 号）和《吉林省国土资源厅关于实行补足耕地数量与提升耕地质量相结合提高占补平衡保障能力的通知》（吉国土资开发〔2016〕25 号）要求，洮南市在大通乡等 12 个乡（镇）爱国村等 79 个村实施补改结合土地整治项目。

（1）基本情况。项目区位于大通乡等 12 个乡（镇）爱国村等 79 个村境内，是由农村自筹资金实施的旱地改造水田项目。项目区建设规模为 11.88 万亩，新增水田面积 11.53 万亩。

（2）地类变更情况。该项目地类变更工作已于 2016 年度土地变更调查与遥感监测时进行，并经过国土资源部土地整治中心和地籍司审核。2017 年 8 月，该数据库通过国土资源部审查。

（3）耕地质量评定情况。该项目由吉林省华地不动产评估测绘有限公司开展耕地质量等别评定工作，评定成果已经省土地整治中心组织专家复核并通过。现项目区内国家利用等别由 10 等提升为 9 等，面积为 2220 亩；国家利用等别 10 等，面积为 6.35 万亩，其中由 11 等提升为 10 等，面积 1.43 万亩；耕地国家利用等别 11 等面积为 2.57 万亩，其中由 12 等提升为 11 等，面积 1.45 万亩；耕地国家利用等别 12 等，面积为 2.38 万亩，其中由 13 等提升为 12 等，面积 948.6 亩。

（4）系统报备情况。洮南市国土资源局正在进行该项目在《农村土地整治监测监管系统》和《耕地占补平衡动态监管系统》的录入工作，现已完成计划阶段的录入，待省土地整治中心审核通过后，将进入实施阶段和验收阶段的录入。目前，基本完成该项目的相关工作，待项目系统录入完毕后，新增水田指标可按占补平衡指标正常使用和交易。

（5）2018 年洮南市补充耕地指标挂牌调出公示（公示〔2018〕002 号）。依据《吉林省补充耕地指标调剂管理办法》（吉国土资发〔2018〕89 号）的要求，吉林省土地整治中心对本次调出申请材料审核后，将补充耕地指标调出信息予以公告。本次挂牌调出的补充耕地指标情况：水田规模 1.50 万亩，粮食产能 130361.1 公斤。调入人的资格条件必须是在本级补充耕地指标储备库中所剩指标不能满足当地发展建设需求的市（州）、县（市、区）人民政府或土地行政主管部门，并实行条件审查制。

3. 镇赉、洮南两地实施补改结合政策的启示

上述两个案例重点在于提升了现有耕地质量，有效弥补了区域内因建设占用土地导致水田面积减少，基于吉林省"补改结合"政策，实现了耕地占用和补充的"数量、质量、地类"平衡。

（1）强化了一般耕地质量提升。这符合在开发和复垦后备资源日益短缺的客观背景下，逐步强化通过土地整理提升现有耕地数量和质量的一般规律。目前，"补改结合"政策处于试点探索阶段，刚刚纳入国务院批准的建设项目耕地占补范畴。有待对各地的做法严格规范，在探索基础上，对适用建设项目类型、"改造"耕地范围、改造后与挂钩补充耕地的综合质量评定、资金保障以及改造耕地自然禀赋评价等进一步界定；同时，改进现有耕地占补平衡信息化管理功能，强化对"补改结合"项目监管。通过"补改结合"，引导确因自然禀赋无法落实补充优质耕地的建设项目，耕地占补平衡向增加耕地和耕地提质双重目标转变，有效解决一直困扰的占补耕地质量不对等、现有耕地质量低的问题。

（2）补充耕地指标市场化交易有效缓解了指标受让方补充耕地指标紧张压力。有助于当年耕地保有量目标实现，同时为当地刚性建设项目落地创造了条件，通过建设项目实施也可产生可观的经济和社会效益。指标交易还节约了自行补充耕地的经济、社会成本，以及可能出现的生态成本。相对应的，补充耕地指标出让方获得了指标交易收益，也为当地经济社会发展提供了资金支持。

（3）资源本底和管理效能的转变决定有必要进行耕地占补平衡改革。自 1998 年《土地管理法》确立现行的耕地占补平衡制度并实施至今，有效弥补了因建设占用导致的耕地锐减问题，在一定程度上倒逼了建设少占或不占耕地，起到了严格保护耕地作用。但随着耕地后备资源本底变化和经济社会发展转型深化，出现了一些新情况、新问题。一是我国国情发生了变化，二是现行的制度设计管理对象错位，三是新常态下生态文明建设和中央相关要求赋予了耕地占补平衡新的内涵。

二 吉林省实施耕地占补平衡政策过程中 存在的问题

（一） 多停留在耕地数量上的占补平衡，"占优补劣" 现象非常普遍

在现实中，"重数量、轻质量" 的占补平衡现象普遍。为了减少 "五通一平" 的基础建设成本，不少城镇建设、工业园区建设选择地势平坦、交通便利，且土壤质量高、农田基础设施比较齐全的优质耕地，而等量补充的耕地多地处偏远、耕作困难且产出率较低。据课题组调查，"占优补劣" 现象时有发生。建设占用的耕地多适宜农业耕作，而新增耕地只有不到一半适宜农业耕作。为了解决 "重数量、轻质量" 的问题，2004 年国务院在《关于深化改革严格土地管理的决定》中明确提出要实行补充耕地的数量、质量按等级折算。为此，国土资源管理部门和农业部门先后完成了农用地分等定级和耕地地力评价，以期为按等级折算提供基础支撑，但目前这两项成果都没有很好地运用在耕地占补的按等级折算之中，主要是因为成果覆盖的是现有耕地，可用于评判占用耕地的质量水平，而补充耕地质量评价体系不健全，即使直接采用农用地分等定级或耕地地力评价的指标体系进行评价也不合理。究其原因，新增耕地的质量不单要看构成耕地的土壤、地形、水文、气候、排灌等条件，还应考虑与居民点的距离、耕地的便利度以及地力培育的潜力、措施与效果，质量表现存在一定的滞后性。

（二） 耕地补充过分依赖土地开发，一些违背自然规律的过度开发难以避免

补充耕地有土地整治、复垦和开发三种渠道。吉林省土地整治的潜力比重最高，而实际在耕地占补平衡中，补充耕地多来自土地开发，占到补充耕地的 60%，土地整治只占 20%。究其原因，一是与整治和复垦比较，土地开发的成本比较低；二是土地整治所新增耕地面积不多，而质量的提升不容易得到认可，难以体现补充的效果。

当把土地开发作为耕地补充的主要途径、视补充耕地等同于土地开发

时，就不得不面对耕地后备资源日益枯竭的问题。耕地是稀缺资源，在人口密集的地区，人地矛盾一直比较突出，只剩下数量不多且比较偏远、耕作条件差的耕地后备资源，多零星分布。一些地方为追求耕地面积数量上的平衡，忽视了土地开发对生态环境的影响，"围湖造田""毁林造田""侵占草原"的现象时有发生，甚至在生态环境脆弱区和保护区开垦耕地，严重破坏生态环境，造成水土流失、洪涝灾害，导致新增耕地承受自然灾害的威胁，无法耕种。

（三）补充耕地偏重于形式，后期管护基本缺失

在现阶段耕地生产经营经济效益偏低的宏观环境下，耕地的开垦并不被农村所看好，新增耕地难以落实耕作主体，后期管护难度大，新增耕地大量抛荒的现象普遍。在国家的种粮补贴、良种补贴、农资综合补贴的具体实施中，多以 2003 年的计税面积发放，这些耕地即使抛荒，也可得到补贴，而新增耕地很难计入补贴面积。调研发现，新增耕地的经营权主要还是属于原地承包户，但因农户不愿耕种，多由当地村组管护。耕地占补的政策考核只负责至新增耕地验收这个环节，而新增耕地能否发挥应有的作用，缺乏有效的后续监管，结果造成新增耕地的培肥与地力提升措施往往不能跟进，特别是农田基础设施日常维护与管理机制缺失，从而导致被补充的耕地失之管理。

（四）不切实际的耕地补充行为，导致基层政府信誉受损

完成耕地补充任务，确保建设项目用地及时报批，已成为各地国土资源部门最艰难的一项工作。地方政府不仅要承担本地经济建设的耕地补充任务，还要承担国家建设项目在当地的占补任务。面对耕地占补平衡的硬性要求，不少基层"被迫"弄虚作假，导致政府的信誉受损，"一边退耕还林，一边毁林造田"就是一个典型例子：在同一个山坡上，低坡地带列入林业部门的退耕还林项目，在耕地上种树，而相邻的地带却被国土部门列入耕地开发项目，树木被砍去，开垦成耕地。部分地区为了完成耕地补充任务"各显神通"。一是利用地籍年度变更，增加未利用地，人为制造宜耕后备资源，甚至有极个别的地方，有远见地在"二调"成果中就埋下了伏笔；二是有的地方不得不由政府出面协调林业、水利部门，为"造

地"开绿灯，结果造成生态破坏，引发水土流失；三是有些不适宜"旱改水"的地块，为了实现"耕地占补平衡政策落实的现实困境与完善对策水田补水田"的要求，创新性地提出了"旱改水"工程。但实际上，并非只要资金投入多，就能建设成水田，有些旱地的土质就是沙壤土，保水性能差，无法形成犁底层，不可能种植水稻；即使有些地段，通过泵站建设，抽取地下水来解决水源问题，但维持成本很高，最后投巨资建成的水源保障设施，只能是摆设，时间长了，泵站会"不翼而飞"。

（五）"易地占补"效果不佳，补充耕地难以监管

为了解决不同地区耕地后备资源不均的问题，国土资源部在 2009 年出台了《关于全面实行耕地先补后占有关问题的通知》，允许有条件的地区可积极探索耕地占补平衡市场化运作方式，即异地占补平衡指标的市场化交易政策。但在"易地占补"中，交易双方的动机都不是耕地保护，用地方关心占用耕地指标，只管"出钱"，而供地方则关心转让指标所得的收益，只管"收钱"，双方没有共同的动力保证补充耕地的质量，难以实现对占补平衡的"补、备、核、考"全程监管。另外，由于"易地占补"的交易条件、价格形成、政府监管等方面存在诸多不规范之处，而新增耕地指标日益紧缺，交易价格不断上涨，造地成本又相对固定，在交易过程中的巨额利润也成为国土部门腐败的一个重要诱因。

三 吉林省全面实施"耕地占补平衡"政策、实现耕地有效保护的对策建议

（一）强化全省耕地占补平衡政策顶层设计

1. 严格控制建设占用耕地

加强土地利用总体规划的引导和管控作用，严格管控永久基本农田，引导各类建设按照规划用地。各类项目选址要优先利用存量建设用地、未利用地等非耕地，经过论证确实无法避让耕地的，严格执行土地使用标准，尽量减少占用耕地尤其是生态良好的水田、水浇地等优质耕地；可能造成耕地污染的建设项目，选址时原则上要远离耕地尤其是基本农田。进

一步发挥市场配置土地资源的决定性作用，适当增加建设占用耕地成本，遏制占用耕地的偏向。强化城市建设用地开发强度、人均用地指标整体控制，积极引导城乡建设向地上、地下空间发展，推进多功能立体开发和复合利用，提高土地集约利用水平和空间利用效率，减少城市发展对耕地的占用。

2. 推动补改结合政策全面实施

按照《吉林省委省政府关于加强耕地保护和改进占补平衡的实施意见》，在全省范围内全面推进补改结合政策，坚持多措并举，改进耕地占补平衡管理，坚持建管结合，切实提升耕地质量，坚持奖补并重，健全耕地保护补偿机制，坚持严查严管，强化耕地保护监管考核。与此同时，加强土地整治项目管理。加强各类土地整治补充耕地项目选址踏勘、论证，合理选取适宜整治区域，科学设计土地平整工程、灌溉排水工程、田间路桥工程、农田防护与生态环境工程等，确保实施后能够改善土地生态环境和生产条件，增加耕地数量，提升耕地质量，实现土地整治的数量、质量和生态的统一。合理安排补充耕地项目资金，确保投入足够的资金用于增加耕地面积和提升耕地质量。

3. 创新补充耕地指标省域统筹协调机制

目前，全省已初步形成了以县级补充耕地为主、市级统筹为辅、省级跨区域调剂为补充的"三位一体"的耕地占补平衡统筹机制。在此基础上，应进一步制定激励政策措施，加大省级统筹力度，完善农村宅基地复垦交易统筹机制，科学合理安排使用耕地占补平衡指标。对于耕地后备资源丰富、补充耕地指标充足的省辖市和省直管县（市），鼓励向外供应指标；对于具有一定后备资源和土地整治补充耕地潜力的地方，应立足于自给自足，原则上不得跨省辖市使用补充耕地指标；对于后备资源极度匮乏、土地整治补充耕地潜力较小、建设用地需求大的地方，要依法依规开展跨省辖市交易补充耕地指标。加大省级国土资源部门用于补充耕地项目的投资，产生的补耕指标纳入省级统筹。

（二）创新耕地占补平衡政策落地方式方法

1. 探索耕地占补平衡新途径

一是由"数量补"升级为"质量补"。资源总量有限，不可能用之不竭，但质量却可以逐步提高，在后备资源日益枯竭的大环境下，可以在保证粮食产量的前提下，用质量顶数量，大幅度提高现有耕地质量，然后按科学系数折算为新增耕地面积。二是既可补耕地，也可补"草（林）地"。应进一步完善耕地占补平衡政策，拓宽补充耕地的途径和方式。三是择机开展土地类别置换。对部分偏远地区质量不好的耕地采取与林地置换的办法，划入林地范围，然后将该行政区内适宜实施开发为耕地的林地调整成可利用资源，以此来补充一部分后备资源。

2. 实行耕地占补平衡新措施

一是将土地收益的20%划入耕地保护，列入市县年度考核内容，并实行报省备案制度，强制政府拨付资金。二是提高耕地开垦费标准，基本能够保障项目落实。三是建立占补平衡项目补贴制度，由省市两级分头筹措资金，拨付县局专户，专项用于占补平衡项目。可采取补贴和奖励并行的办法实施。

3. 完善耕地占补平衡指标转让政策

一是建立省市县三级占补平衡项目库。对后备资源较多的地区，直接投资或收购企业社会资金投资的占补平衡项目，纳入省级占补平衡项目库；市级国土资源部门也可按此方法在本辖区内投资建立市级占补平衡项目库。二是建立占补平衡项目转让奖罚制度。在省级管理全省占补平衡转让行为、市级管理本辖区易地补充项目的条件下，建立健全占补平衡任务奖惩制度，对承担异地占补和转让指标的市县，按比例奖励建设用地指标，相应扣减受让地区建设用地指标，调动转让积极性。特别是在分配建设用地指标时，引入以补定占概念，实行补充耕地任务落实与和设区市建设用地指标分配相挂钩的制度。三是规范实施易地补充。要消除"留着自己的，用着别人的"的错误做法，积极推行自我平衡。

（三）强化耕地占补平衡政策监督机制

1. 进一步明确耕地占补平衡的责任

一是解决国土资源部门在土地开发整理项目实施中既当"裁判员"又当"运动员"，不利于监督和管理。二是形成以政府为主导，各部门共同承担保护耕地、实现占补平衡的目标。三是拓宽耕地占补平衡渠道。鼓励实施土地整治、高标准农田建设、城乡建设用地增减挂钩、废弃矿地复垦等新增耕地用于落实补充耕地任务。四是用好"补改结合"及国家、省统筹补充耕地政策。提高重大建设项目立项层级，健全"提升、改造、开垦"多措并举的工作推进机制。

2. 实行分级负责、属地管理的耕地占补平衡制度，减轻政府投资压力

中央、省级的重点工程项目占用耕地量大、投资大，其占补问题建议由省里筹安排解决。按照省委、省政府文件规定进行耕地开垦。耕地开垦费主要用于"占一补一"，补充开发耕地支出和提质改造（包括旱改水、表土剥离等）支出等。应建立起"以县域自行平衡为主、市域省域调剂为辅、国家适度统筹为补充"的耕地占补平衡综合保障机制。国家、省级重大项目使用的耕地应由省里调剂解决、国家适度统筹为补充，落实补充耕地任务。市级重大项目使用的耕地应由市政府统筹解决占补问题，所需资金由省财政拨付的耕地开垦费中列支。县级重大项目使用的耕地由县政府通过组织实施土地开发整理项目实现占补平衡，所需资金由省财政拨付的耕地开垦费中列支。农村村民建房占用耕地由乡（镇）政府组织村集体经济组织或农户自行开发占补，补充新增耕地由县级国土资源部门会同农业部门认定并及时进行土地变更。

3. 建立联合执法机制，强化保护耕地共同责任

一是建立在政府领导下的共同责任机制。土地执法监管坚持政府统一领导、国土资源部门组织协调、相关部门密切配合的原则。明确政府是国土资源管理工作的责任主体，尤其是乡（镇）政府要切实担负起监管职能，发挥好主体作用。二是建立起齐抓共管，联合执法，一级抓一级，层层抓落实的管理机制。三是建立以乡（镇）为管理单元的综合防控机制。根据属地管理原则，各乡（镇）成立由主要领导牵头，由乡（镇）政府、国土、规建、环保、安监站、公安派出所为主体的联合执法队伍，通过"联合巡查、即查即拆"方式及时处理违法用地和建设。

参考文献

陈美球等：《我国耕地保护的效果与其提升对策探讨》，《中州学刊》2012 年第 1 期。

陈美球:《基于城乡发展一体化的土地资源配置机制创新》,《江西农业大学学报（社会科学版）》2013 年第 1 期。

仇大海:《完善耕地占补平衡政策势在必行》,《资源与人居环境》2015 年第 9 期。

方斌、祁欣欣、王庆日:《国家耕地易地补充价值补偿的理论框架与测算》,《中国土地科学》2013 年第 12 期。

李彦芳、张侠:《耕地保护重在质量——对耕地总量动态平衡政策的反思》,《经济论坛》2004 年第 14 期。

孙蕊等:《中国耕地占补平衡政策的成效与局限》,《中国人口·资源与环境》2014 年第 3 期。

许丽丽等:《2000～2010 年中国耕地变化与耕地占补平衡政策效果分析》,《资源科学》2015 年第 8 期。

岳永兵、刘向敏:《耕地占补平衡制度存在的问题及完善建议》,《中国国土资源经济》2013 年第 6 期。

王凤艳、周厚智:《新形势下耕地占补平衡政策的现状及建议》,《百家论点》2015 年第 5 期。

王燕:《江苏省耕地占补平衡对策研究》,《安徽农业科学》2017 年第 19 期。

吉林省乡村振兴与普惠金融共生发展策略研究

长春金融高等专科学校课题组[*]

摘 要 当前，发展农村普惠金融的重点是，按照党中央、国务院决策部署，完善基础金融服务与改进重点领域金融服务相结合，不断提高普惠金融服务的覆盖率、可得性和满意度。本研究着重探索吉林省乡村振兴与普惠金融两者共生发展的关系，结合吉林省当前乡村经济发展存在的主要问题，使广大人民群众公平分享金融改革发展的成果，实现乡村振兴和普惠金融的共生发展。通过调研走访国家级贫困县，了解当前吉林省贫困县经济发展状况、金融生态环境、农村金融可获得性，扩大普惠金融在全省的覆盖面，重点解决农民创业者个人贷款难、担保难的问题，为解决"三农"问题献计献策，提高全省整体经济效益，构建优质可持续的经济发展体系。本报告的部分内容得到了省级领导的批示，部分观点被有关省直部门阅研并被相关政策文件采纳。

关键词 普惠金融 乡村振兴 共生发展 精准扶贫

一 吉林省乡村振兴与普惠金融发展现状

(一) 发展背景

普惠金融是 2005 年联合国在小额信贷年上提出的一个金融发展概念。

---

* 课题负责人：郭文尧；课题组成员：李玉英、郭万春、柳明花、王一婷、李琪。

我国普惠金融发展较为迅速，尤其是针对农业、农村、农民的"三农"普惠金融发展粗具规模。2016 年初，国务院印发《推进普惠金融发展规划（2016 – 2020 年）》，普惠金融被正式纳入国家战略规划。发展普惠金融，已经成为"十三五"期间推进金融改革的重要内容。[①]

党的十八届三中全会通过《中共中央关于全面深化改革若干重大问题的决定》，提出要"发展普惠金融，鼓励金融创新，丰富金融市场层次和产品"。在国家政策的推动下，我国普惠金融得到迅速发展，在一定程度上提升了低收入群体的收入水平，促进了城乡统筹发展。

（二）吉林省普惠金融发展供求现状

1. 吉林省农村金融需求现状

（1）农民的生产信贷需求。吉林省地处东北平原中部，土壤条件优越，有机质丰富，适合农作物生长，耕地面积占全省土地总面积 20% 以上。对于生活在农业大省的农民来说，其信贷需求主要用于扩大再生产及养殖业、林业等，但对于目前农业的粗放经营现状来讲，生产投入并不大，所以农民的贷款数额一般在 1 万 ~ 10 万元不等，以 1 万 ~ 5 万元居多。而对于少数开展个体经营的农民，如手工作坊、小本生意、运输业等的资金需求一般多于农业生产，贷款的需求依其产业不同而有所差别。目前，全省的农业机械化水平仍然较低，农户合作经营数量不多，购买大型机械资金不足是主要原因之一。[②]

（2）农民的消费信贷需求。目前，吉林省农村消费需求主要由几大部分构成，即食品、医疗、住房、人情往来和通信，随着农民收入水平稳步提高，农村食品消费结构正逐步改善并呈现出继续增长的态势。医疗保健支出增速回落，主要在于国家不断完善的医保措施，使得农民在医疗上的支出相对增长较慢。住房质量是生活质量改善的重要标志，改善居住条件

① 张世鸿：《对构建普惠金融体系的思考——以吉林省为例》，《吉林金融研究》2013 年第 9 期。

② 李晓嘉：《财政民生支出对农村居民消费的影响研究》，《重庆大学学报（社会科学版）》2014 年第 5 期。

是农民一项重要的消费信贷需求。①

2. 吉林省农村金融供给现状

我国农村经济改革开放 30 年来，农村金融的需求供给环境随着国家政策在不断发展变化，金融机构的竞争策略经历了从农村转向城市，又从城市回归农村的往复。

（1）大中型银行。自 1998 年开始，大中型商业银行陆续撤出农村市场，其竞争视角和策略从农村转向城市。对于商业银行来说，农村客户居住分散，同样空间下的客户量与城镇相差很多，了解客户的信息成本很高，商业银行的逐利性使大中型商业银行撤离农村市场。

（2）微型金融机构。经过多年的努力，吉林省农村的金融机构组织体系已经基本建立，农村呈现商业性金融机构、政策性金融机构、邮政储蓄机构、农村合作金融机构、新型农村金融机构等多家机构共同提供金融服务的局面。②

（三）吉林省乡村振兴发展现状

1. 吉林省实施乡村振兴战略的阶段、目标

2015 年 12 月，中国人民银行、国家发改委、财政部、农业部、商务部、中国银监会、中国证监会和中国保监会联合印发《吉林省农村金融综合改革试验方案》，方案决定在吉林省开展农村金融综合改革试验，围绕分散现代农业规模经营风险、盘活农村产权、对农村金融组织、供应链金融服务、扩大农业贷款抵质押担保物范围、优化农业保险产品等进行探索。

吉林省"实施乡村振兴战略"三个阶段的目标如下。③

第一阶段是到 2020 年，乡村振兴取得重要进展，制度框架和政策体系基本形成。

第二阶段是到 2035 年，乡村振兴取得决定性进展，农业农村基本实现

---

① 谢升峰、路万忠：《农村普惠金融统筹城乡发展的效应测度——基于中部六省 18 县（市）的调查研究》，《湖北社会科学》2014 年第 11 期。

② 孙承志：《农村普惠金融与城乡经济统筹的协同发展机制与实证研究——以吉林省为例》，《宁夏大学学报（人文社会科学版）》2016 年第 11 期。

③ 钱正武：《习近平农民主体观理路探析》，《长白学刊》2019 年第 1 期。

现代化。

第三阶段是到 2050 年，全省乡村全面振兴，农业强、农村美、农民富全面实现，农业农村现代化强省全面建成。

目前吉林省正处于乡村振兴战略目标实现的第一阶段，也是强农、强经济的关键时期，研究乡村振兴与普惠金融共生发展的关系，对于解决"三农"问题，推动乡村经济建设的发展，实现乡村振兴战略目标具有非常重要的指导意义。

2. 吉林省乡村振兴战略机制不完善

（1）乡村振兴的金融资金供给机制不健全。农业收入来源主要为粮食种植收入，农业收入中经济作物收入和养殖收入占比较低，财产性收入和工资性收入较少。农业集约式发展没有得到有效开展，大部分农民还处于独门独户的耕种模式。

（2）乡村振兴的金融服务机制不健全。一方面乡村振兴的全面发展，能够优化并提高农民生活需求的层次和结构，从而相应地增加农村居民对金融服务的需求；另一方面乡村振兴的统筹发展，会带来更加发达的经济和更加高级化的产业结构，相应地会对金融服务需求增大，对金融服务的支撑力度要求更强，对服务机制要求更全面、更系统。

（3）乡村振兴的金融教育机制不健全。农村金融教育培训力度不够，金融知识普及的广度和深度有待加强。金融机构宣传行为短期化，未能充分考虑农民文化素质差异、人员流动等因素的影响。

二 吉林省乡村振兴与普惠金融共生
发展的调研情况综述

吉林省作为一个农业大省，"三农"问题是制约全省经济可持续发展的核心问题，农村普惠金融的制度创新是乡村振兴发展的一种有效途径。在近几年国内外现有的理论研究中，要么集中于对农村普惠金融的研究，要么集中于对乡村经济统筹的探讨，或是从吉林省农村普惠金融体系与城乡经济统筹的协同发展关系角度展开，而对探索乡村振兴与普惠金融二者关系的研究则少之又少。因此本研究从乡村振兴与普惠金融二者之间的关系出发，在一定程度上弥补该方面理论研究的空白。

（一）研究对象——吉林省贫困县

本研究对象主要针对吉林省国家级贫困县。课题组深入吉林省西部较为有代表性的贫困县——通榆县，走访了该县的金融办、财政局、统计局、就业局、民政局、市场监督管理局、农业局、县乡（镇）政府、村委会，以及当地的农村信用联社、邮政储蓄银行和吉林九台农商行等。

通过了解该贫困县经济发展状况、金融生态环境、农村金融可获得性、农民金融知识掌握情况等信息，进一步开展金融惠民工作，扩大全省普惠金融工程的覆盖面。研究对象中侧重于农业合作社、家庭农场、新型农业生产经营主体、小农户等主体，查找金融服务和金融需求中的缺口，重点解决农民创业者个人贷款难、担保难的问题，为吉林省"三农"问题献计献策，提高全省整体经济效益，构建优质可持续的经济发展体系。

（二）贫困县情况简介

通榆始建于 1904 年，位于吉林省西部，科尔沁草原东陲，分别与乾安、长岭、科右中旗、洮南和大安相邻，是省内地域面积超大县。全县辖 8 镇 8 乡 6 个国营畜牧林场和 1 个工业集中区，共有 172 个行政村。目前，是吉林省 8 个国家级贫困县之一。通榆区位交通比较便捷，100% 的乡（镇、场）和 87.2% 的行政村已通达省级公路。通榆工业格局比较鲜明。初步形成了以风电产业为支撑，农副产品加工、医药制造、服装加工、装备制造等产业为依托的工业发展新格局。全县现有规模以上工业企业 33 户，其中外贸出口企业 22 家、风电开发企业 3 家、制药企业 2 家、风电装备制造企业 1 家、服装加工企业 3 家，其他均为农副产品加工企业。全县风能资源极为丰富，可开发风电装机容量在 1000 万千瓦左右。①

通榆特色农业基础比较好。葵花、蓖麻、杂粮杂豆、草原红牛、向海鱼等农畜产品闻名海内外，其中葵花年产 12 万吨，是全国四大产区之一；"草原红牛"是我国唯一一个拥有自主知识产权的新品种牛。通榆旅游资源比较有特色，全县现有各类景区景点 368 处，湿地草原、沙丘榆林、蒲草苇荡、湖泊水域等特色景观正逐步成为通榆具有代表性的生态旅游品

---

① 《通榆简介》，通榆在线，http://www.tongyu.ccoo.cn/bendi/info-23457.html。

牌。境内的向海自然保护区是世界 A 级湿地、国家 AAAA 级旅游景。①

（三） 贫困县经济发展状况

1. 金融支持地方经济发展情况

2017 年末，通榆县金融机构存贷款余额增幅均超过 36%，存款突破 100 亿元大关，贷款突破 80 亿元，均为历史最高水平。从白城市来看，通榆县 2017 年的存贷款增速均远远超过全市平均水平，存款增幅是全市平均数的 4 倍，贷款增幅是全市平均数的近 3 倍，居全市 4 个县（市、区）首位，进而拉升了整个白城市的增幅位置居全省第一位。横向看，存款由多年的末位上升至第三位，一举超越了镇赉县和洮南市，贷款虽然在全区依然排末位，但与大安、洮南和镇赉的差距已经缩小到 60 亿元以内（以往年度这几个地区基本都是通榆县的 2 倍）。

2. 金融机构分布情况

通榆辖内有金融机构 7 家，分别为国有商业银行 4 家（工商银行、农业银行、建设银行和邮政储蓄银行），政策性银行 1 家（农业发展银行），地方性法人金融机构 2 家（通榆县农村信用联社和通榆农商村镇银行）。目前，通榆县银行业金融机构服务网点 45 个，无空白乡（镇），金融从业人员 714 人。在基础金融服务方面，有 ATM 机 61 台，POS 机 403 台，自助金融服务终端 654 个。

（四） 贫困县普惠金融情况

1. 农民对普惠金融的认识程度

在受访者中，有 1/3 的人通过阅读传单了解金融服务，有 1/2 的人是通过手机短信以及微信等了解的。在受访者中，有 47.41% 的人通过银行使用过金融服务，未使用过金融服务的人占一半以上。其中大部分是都有农村信用社、农业银行、邮政储蓄银行、建设银行以及工商银行等金融机构。日常存款和生活缴费成为当地金融服务较多的内容。大部分人认为在

---

① 《通榆县情简介》，通榆县委县政府网站，http://www.tongyu.gov.cn/yxty/zsyz/tzzn/201806/t20180604_582578.html，2018 年 6 月 4 日。

金融服务过程中，服务窗口少、排队时间长、网点基础设施资源分配不均衡是主要问题。而在选择理财产品上，人们更关心的是产品的投资风险、收益和金融机构的信誉问题。

2. 农民对乡村振兴的认识程度

在受访者中，有70%的人认为乡村振兴的关键是增加就业，提高居民收入，需要从医疗保障、乡村道路、乡村文化教育等方面进行改善；有近一半的人认为应培育新型产业和发展乡村经济；也有部分人认为提高居民的各项补助和优化居住环境是乡村振兴不可少的一部分。

3. 家庭负债形式

目前，家庭负债形式以银行贷款和好友借款的形式居多，分别占42.22%和45.93%，其他形式则占11.85%。在本次调查中，有1/3的人申请过贷款；有1/10的人贷款没有通过，收入太低和没有抵押物成为贷款未通过的主要原因。

4. 个人贷款中的难题

在本次调查中，有50%以上的人认为个人创业贷款最困难的问题是贷款额度少、贷款手续复杂、贷款审批时间长以及贷款担保难等。而对于个人征信系统，大部分人都了解其包括个人基本信息、信贷信息、贷款信息汇总、住房公积金信息等。对于乡村振兴的战略发展，多数人认为需要提高贷款额度，提高贷款服务质量。

（五）贫困县在普惠金融政策帮助下取得的成效

1. 2017年通榆县金融部门对县域经济发展重点工作的信贷投入情况

通榆县围绕政府"脱贫攻坚"开展金融支持和金融服务工作，主要体现在以下几个方面。

（1）在支持易地搬迁方面，2017年，建设银行、农业发展银行和村镇银行共投放异地扶贫搬迁贷款53540万元。为了确保异地搬迁农户后续生产经营需求，邮政储蓄银行为乌兰花镇陆家村6户家庭农场办理贷款555万元。

（2）在支持产业带动方面，农业银行的"吉农牧贷"共发放10笔贷款，金额为1598万元，对全县养殖产业升级的拉动作用已经开始显现。同时，农业银行"助保贷"成功对接对接，截至 2017 年末已发放贷款 230 笔，金额为 1220 万元。

（3）在扶贫小额信贷方面，通榆联社从大局出发，累计发放基准利率扶贫小额信贷 930 笔，金额为 2719 万元，为全县国检提供了重要支持。

2. 2018 年上半年通榆县银行业金融机构存贷款变化情况

截至 2018 年 6 月末，全县银行业金融机构存款余额达 138.4 亿元，比年初增加 20.8 亿元。贷款余额 97.6 亿元，比年初增加 13.7 亿元。

各金融机构存款情况：工商银行存款 164910 万元，比年初增加 17811 万元；农业银行存款 165663 万元，比年初增加 21419 万元；建设银行存款 315878 万元，比年初增加 44059 万元；邮政储蓄银行存款 138289 万元，比年初增加 10132 万元；村镇银行存款 72008 万元，比年初减少 12528 万元；农联社存款 311174 万元，比年初减少 3425 万元；农业发展银行存款 34176 万元，比年初增加 10004 万元；人民银行财政性存款 182454 万元，比年初增加 120670 万元。

各金融机构贷款情况：工商银行贷款余额 54783 万元，比年初减少 384 万元；农业银行贷款余额 112881 万元，比年初减少 774 万元；建设银行贷款余额 251818 万元，比年初增加 123118 万元（增加的主要原因是按照县委政府要求，对全县 12 个异地扶贫搬迁贫困村发放异地扶贫搬迁贷款）；邮政储蓄银行贷款余额 39454 万元，比年初增加 1832 万元；村镇银行贷款余额 29642 万元，比年初增加 2926 万元；农联社贷款余额 224583 万元，比年初增加 16940 万元；农业发展银行贷款余额 263347 万元，比年初减少 6244 万元。

3. 2018 年各金融机构信贷投放计划

2018 年是贯彻落实党的十九大精神的开局之年，更是通榆县脱贫攻坚的关键之年，金融工作将一如既往地把支持县域经济发展、支持脱贫攻坚作为中心工作。在易地搬迁、产业扶贫方面给予信贷资金支持，重点做好扶贫小额信贷和各类涉农贷款的发放。

初步测算，2018 年通榆县 7 家银行业金融机构计划投放信贷资金 64 亿元，重点支持易地扶贫搬迁、土地整理与复垦、风电产业、新型农业生产经营主体、中小微企业和农户生产经营。到 2018 年末，全县信贷余额将达到 140 亿元。

4. 人民银行扶贫再贷款发放情况

人民银行对金融机构发放的支农再贷款（2016 年 5 月以后改称扶贫再贷款）资金有着额度大、成本低、到位迅速的特点，一直是"三农"经济发展的有效资金保障。自 2006 年以来，通榆县累计申请使用中央银行再贷款资金 15.4 亿元，再贷款资金农户获得率已达到 96%，全县 16 个乡（镇）、172 个行政村均有投放。按当地农业投入产出比 1∶5 计算，10 年投入的再贷款资金拉动县域经济增长 77 亿元左右，占全县同期 GDP 的 11%。①

三　吉林省乡村振兴与普惠金融共生发展存在的问题

（一）抵押物形式单一，担保问题难解决

由于农村经济货币程度较低，农村金融赖以生存的微观经济基础脆弱。目前，为吉林省农村提供金融贷款服务的金融机构主要是邮政储蓄银行和农村信用联社，提供的金融服务主要是个人创业贷款和中小微企业贷款，对象主要是农村合作社、家庭农场和农民个人。近年来，随着精准脱贫项目的铺开，农村的贷款需求量很大，但主要形式仍是一家一户贷款，占比达到 80%。农民贷款需求强烈，但是贷款难，程序复杂，放款时间长，抵押物基本是土地，以房产为抵押物的少。贷款形式为三方协管，即银行、担保公司、个人贷款者。目前，全省已经实现了土地三权分制的管理模式，经营权、土地承包权、所有权分开，农民手中的土地有承包权、经营权，贷款抵押物是土地，担保公司要收取 0.3% 的利息，而且只有资金雄厚的担保公司才愿意且有能力为农民提供担保。因为农民抵押物只有土地，如果农民不能按时还款，那么担保公司就要承担全部损失，这无疑会给担保公司带来风险。另外，担保公司的资质也是银行在发放贷款时候考查的项目，很多担保公司因资质和资金问题不能作为第三方协管。每年

---

① 王立君、姜秀伟：《借力扶贫再贷款　打响脱贫攻坚战》，《当代金融家》2016 年第 10 期。

都有个体农户在春播时候由于拿不到贷款，险些错过播种时节。因此，个体农户宁愿在民间拆借资金，也不愿找银行。这进一步造成银行有钱放不出，信贷员有任务完不成、农民可获利的大好事达不到实际效果的恶性循环局面。

（二）风险防控机制与征信体系不完善

1. 风险防控机制不完善

风险防控问题是当前助农贷款中存在的棘手问题。吉林省财政局出台支持和配套措施，2016 年和 2017 年为通榆县先后引进了农业担保公司和经控担保公司，实现了两笔贷款：一是为养牛大户发放了 300 万元贷款，培育出"中国草原红牛"，这是我国唯一一个拥有自主知识产权的新品种牛；二是发放 600 万元贷款用于风电开发项目，促使 3 家企业联合实现了县乡风电开发与国家并网的项目，使省内农民用电环境得到极大的改善。目前，吉林省引入担保公司作为平台，可以部分解决农资企业融资难的问题。但是，有更多的中小微企业、个体农户在融资中的风险防控问题十分突出，亟待解决，这就需要省级更多的配套政策和保障措施，以及更完善的风险防控平台来完善和化解风险。

2. 征信体系不完善

在一些贫困县的扶贫项目中，有的农户家里土地较多，在外承包土地后，急需资金支付种地所需的种子、农机具和人工费用。一些农户以前在银行申请过贷款，由于还款不及时等问题，个人的信用度在银行显示为黑户，征信度较低，因此不能再行到银行贷款，只有通过民间机构拆借资金的方式筹得种地的资金。由于该方式还款的利息较多，一年算下来种地获得的钱只能够维持日常生活开销。因此，农户希望以增加抵押品种类等方式获得银行再贷款，并且也希望恢复自己在银行的信用额度。

目前，仍有很多个体农户并不知道自身信用额度是银行贷款审核中的重要指标，大部分人不懂"征信"的含义与作用。银行贷款的信用指标是农民在贷款问题中的知识盲点。贫困户由于个人征信问题和信贷偿还能力影响助农贷款的审核。与此同时，银行承担巨大的债务风险，降低了助农帮扶贷款的积极性。在贷款担保抵押上，目前贷款主体如农业合作社、家庭农场、新型农业生产经营主体、小农户，其抵押物只有土地，这对农民贷款有很多不便，抵押物范围若扩大到以证抵押和"两权"抵押，很多问题就可以迎刃而解，因此亟须在担保和抵押创新方面实现突破。

（三）金融机构单一，投融资风险高

2018 年，邮政储蓄银行为通榆县新农村建设和新老户提供 1 亿元贷款，贷款发放量为 5000 万 ~6000 万元，多数为 1 ~3 年期贷款，贷款金额在 5 万元以下的居多；也有客户到期不还贷款，为贷款业务蒙上阴影。农联社在农村金融中占主导地位，2017 年存款数额为 30 亿元，贷款业务覆盖 18 个乡（镇），其中农户贷款 10 亿元，占总贷款数量的 1/3。全县有新型农业经营主体近 3900 户，其中有 70% ~80% 的经营主体提得到了农业贷款。在新型农业经营主体中有 70% 仍是小农，形式虽然换了，但实质没变。这些贷款在一定程度上满足了农村、农业、农民发展经济的资金需要，较好地支持了农村经济发展，但由于受自身经营规模和经营体制的限制，其资金供给总量远远不能满足农村经济发展对资金的需求，存在"农信难为农"的问题，农联社支农有限。[①]

（四）农村金融机构配备不足，缺少现代服务体系

在贫困县中，工农中建等几家大型商业银行的基层网点很少，县级网点不到 10 家，乡（镇）村网点基本没有。农业银行还存在县级机构，但因为贷款权力上缴，多个分支机构只存不贷。近年来，大型商业银行出于追求经济效益的目的，纷纷撤出广大农村地区，取而代之的是邮政储蓄银行和农联社。这两家金融机构的网点数量和服务人员数量有限，通榆县有 172 个行政村，平均每 2 ~3 个村有 1 个农联社；邮政储蓄银行有 6 个邮政网点，9 个银行网点；农联社网点相对较多，有 13 个信用社，8 个储蓄所，1 个金融服务中心。这些网点普遍分布于县乡（镇）中，到村屯一级网点数量基本是几个村共用 1 个网点，这使农民办理存取款等业务时，经常要走上 2 ~3 公里，给农民带来不便。特别在农忙时候，农民办理金融业务频率降低，这进一步导致金融机构减少对网点服务人员配置，网点服务人员

---

① 杨锦琦：《农村金融服务问题探析》，《经济研究导刊》2007 年第 12 期。

服务热情不高，工作效率下降，业务覆盖面缩小。另外，农民习惯使用存折，各网点配备的 ATM 机器数量有限，农民不愿意尝试使用储蓄卡和自助服务，银行工作人员虽然积极宣传使用储蓄卡的好处，利用手机银行、网上银行办理业务，但是收效甚微。这些问题，导致广大农民取款难、贷款难。市级金融机构资金实力有限，仅能部分满足当地民营经济以及农户家庭的资金需求，增加了农村资金供给和需求之间的矛盾。

四 吉林省乡村振兴与普惠金融共生发展的对策和建议

（一）贷款抵押形式多样化，解决担保难问题

近 3 年，吉林省为解决农民存贷款问题，为邮政储蓄银行、农联社等金融机构出台了很多配套优惠政策，包括由中国人民银行、吉林省财政厅和吉林省人社厅联合颁布了《个人创业担保贷款实施办法》和《中小微企业贷款实施办法》等，已取得初步成效。同时，吉林省可以借鉴黑龙江省林甸县（试点县）农民住房财产权抵押贷款办法，主要做法如下。

1. 搭建产权颁证平台

县政府组织国土、住建部门进驻行政服务中心开展"一站式"服务，集中办理农村集体土地房屋宅基地、房屋产权确权颁证业务，并优化审批程序，缩短办理时限。目前，农民住房财产权确权工作已经基本完成，农房颁证率达到 100%。农村集体土地房屋宅基地、房屋产权确权颁证办理时限不超过 3 个工作日。

2. 充分利用现有抵押登记平台，为农房抵押贷款业务办理登记

利用"大庆市村镇房屋产权登记管理系统"，将抵押的农村集体土地房屋进行登记备案，避免在贷款存续期间房屋所有权人对抵押房屋进行交易处置，保证了信贷资金安全。

（二）建立风险缓释及补偿机制，推进农村信用体系建设

吉林省贫困县需要建立一套风险缓释及补偿机制，以解决企业和农户贷款中的征信问题，即建立一个不同于央行控制的独立的农民征信系统。

在借鉴黑龙江省和天津市的先进做法基础上，结合吉林省贷款征信工作的具体情况，拟建立一套风险缓释及补偿机制，具体做法如下。

第一，成立以县长为组长，扶贫办、财政局、金融办、人民银行和辖区内金融机构为成员的扶贫贷款风险补偿金管理领导小组。领导小组下设办公室，办公室设在扶贫办，负责领导小组日常工作。

第二，在农村信用社开立"风险补偿金"专户，实行封闭管理，账户资金用于建档立卡贫困农户扶贫小额信用贷款和"两权"抵押贷款的风险补偿，风险补偿金的来源为县扶贫办自主安排一定规模扶贫资金、县财政配套安排专项资金和金融机构自筹资金，扶贫办对扶贫贷款风险补偿金的使用、运行情况进行监督、管理。

第三，使用风险补偿金代偿的贷款需由金融机构申请，报扶贫贷款风险补偿金管理领导小组审批同意后，方可使用风险补偿金代偿贷款。

第四，金融机构在贷款确认为风险后 30 天内，向县扶贫贷款风险补偿金管理领导小组提出代偿申请，并提供借款凭证、逾期催收通知书等资料。经县扶贫贷款风险补偿金管理领导小组审定同意后，由扶贫贷款风险补偿金进行补偿。

第五，无法收回的贷款本金和利息由风险补偿金和金融机构分别按 30% 和 70% 的比例承担。贷款期限为 1～3 年期，贷款方式以农房抵押的贷款为主。农房抵押贷款可以有力支持县域农村经济发展。

通过建立风险缓释及补偿机制，推进吉林省农村信用体系建设，使农民征信体系独立化、规范化，可以让更多的个体农户从征信黑名单中跳出来，拥有良好的征信度，提高再贷款成功率。

（三）引进中介机构，分担投融资风险

吉林省可借鉴外省优秀服务平台模式，在现有工作基础上，引进中介机构，即农业投融资平台。该平台是集农业投资公司、农业基金、农业保险、农业融资担保公司、农村产权交易平台、农业商业保理等多种形式为一体的综合金融服务平台。以乡村振兴战略为抓手，使商业银行与中介机构之间优势互补，加强协调，积极推进农业投融资平台与银行间的合作，建立起传递、分散、化解风险的完善链条，未来具备广泛的合作空间。

利用好基金、担保、融资租赁等平台，以省内农业产业化龙头企业为

主，筹建龙头企业与券商合作的农业投资基金，将产业资本和金融资本深度融合，改变融资难、融资贵的现状，解决农业企业资金瓶颈问题，引入专业资源、为企业发展"做加法"。健全金融链条，补齐服务短板，不断降低中小微企业融资成本，防范各类金融风险，在金融支农、惠农、强农等方面发挥积极作用，实现吉林省企业经济效益和社会效益的有机统一。

（四） 建立金融现代化、产业化服务体系

吉林省应围绕普惠金融尤其是涉农信贷，通过建立金融现代化、产业化服务体系，创新金融帮扶渠道，坚持开发式帮扶、突出重点、普惠特惠、因地制宜、融资融智、提供全方面综合服务。推动省内各级金融机构，进一步丰富金融帮扶产品，加大帮扶开发资金和自有资金的投放，优化困难存贷款结构，保持信贷投入稳步增长，提升金融帮扶质效。不断优化"政担"合作，实行贷款贴息政策，通过政府部门的力量化解部分风险。推进"银担"合作，达到政策性和市场化的有机结合，综合考虑各方风险和收益，在有效控制农户融资成本的前提下，确保信贷各方的实际利益。

力争实现"乡乡有机构、村村有机具、人人有服务"的乡村振兴新面貌，进一步推进金融现代化、产业化，深度开发"互联网＋金融服务体系"（见图1），加快建设农业大数据，扩大物联网在农业生产经营中的推广应用，推动智慧农业发展，为吉林省搭建金融服务平台，对吉林省农村金融体系的完善和发展具有重要的借鉴意义。

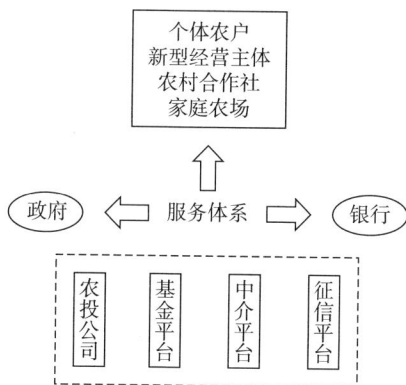

图 1　金融现代化、产业化服务体系结构

（五）建立吉林省乡村振兴与普惠金融的互动机制体系

农村普惠金融与乡村振兴相互作用、相互影响，实现动态的协同发展。一方面当农村普惠金融通过正反馈的协同作用实现螺旋式上升的时候，乡村振兴进程会加速发展，反之当农村普惠金融发展停滞不前，负向反馈机制会使乡村振兴发展进程放缓；另一方面当进一步推进乡村振兴发展时，所带来的正反馈效应也会加速农村普惠金融水平的提高，反之则无法带来农村普惠金融发展的正向诱导作用。

吉林省乡村振兴与普惠金融的演化关系，蕴含在一个互动与协同的系统中，二者之间互相影响，互相推动，可以实现最终的动态共生发展（见图2）。

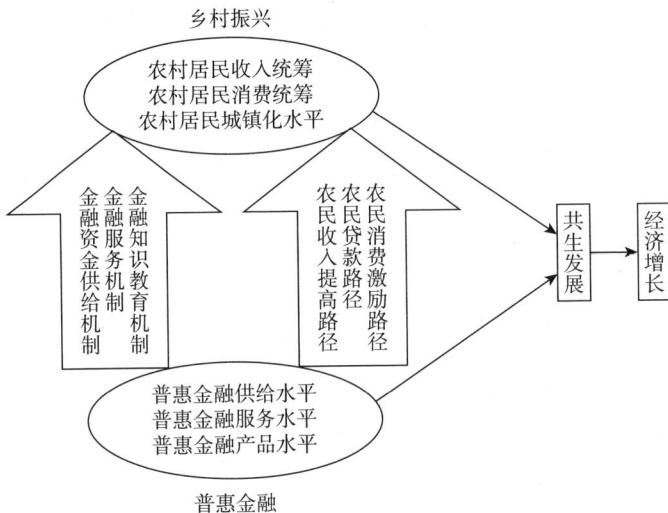

图2　乡村振兴与普惠金融共生发展体系

关于提升吉林省根文化
振兴乡村特色旅游影响力问题研究

吉林市社会科学界联合会课题组*

"乡村振兴战略"已作为我国七大战略之一写入了新党章。随着这一战略的实施，乡村旅游这种比较原生态、比较接地气的休闲旅游方式也如火如荼地兴盛起来。但随着乡村旅游由高速度增长向高质量转型阶段的到来，乡村特色旅游又成为新的需求和新的增长级。那么，吉林省乡村旅游应当如何转型才能更具有自身特色？吉林省根文化对振兴乡村特色旅游又具有怎样的影响力？本课题以此为研究对象，并提出相应的意见和建议。

一 关于根文化

(一) 根文化的特征

根文化是一种溯源文化，是土生土长的历经岁月沧桑而经久不衰的文化积淀和基因传承。它与地域文化、地缘文化、起源地文化、原生态文化、乡土文化等虽属一个范畴，但它涵盖的范围更加广泛。

由于根文化是一种溯源文化，因而它具有以下几个表象特征。

1. 香火

香火是中国根文化中最核心的概念。中国人无论贫富贵贱，都特别关

* 课题负责人：周云波；课题组成员：翟国有、王乙棋、许路明、曲东瑞、崔涛、戴大鹏。

注香火的绳绳以继。

2. 宗族

姓是中国根文化的另一表象特征。它表明了我们根的来源及将来的走向。闻名中外的孔庙，就是由孔子的后裔和族人历经两千多年留存到现在的。

3. 裙带关系

血缘关系、姻缘关系等交织在一起便形成了裙带关系。

4. 故土情结

不管在国内还是在国外，中国人都会怀念自己的故土，漂泊在外的游子期待有一天能够落叶归根。"金窝银窝，不如自己的老窝"。不管在外多么成功或失败，最终的归宿还是生养自己的故土。

（二）根文化的属性

根文化是历经沧桑而经久不衰的文化积淀和基因传承，它还具备以下几方面的属性。

1. 根文化具有认同感，可以勾起人的乡愁

环境决定文化，地理决定人文。文化因地制宜，就地取材，可谓是一方水土养一方人，造就一地风情。对故土的眷恋是人类共同而永恒的情感。所以当一个人远离故土，或回到故土，看到他记忆中的风土人情，必定会勾起浓浓的乡愁。

2. 根文化具有依附感，可以令人魂牵梦萦

乡音难改，乡俗难忘。从具有特色的农事节气，到大道自然、天人合一的生态伦理；从各具特色的宅院村落，到巧夺天工的农业景观；从具有乡土气息的节庆活动，到丰富多彩的民间艺术；从耕读传家、父慈子孝的祖传家训，到邻里守望、诚信重礼的乡风民俗等承载着中国根文化的基因密码，必然会与传统的中国人相依相伴，魂牵梦萦。

3. 根文化的归属感，叫人落叶归根

魂归故里，落叶归根，这是大多中国人的最终凤愿。根文化提到的表象特征中也有故土情结一说。由此可见，重视生命、民族、社会价值，正

是根文化延续基因的意义所在。

（三）根文化的表现形态

根文化的种类尽管有无数种，但它的表现形态只有两种，即有形的根文化和无形的根文化。

1. 有形的根文化

有形的根文化也称物质文化，是指凝聚、体现、寄托着人的生存方式、生存状态、思想情感的有形过程和有形产品。主要是具有历史、艺术和科学价值的有形资产，包括可移动的有形资产和不可移动的有形资产。可移动的有形资产是指历史上各时代的艺术品、文献、手稿、图书资料等有代表性的实物，不可移动的有形资产是指古文化遗址、古墓葬、古建筑、石窟寺、石刻、壁画、近现代重要史迹等有代表性的建筑。

2. 无形的根文化

无形的根文化也称非物质文化，是指各民族世代相承与群众生活密切相关的各种传统文化表现形式（如民俗活动、表现艺术、传统知识和技能，以及与之相关的器具、实物、手工制品等）和文化空间。范围包括在民间长期口身相传的诗歌、神话、史诗、故事、传说，传统的音乐、舞蹈、戏曲、曲艺、杂技、木偶、皮影等民间表演艺术，广大民众世代传承的人生礼仪、岁时活动、节日庆典、民间体育和竞技以及有关生产、生活的其他习俗，有关自然界和宇宙的民间传统知识和实践的手工艺技能等。

根文化有树根文化、草根文化、好人根文化、中华根文化等等，但这些是对根文化概念的粗框描述，没有较详尽的论述。本课题之所以花费时间和精力确立根文化概念，一是为了给关心此概念的同行和读者起到一个抛砖引玉的作用；二是根文化与每个中国人息息相关。比如，中国人讲究的"籍贯"就是根文化的一种体现和延伸；再比如"乡愁"等，都与根文化密切相关。三是根文化概念通俗易懂，便于传播。四是根文化概念涵盖范围广，便于应用。五是根文化与乡村振兴发展密切相关，与本课题中的乡村特色旅游密切相关。就我国而言，乡村本身就是中华文化之根本，所以确立根文化概念无疑具有深远的历史意义和重要的现实意义。

二　根文化对振兴乡村特色旅游的影响力

乡村特色旅游就是以乡村地域文化及农事相关的风土、风物、风格、风景组合而成的乡村风情为吸引物，吸引旅游者前往休息、观光、体验和学习等旅游活动。

（一）根文化是乡村特色旅游的灵魂

旅游是载体，文化是灵魂。从乡村特色旅游来说，根文化就是灵魂。随着乡村旅游产业的深度发展，旅游者的需求也在不断发生变化，欣赏乡村美丽自然的风光已不再是唯一的旅游目的，而以休闲度假和体验旅游为目的的旅游活动变得越来越多。所以，乡村旅游要拥有自身特色，给旅游者一次新奇的旅游经历，避免千篇一律的同主题、同内容的旅游项目反复呈现，必须在风土、风物、风俗上下功夫，在挖掘根文化旅游资源上下功夫。

在吉林市桦甸（市）八道河子镇新开河村有个名峰生态山庄。这个山庄始建于1996年，占地26万平方米，建筑面积19万平方米。经过22年的发展，山庄已拥有餐饮住宿、旅游观光、拓展培训、有机农业、果蔬采摘、真人CS、水上高尔夫等多个经营项目，是一个集吃、住、休闲、娱乐于一体的综合性旅游休闲场所。10年以前，这个山庄就是一个在当地规模稍大一点的农家乐，吸引来的游客也就是附近一个小时左右车程的吉林市和桦甸市的人。生意不冷不淡，只能勉强维持下来。后来，他们在有关部门的帮助下，挖掘当地根文化资源，眼前立即拥有了一片新天地。山庄坐落在远近闻名的肇大鸡山下，于是他们依据乾隆皇帝夜宿山下、晨闻鸡鸣御赐"肇大鸡"的传说，开始打造鸡文化。他们在山庄迎宾的大厅里，展示肇大鸡山的传说；在山庄东南方的显要位置把一只昂首挺胸、引吭高歌的大公鸡雕塑作为吉祥物。为生动讲述和增加互动，他们还在山庄里专门设立了乾隆望肇大鸡山展览馆。他们把鸡的五德（文、武、勇、仁、信），转化为企业精神；把房间电话和每个服务人员的手机铃声变成大公鸡的打鸣声；员工工作服上的标识和生态园内的展示牌上都有一只可爱的小公鸡。餐饮皆以"吉祥如意"为主题；小鸡炖蘑菇粉条，叫"凤还巢"；鸡蛋糕加上鸡的造型，取名叫"德高望重"；烤鸡翅摆上造型，取名叫"凤凰展翅"等等。这样，名峰山庄便从传统的小农家院走了出来，拥有了灵魂和主题，拥有了生机与活力。现在，名峰生态山庄游客不断，处处充满欢歌笑语。

从这个案例可以看出，只有充分发掘根文化元素，在保护原有根文化风味的基础上，有机融入现代文化的内容，结合人们喜闻乐见的艺术形式，才能使乡村旅游富有特色，富有生机，富有成果。

（二）根文化是乡村特色旅游发展的内在动力

根文化是一种优质资源，根文化和乡村旅游产业融合发展，既可以使乡村旅游富有特色，获得可持续发展，又能促进根文化得到传承弘扬。所以说，根文化是乡村特色旅游发展的根本动力，是乡村特色旅游发展的核心竞争力，更是可持续发展的源泉和驱动力。

我国是一个历史悠久的文明古国，拥有适合乡村旅游的丰富农业资源，在乡村旅游规划中，若能将根文化这一理念融入进去，乡村旅游也就"活"了起来，获得经济效益只是一方面，传承和光大根文化才是历史责任。

吉林市龙潭区江密峰镇安山村面积6.68平方公里，有130户510人。现有耕地130公顷，林地506公顷，传统种植业一直占主导地位，是一个远离城市喧嚣的原生态自然村。

近两年来，每到五月前后，这个原本寂寞的小山村就开始热闹起来。这个村从2017年开始，搞起了以贡梨文化为主题的乡村旅游活动。据吉林省档案馆馆藏光绪三十四年清代档案《吉林贡品》记载：在众多吉林贡品中，山里红、山梨两项属于岁进贡品，由吉林将军衙门管辖下的果子楼派差前往上江衙门口子、五家子等地，采摘山里红、山梨，雇用女工，按粒切去头尾，剥去外皮，去除内核，做成蜜饯。山里红和山梨贡品进京后交果房，为祭祀和清朝皇室所用。安山贡梨现占地300公顷，园内7000余株百年梨树老而不衰，生长健硕，枝若游龙，苍老劲拔，是吉林唯一一处年代久远、具有浓厚历史韵味的天然生态园林。园内有山里红树和山梨树，至今枝繁叶茂，每年阴历四月初开花，花期一周，梨花和山里红花竞相开放时，花朵洁白，比其他梨花要大许多，花瓣肥厚，春风吹过，就如香雪海一般。金秋十月，山梨、南果梨、香水梨、红梨（冻梨）等果香四溢，口感酸甜，实为梨中之上品。春赏梨花，秋采贡果。游百年梨园，寻古镇遗风。如今，每当梨花盛开时节，便有摄影爱好者前来拍摄、文学艺术家到此采风入画，一批批游客徜徉在花海间梨树下，留下美好瞬间。而每到秋季，这里果满枝头，芳香四溢，又引来了八方游客。安山村旅游因挖掘根文化，以文化作魂，充满了生机和活力。

（三）根文化是振兴乡村特色旅游的内在气质和独特魅力

乡村旅游开发要提高乡村旅游产品的品位和档次，避免乡村旅游产品结构雷同，提高产品竞争力，必须充分挖掘根文化表象下蕴含的深层内涵，提升乡村旅游地的传统人文气息，如反映人与自然依存和延续、形态独特的乡村建筑，或是有着浓厚传统文化底蕴的乡村节庆、农作方式、生活习惯、趣闻传说等，这些是振兴乡村特色旅游的内在气质和独特魅力所在。一个人去学另一个人的衣着打扮很容易，但要拥有另一个人的内在气质和独特魅力则很难做到。做人如此，做好乡村特色旅游亦如此。

金达莱民俗村坐落于延边州和龙市西城镇，距和龙市21公里，距延吉市53公里，距长白山景区150公里。该村有100多年的历史。村内现有511户人家1322人，其中96%以上都是朝鲜族人。之前，该村是靠种植水稻、玉米为生。近些年来该村发展旅游业，凸显民俗特色，实现了由受灾村（2010年7月28日遭遇一场百年洪灾）到新村的华丽转身。走入村内，有金达莱文化苑、风情园等民俗游览体验项目，还有各种景观及民俗服务。

金达莱民俗村是以金达莱花的名字命名的。金达莱花学名杜鹃花，是延边州的州花，也是迎春的第一枝花，它不畏严寒、土壤贫瘠，坚贞顽强、凌寒绽放。每年4月下旬是金达莱花盛开的季节。每到这个季节，村里都要举办长达7天的金达莱国际文化旅游节，每天都有民俗歌舞表演和各种民俗活动。在2018年举办的第10届金达莱国际文化旅游节中，共接待游客26万人次。短短几年时间该村接连获得了国家AAA级旅游风景区、吉林省AAAAA级乡村旅游运营单位、中国最有魅力乡村、延边州十佳魅力乡村等殊荣，成为名副其实的朝鲜族民俗特色第一村。和龙市以金达莱村为样板，大力发展乡村旅游项目，推动全域旅游产业发展日新月异。2017年，和龙市共接待游客110多万人次，实现旅游业综合收入5.72亿元。通过开发经营民俗体验、歌舞表演、农家民宿、特色餐饮等项目，解决村民就业，带动了村民致富，实现了社会增效和农民增收的"双赢"。

（四）根文化在振兴乡村的特色旅游中不可或缺

犹如自然界需要生态平衡一样，文化繁荣发展也需要生态平衡。强调文化生态平衡，就是要求我们在文化建设中正确处理主流文化、传统文化与现代文化、城市文化与乡村文化之间的关系，使其和谐共存、良性互动、优势互补、相得益彰，以文化生态平衡推动文化繁荣发展。

作为一个以农耕开国的民族，中国的乡村文化创造并保存了世界上最有价值的农耕技术、农业遗产，形成了一整套价值、情感、知识和趣味文化系统，除了领先世界的精细化、生态化的农耕方式，以及生产出高品质的食物外，还在从事农业生产的过程中，总结出一套"天人合一"的哲学思想，"道法自然"修身养性的生活方式，以及对生命本体的参悟智慧。

也正是由于这种追求和谐稳定、安详从容的农耕文明土壤，才孕育出"天人合一""民胞物与""海纳百川"等具有丰富内涵的中国文化。在与天、地、人的交流中，中国先民创造了敬天法祖、崇德尚善、仁义忠孝、节俭循环的生活智慧，形成了丰富多彩的生产生活方式，形成了乡村旅游的特色和亮点。这对世界文明进程做出了不可估量的贡献，也为我们民族文化自身留下了根脉。这些根文化资源，因自然地理条件、生产劳动方式、民族习俗文化、历史发展机缘等形成了两大特点，一是个性化，二是多样化。所以样态丰富的根文化使我们民族拥有了活力无限、源远流长的强大基因库。回顾近代历史，虽然中国屡遭强权侵略，但国家没有灭亡、民族没有灭亡。那是因为在根本上，强大的民族文化基因库在关键时刻发挥了作用，使中国在外来文化的刺激下，依然有先进分子以自身文化信念为支撑，在挫折和屈辱面前没有丧失自信，反而愈挫愈勇，奋发图强。我们学会用马克思主义普遍真理来解决问题，同时也在用自古以来形成的中华民族文化底气和元气，获得自强不息的精神源泉。进入 21 世纪后，中国已经全面融入世界生产体系，也在全球范围内的文明冲突中逐步走向世界中心舞台。对比世界上发达国家的现代化道路，无论哪一个发达国家都没有完全消灭传统文化、乡村文化。现代化不是为了消灭乡村，更不是与自然界对立对抗，而是促进城乡融为一体、人与自然多元共存、全社会共同享有发展成果。而这个思想资源，原本就存在于中国传统文化当中。因此，中国人没有理由不建立对中国特色社会主义理论的道路自信、制度自信、理论自信和文化自信。当我们对自己的现代化道路达到这个认识程度以后，文化主流话语就发生了重大转化，即从近现代以来要建立一个和西方一模一样的"现代化"，到如今建立对自身文化敬畏和尊重的"文化自信"，意味着中华民族的民族文化、传统文化价值尤其是乡村文化价值必然回归。而这种回归，也正是振兴乡村特色旅游不可或缺的文化生态平衡。

三　提升吉林省根文化、振兴乡村特色旅游影响力的建议

文化和旅游的并肩，被称作"诗与远方"的携手。那么，在中国旅游业向内涵深度发展的今天，吉林省乡村旅游应增加自身的特色。

（一）加强乡村文化建设，促进传统文化与现代文化融合发展

1. 促进传统文化与现代文化融合发展

乡村旅游的本位是乡村。打铁还须自身硬。农民是乡村文化的创造者，也是受益者。只有农民成为乡村文化的主体，乡村文化才能发挥更广泛的作用，进而通过乡村旅游等方式滋养全社会。这是乡村文化自信的根基，乡村文化为生活在乡村的人提供了精神滋养，树立了为乡村人所认同、所遵循的价值观，使进入乡村的任何人对乡村怀有敬畏和尊重之心，更加尊重乡村文化，守住乡村根基，塑造乡村文化的尊严。

2. 运用根文化元素，创新乡村治理模式

在乡村振兴战略中，对乡村治理的设计是"三治"的统一，即法治、德治和自治的统一。从乡村的实际出发，针对村民无法自己解决、只能依靠政府和村庄共同解决的问题根源，在价值观上进行切实的引导，提出具有可操作性的解决措施，捍卫和滋养乡村的文化根基。通过激活乡村自有的文化内涵来动员群众，形成文化的向心力、感召力和无形的约束力。我国古代经典《礼记·王制》中曾有这样的论述："修其教不易其俗，齐其

政不易其宜"，意思就是政府治理不要轻易改变本地的风俗和生产生活方式。因为乡村本身是一个传统的熟人社会，其在生存规则中，国家法律是基本底线，日常的行为规范又是以世代相传的不成文的"老规矩"或非正式的"村规民约"为基本制约的。乡村的稳定与和谐，要把以这些以非正式规则为基础的、普通村民都乐意共享的、与时代相适应的根文化资源发掘出来，形成德治、法治与基层民主自治体系相辅相成、融为一体的现代治理体系。

3. 保护根文化基因，传承民族文化

乡村由独特的自然环境、作物植被、生产方式、社会组织、风俗习惯、生活样相、村落格局、民居建筑、语言器具等构成了乡村的根文化资源。灿烂的农耕文明支撑了古代中国的繁盛，至今也是中国人引以为傲的文化资源。自 2014 年起，住建部、国家文物局、文化部和财政部先后公布了四批 4157 座传统村落保护名录。《吉林省委省政府关于实施乡村振兴战略的意见》（2018 年）中提出："促进传统文化、农耕文明与现代传播载体和特色产业有机结合，形成文化与产业共促共荣的良好局面。保护好文物古迹、传统村落、民族村寨、传统建筑、农业遗迹、灌溉工程遗产，到 2020 年扶持 50 个少数民族特色村寨项目建设。"由此可见，保护乡村传统文化，是中国屹立于世界民族之林之所需，而传承传统文化则是振兴农村特色旅游之所需。我国大量的物质文化遗产和非物质文化遗产都散落在乡村。这是中国传统文化的物质载体，也是传承民族传统文化振兴乡村旅游的重要抓手。

（二）培育乡土文化人才，挖掘整合根文化资源

乡村是根文化资源的宝库，需要深入挖掘、整合、继承和提升。

1. 留住具有农耕特质、民族特色、地域特点的乡村物质文化遗产和非物质文化遗产

一是加大对古镇、古村落、古建筑、民族村寨、家族宗祠、文物古迹、革命遗址、农业遗址、灌溉工程遗产等保护力度。二是要让活态的乡村文化传下去，深入挖掘民间艺术、戏曲艺术、手工技艺、民族服饰、民俗活动等非物质文化遗产，并把有效的保护传承与适当开发利用有机结合

起来。这些具有地域特色差异化的文化遗产、乡土风情，提升乡村的文化品位、发展格调、知名度、美誉度，更是乡村特色旅游的重要资源、农民增收的重要渠道。只要把这些丰富多彩的根文化资源管理好，并进一步盘活，就可以使之成为有品质的与现代生活、现代审美相契合的乡村旅游产业。

2. 挖掘整合根文化需要文化人才

为解决乡村文化建设人才短缺的问题，需要大力培育挖掘乡村文化建设的主体。一是由大学生"村官""第一书记"等驻村干部主抓文化建设。二是有计划地培养当地"草根文化队伍"，发挥乡村民间组织及社团作用，为乡村群众文化产业发展注入新鲜血液。三是借助社会力量既送文化，还要"种文化"。用政策引导以企业参与、对口帮扶、社会合作等形式，让企业家、文化工作者、科普工作者、退休人员、文化志愿者等投身乡村文化建设，形成可持续的乡村文化建设力量。

（三）培育乡贤文化，推动乡贤参与文化建设

所谓乡贤，主要指乡村中德行高尚，在当地具有崇高威望的贤达人士。中国从宋代开始，就采取以乡贤为主导治理乡村。在传统社会中，乡贤文化集中体现了乡村的人文精神、道德风范，在宗族自治、民风淳化、伦理维系及激发乡土情感、维系集体认同感等方面起着不可替代的作用，乡贤文化所蕴含的文化道德力量对推动乡村文明发展具有重要作用。因此，从政府到社会应大力倡导培育乡贤文化。一是重视历史上的先贤，把先贤故居、遗址等纳入乡村文化保护范畴，挖掘当地乡贤故事，增强当地人民群众的文化自豪感，继承先贤精神，传承好家风、乡风。二是积极培育和争当新乡贤，培育新乡贤文化，引导乡村社会见贤思齐、见德思义，促进新乡贤成为乡村振兴中的正能量。随着城乡统筹发展政策落实，基础设施建设推进，乡村人居环境根本改善，会留住本地的人才，并推动离开乡土的高素质人才退休后返乡，为催生新型乡贤文化提供可能，来共同建设民淳俗厚、诗书传家、厚德重义、富足美满的新农村，重构新时代的乡村文化生态，使乡村文化成为整个中国特色社会主义文化的富有生机和活力的重要组成部分，使乡村世界重新成为诗意栖居的美丽家园。

（四）从"软件"建设入手，拉动乌拉街乡村旅游

乌拉街满族镇是吉林省十强镇，全国重点镇，2008 年被评为中国历史文化名镇。在已经公布的六批 252 座历史文化名镇中，吉林省仅有四平市铁东区叶赫满族镇和吉林市龙潭区乌拉街满族镇入选，乌拉街在吉林省历史文化中的地位之高可见一斑。

乌拉街古镇是明代扈伦四部之一的乌拉部都城，1961 年被列为吉林省重点文物保护单位。乌拉街的近现代建筑有"八庙""四祠""三府""一街""八大胡同"之说，保存至今的满族历史建筑基本建于清末及民国时期。

建筑是历史凝固的记录。乌拉街满族镇的建筑集中体现了清代满族民居的特色。然而随着岁月的流逝，这些历史建筑逐渐失去了原有的使用功能，修缮和维护则需要大量的资金和技术支持。本课题组去乌拉街镇进行考察调研时发现，这里的建筑遗存岌岌可危、破败不堪。虽说有人保护，也无济于事。这里的乡村旅游大多是冬季到雾凇岛看雾凇的，而在其他季节古镇上看不见多少游客的踪影。问其原因，古镇的修缮和开发缺少资金。对于古镇来讲，大规模的基础设施建设需要大量资金，着实难以解决。目前，可以投入少量资金从基础设施软件入手，以虚拟现实技术为手段，拉动乌拉街的乡村旅游。

虚拟现实技术（Virtual Reality，简称 VR）是一项综合集成众多学科的高新技术。利用 VR 技术可使消失的古建筑遗址复原，开展古建筑遗址保护策略研究已经成为当今遗址保护领域发展的新趋势，得到了国内外业界的普遍认同，并取得了相当数量的实践成果。2017 年 2 月，国家文物局在印发《国家文物事业发展"十三五"规划》中明确指出，要"多措并举让文物活起来"，并推广实施"互联网＋中华文明"三年行动，鼓励通过观念创新、技术创新和模式创新，推动文物信息资源开放共享，推进文物信息资源、内容、产品、渠道、消费全链条设计，完善业态发展支撑体系。本课题组认为：基于 VR 技术的数字旅游与智慧旅游已经逐渐成为旅游产业发展的新模式和新业态，乌拉街镇可以以此为突破口，把乡村旅游业迅速拉动起来。通过网上宣传，线上线下互动，推动当地乡村旅游业的发展和对古遗址的复原。

（五）再现满族文化景观，开展舒兰西部乡村游

舒兰市西部的溪河、白旗、法特三个镇与拥有"萨满文化之乡"之称的长春市九台区仅有一江（松花江）之隔，其柳条边墙、大御路、驿站等满族文化旅游资源独特而又丰富，在乡村旅游日益走向内涵式发展的今天，这些镇完全可以借此契机，再现昔日满族文化景观，开展满族风情乡村游。柳条边墙是清代顺治、康熙年间在东北辽河流域和吉林第二松花江流域修筑的以"禁封"为主要目的的防护设施。柳条边分为老边和新边。所谓老边是清顺治年间所修的东西两段边墙，又称盛京边墙，全长950公里；所谓新边是指康熙九年至二十年修建的自今开原威远堡镇至吉林省舒兰市莲花乡马鞍山的边墙，全长近350公里，由于这条边墙修筑时间较晚，所以俗称新边，新老边墙呈人字形。舒兰市法特镇和莲花乡至今还留有边墙和边壕的残迹，个别地段相当清晰。尤其是舒兰市法特镇榆底村小南屯保留的一段基本可见原貌的边墙和边壕遗迹特别珍贵。清政府为了控制东北的交通要道，把广大东北地区同京师连接起来，在沿柳条边的主要交通要道上设置20个边门（初设21个，康熙东巡后减为20个）。威远堡边门地处"黑龙江、吉林咽喉之地"；法特哈边门是"伯都纳（今扶余）、黑龙江往来孔道"；法库边门不仅是"商贩往来必由之路"，而且是"由蒙古境入法库门至盛京"的重要通道。总之，边门向东可通吉林各地，向西可通蒙古各地，向南可通盛京和京师，向北可通黑龙江广大地区。沿柳条边墙除设有边门外，还设有许多边台。在舒兰市法特镇东12里有头台村，该村就是沿柳条边设的从东数第一个边台而得名。由此往西，共有10个边台，法特哈是二台，经边头过松花江到长春市九台区（原九台县）还有八个台，今长春市九台区就是因台而得名。这些历史文化都是拉动舒兰市乃至吉林省满族风情乡村游得天独厚的旅游资源。

在舒兰市境内还有两个驿站也闻名遐迩。驿站是中国古代供传递官府文书、军事情报的人或往来官员途中食宿、换马的场所。在辽金时代由吉林乌拉（今吉林市）北去伯都纳（今扶余）就有一条大路，此路绕嘎呀河故城西（今白旗镇），历经元、明不曾废置。至康熙十五年，将宁古塔（今黑龙江宁安市）将军衙门移驻吉林乌拉，吉林乌拉就成为东北的政治、军事重地。康熙二十二年，在雅克萨之战前夕，康熙命人着手设置从吉林

乌拉向西北往伯都纳到黑龙江卜奎（今齐齐哈尔）的驿站。从此，吉林乌拉北去伯都纳这条辽金时代的大路（今天202国道的其中一段路）就成为驿路。这条驿路在舒兰境内全长38.8公里，南起艾屯北至荒山嘴，贯穿现在的溪河、白旗、法特3个镇。从吉林乌拉驿站出发往金珠鄂佛罗驿站（今金珠镇），第三站就是法特哈驿站，后称法特哈站（今法特镇）。雍正五年因金珠鄂佛罗驿站与法特哈驿站间距较远，所以在位于松花江支流舒兰河的东岸又增设了舒兰河驿站，后称舒兰站（今溪河镇舒兰站村）。这样在舒兰境内就有两个驿站。康熙九年至二十年修筑了自开原威远堡至舒兰境内亮甲山北的柳条新边后，法特哈驿站还有收缴舒兰域内的鲟鱼、东珠、松子、蜂蜜、人参等贡品任务，然后通过驿站一站一站地送到京城。据《舒兰县志》记载：1909年舒兰境内的两个驿站改文报局，驿站完成了它的历史使命，但驿站的历史文化一旦同满族风情乡村游衔接起来，还会散发出夺人的光彩。吉林市乌拉街镇是吉林市重点打造的满族民族风情镇，又是清代吉林通往北京的第一驿站，而第二、三驿站均在舒兰西部乡镇。所以舒兰市西部乡村若能和乌拉街和长春九台区联手，必然会拥有一番新天地。

（六）讲好小城故事，做好乡村旅游大文章

小城镇是舒兰市东部山区的一个小镇。目前这里正在兴建完颜希尹家族墓地遗址公园，为小城镇发展特色乡村旅游提供了契机。

完颜希尹是中国历史上金代著名的政治家、军事家和女真文字的创造者，官至尚书左丞相兼侍中。由于金兀术串通皇后裴满氏进谗言，完颜希尹于金天眷三年被金熙宗所杀，之后被平反昭雪。完颜希尹家族墓地不但埋葬了完颜希尹的一家，而且还埋葬着其父亲完颜欢都，其弟完颜谋演，其孙完颜守道等一大批金代叱咤风云的历史人物。完颜希尹家族几代人为大金国的建立和发展立下了汗马功劳，也为后人留下了许许多多物质文化遗产和非物质文化遗产。其完整的家族墓地，丰富的随葬文物，扑朔迷离的历史故事，蕴藏了丰富的女真文化。

墓地是历史文明的最好载体之一，华夏五千年文明有些是靠陵墓展示给世界的。舒兰市的完颜希尹家族墓地不仅在吉林市乃至吉林省的历史中占有重要地位，就是在中华民族的早期历史文化中也占有重要地位，而且

墓地中的众多人物有据可查，极具故事性。这些人物在金代叱咤风云，每个人身上都有着感人至深、荡人心魄的故事，其中完颜希尹更是在中国历史上占有重要的地位。讲好完颜希尹家族墓地故事，必将吸引更多游客，使舒兰市乡村旅游文化声名远扬。

参考文献

邵汉明主编《新优势　新举措　新发展》，社会科学文献出版社，2018。

任凤霞主编《长白山文化概述》，吉林出版集团，2013。

苏涛：《以文化"生态平衡"推动文化繁荣发展》，《人民日报》2012 年 6 月 19 日。

欧阳雪梅：《振兴乡村文化面临的挑战及实践路径》，《毛泽东邓小平理论研究》2018
　　年第 5 期。

于德偶主编《社会科学讲坛集萃》，吉林人民出版社，2018。

《话说舒兰》（内部出版），2014。

延边州乡村振兴战略视角下的
农旅融合发展模式研究

延边大学课题组*

摘　要　延边州作为典型的"老少边穷"地区,在乡村振兴战略实施过程中受到自然条件、人口流失、国家林业改革以及东北虎豹国家公园建设等诸多内外部因素的限制,在产业选择、乡村文化振兴及环境保护等方面面临诸多复杂的困境。基于此,本研究从理论及宏观政策层面分析了"农旅融合"发展模式的适用性,并以延边州的旅游产业发展现状及乡村地区特征为基础,总结了延边州在乡村振兴过程中面临的困境,从"农旅融合"发展的角度提出了"农旅教融合的基地建设模式""特色小镇引领模式""田园综合体模式"三大"农旅融合"发展模式。

其中"农旅教融合的基地建设模式"是以延边州东部地区珲春市及汪清县为核心,以当地的红色旅游资源及东北虎豹国家公园建设为依托,以教育旅游为主要目标市场,旨在通过配合教育部提倡的中小学研学实践教育、大学生思想政治教育以及国家层面倡导的党政机关红色文化教育,以乡村为依托形成"乡村＋旅游＋教育"的发展模式,并通过开展基地建设完善乡村产业结构,形成以教育旅游为核心带动第一、第二、第三产业融合发展的乡村振兴模式。

"特色小镇引领模式"是以延边州龙井市的东盛涌镇、安图县的二道白河镇为主体构建特色小镇引领带动周边乡村的共同发展。通过"特色小镇引领模式"的应用,能够充分发挥国家政策与地区资源优势相结合而形

---

*　课题负责人:金洪培;课题组成员:刘焕庆、李梅花、彭怀彬、高斌。

成的综合带动作用，促进乡村振兴战略的实施。

"田园综合体模式"是结合延吉市周边乡村的资源及区位特征，同时考虑"延龙图文化旅游区"建设以及城镇化发展的需要，从城乡一体化及文创基地建设角度提出的综合性农旅融合的乡村振兴模式。

关键词 延边州 延吉乡村振兴 农旅融合

乡村振兴战略实施不仅是解决新时代"三农"问题总纲领，更是决胜全面建成小康社会、全面建设社会主义现代化国家的重大历史任务。在乡村振兴战略具体实施过程中，由于"老少边穷"地区自身资源、文化、环境均存在一定的特殊性，导致此类地区乡村振兴战略在实施过程中需要面对更为复杂的环境。同时，由于受自身条件、国家及地方政策的限制，目前较为成功的诸如农村电商、规模化农业等乡村振兴模式在"老少边穷"地区复制过程中也出现了不同程度的问题。因此，本研究针对较为典型的"老少边穷"地区——延边朝鲜族自治州，从思考旅游产业特征、全域旅游发展政策能否适用于乡村振兴战略实施入手，通过分析延边州旅游产业发展现状以及延边州乡村地区的特征、乡村振兴战略实施过程中面临的诸多困境，探讨不同类型的以"农旅融合"为基础的乡村振兴模式。这种有针对性的"农旅融合"乡村振兴模式分析，能够为促进延边地区的乡村振兴提供参考，同时也能够为吉林省乃至全国的类似地区推进乡村振兴战略提供借鉴。

一 乡村振兴战略视角下的"农旅融合"发展模式适用性分析

旅游产业特征能够满足乡村振兴战略的需要，能够与乡村振兴、旅游发展密切相关的宏观政策具有契合性等宏观性问题是决定"农旅融合"的乡村振兴模式具有可行性及可持续性的基础。因此，从宏观政策及理论层面分析乡村振兴战略、旅游产业特征和以旅游发展为代表的旅游宏观发展战略不仅能够找到理论间的共性，更为重要的是能够为"农旅融合"发展模式提供理论基础，并阐明"农旅融合"发展模式的未来方向。

（一）乡村振兴战略

乡村振兴战略是十九大针对新时代"三农"问题提出的纲领性战略。在 2018 年 1 月 2 日国务院颁布的《中共中央国务院关于实施乡村振兴战略的意见》（以下简称《意见》）中，对乡村振兴的总体要求等内容进行了详细的论述。

通过对《意见》涉及内容的分析可以看出，乡村振兴战略是一种乡村全面振兴的战略体系，包含了经济、文化、社会、生态等具体内容。而在诸多内容中，重点是乡村产业振兴，即通过农业的供给侧结构性改革，重新构建符合地区乡村特征及未来发展需要的产业来提升农村地区的竞争力及全要素生产率。此外，《意见》还指出了在乡村产业振兴的同时需要构建乡村地区第一、第二、第三产业融合发展体系，并通过延长产业链及提升农业产品附加值的方式让农民合理分享产业链构建所带来的增值收益。《意见》在产业融合发展思路中明确提出了将休闲农业和乡村旅游作为构建三大产业融合发展的重要工程。

除产业振兴以外，乡村振兴战略也对乡村地区的文化建设及生态建设提出了相应要求。《意见》中指出，建设农村地区宜居的生态环境是乡村振兴的关键，而包含乡村传统文化传承及发展在内的乡风文明建设是乡村振兴的保障。

（二）旅游产业特征

旅游产业具有不同于其他产业的明显特征。从地区经济发展过程中产业选择的角度来审视旅游产业时，旅游产业的特征在一定程度上决定了其在地区经济发展过程中的作用及其未来的发展方向。旅游产业的特征主要体现在如下几个方面。

1. 在产业发展所需的资源方面

旅游产业发展过程中所依托的核心资源（除劳动力资源以外）多为自然景观、历史文化、民俗文化等能够诱发人们旅游动机的资源。因此，其他产业在发展过程中往往不会在资源使用方面与旅游产业形成直接竞争。旅游产业的这一特征使旅游产业成为能够与其他产业共存融合。即在地区经济过程中进行产业选择时，旅游产业的机会成本相对较低，且不会影响到其他产业的发展。

2. 在产业构成方面

传统的旅游产业是由"吃、住、行、游、购、娱"六大核心要素及其所涉及的行业所构成的复合型产业。近年来，随着旅游者需求的不断变化以及旅游产业自身的不断发展壮大，教育、休闲等要素也开始融入旅游产业之中，旅游产业的内涵及直接或间接受其影响的产业也在不断地增加，旅游产业的复合型产业特征以及可融合性特征日趋明显。这一特征使旅游产业能够较好地与其他产业形成融合发展态势，在实现自身发展的同时促进其他产业的发展。

3. 对产业及地区经济的综合带动作用

由于旅游产业具有复合性特征，其不仅能够带动第三产业的整体发展，而且通过与第一、第二产业形成诸如工业旅游、农业旅游、林业旅游等融合发展的新业态，对第一、第二产业产品附加值的提升、产品销售和产品及地区品牌形象的树立均起到良好的带动作用。更为重要的是，旅游产业对三产业具有明显的带动作用，旅游产业的发展在完善地区产业结构、促进居民消费等方面均能够起到积极作用。这种综合带动作用在乡村地区表现得尤为明显。

4. 在地区综合发展方面

旅游产业的发展能够在环境保护、文化弘扬、完善地区基础设施建设、促进区域形象的传播、提升区域竞争力、实现绿色发展以及提升地区居民生活品质等发挥作用，从而整体促进地区的综合发展。特别是随着全域旅游发展战略的深入推进，以目的地为基本单位的旅游发展态势已经形成。随着旅游基础设施、公共服务设施的投资力度加大，以县市为基本单元，构成了旅游业深度融合地方综合发展的平台。

（三）全域旅游发展

自2016年以来，全域旅游发展战略的深入实施已经开始影响到各地旅游产业的发展方向，并使旅游业发展发生了诸多的实际变化，这些变化主要体现在如下几个方面。

1. 促进旅游新业态的形成

随着以"旅游+"为核心的旅游业与其他产业融合发展理念的深入推进,全国各地从旅游业供给侧入手,通过新业态的形成丰富了目的地的旅游内容,并扩大了诸如乡村旅游、教育旅游、林业旅游等旅游新业态在市场上的影响。这一变化不仅顺应了国内旅游需求侧呈现的细分化趋势,更为重要的是这种变化打破了传统旅游市场上依靠知名度较高的旅游吸引物招揽旅游者的状况,为众多旅游目的地尤其是县域旅游目的地提供了发展的可能。同时,这一变化也为以农业为代表的第一产业提升自身产品附加值,促进第一、第二、第三产业融合提供了更为广阔的市场空间。

2. 扩大旅游业对地区经济的综合贡献

随着旅游新业态的形成及发展,旅游业与其他产业的深度融合成为趋势。旅游产业对其他产业的带动作用以及对第一、第二产业产品附加值的增加作用得到了进一步提升。在这一过程中旅游产业不仅实现了融入地方社会的整体发展,更为重要的是扩大了旅游业对地区经济的综合带动作用,并间接地促进了地区经济的发展。

3. 完善旅游基础设施及公共服务

随着旅游市场的进一步细分,近年来自驾游、自助游等旅游需求呈现快速增加的趋势。从适应旅游需求侧变化角度出发,旅游基础设施及公共服务一直是近年来旅游发展的重点建设领域。在相关政策引导及资金投入的共同作用下,近年来各旅游试点地区的旅游基础设施及信息服务得到了极大的提升。这种变化不仅从供给侧层面完善旅游基础设施及公共服务,缓解了制约居民出游的障碍,更为旅游者在全域范围移动提供了保障。

4. 促进旅游者及地区居民的全域范围内移动

在全域旅游发展理念的推动下,目的地的公共旅游设施、旅游交通以及旅游信息服务得到了极大的改善,能够满足新兴旅游细分市场的相关需要。这种变化直接的影响就是使旅游者在目的地全域范围内移动成为可能,同时也满足了目的地居民日益增长的休闲娱乐需求。这种变化不仅对以乡村为代表的旅游吸引物的开发具有了可行性,同时也起到促进乡村地区综合发展的作用。

5. 提升目的地整体环境质量

随着全域旅游发展理念融入目的地社会发展的各个方面，以提升目的地整体环境质量及居民生活品质为目的的旅游公共设施建设、乡村环境改善工程得以实施，目的地城市及乡村的环境得以改善。这种变化间接为游客提供了良好的旅游环境，并促进旅游者在目的地全域范围内的移动。

（四）"农旅融合"发展模式适用性分析

通过对乡村振兴战略、旅游产业特征、全域旅游发展等宏观政策及理论分析可以看出，三者间存在较大的共性因素（见图1），呈现出融合发展、共同提升地区社会生活品质及幸福水平等整体宏观目标的一致性。旅游产业发展所需资源的特征、旅游产业的融合性特征和对地区经济及社会发展的综合带动性特征，使旅游产业发展能够与乡村振兴战略的实施形成相互促进的融合发展模式。而全域旅游发展战略所带来的变化，不仅从供给侧角度提升了乡村地区的旅游吸引力及旅游接待设施环境，更顺应了旅游需求细分化的趋势。同时，细分旅游需求的持续增加为众多的乡村地区的"农旅融合"发展提供了良好的市场环境。

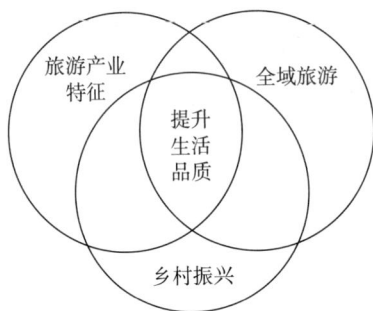

图1 乡村振兴战略、旅游产业特征和全域旅游三者的共性特征

从乡村振兴过程中强调产业振兴、产业融合发展、延长产业链以及提升农产品附加值的角度思考"农旅融合"发展模式的适用性，旅游产业的介入能够在提升乡村经济整体发展方面起到良性的促进作用。在乡村文化振兴及生态保护等方面，由于全域旅游战略下的旅游业发展需要以乡村文化资源和自然生态资源为依托，因此乡村地区实际上为旅游业在全域范围内进一步发展提供载体和空间；旅游产业介入后的"农旅融合"发展模式也能够从弘扬地方优秀文化、保护地方自然生态环境角度对乡村地区的全面振兴起到促进作用。

综合上述分析可以认为,"农旅融合"的乡村振兴模式既符合乡村振兴战略中强调的产业振兴、文化振兴和环境保护的相关要求,同时也能够满足国内未来旅游产业发展的客观需要。更为重要的是,随着旅游需求的日趋细分,在"农旅融合"发展的大框架下,不同类型的乡村可以针对不同的旅游细分市场,形成差别化发展,共同促进地区乡村的整体振兴。

二 延边州旅游业发展现状及乡村地区特征

"农旅融合"发展模式能否与延边州乡村振兴战略实施实现融合发展,在一定程度上会受到延边州旅游产业和乡村地区特征的影响。从市场发展角度来看,延边州旅游产业整体是否具有稳定的内外部客源市场将会影响到"农旅融合"的乡村振兴模式的可持续性。

(一) 延边州旅游业发展现状

就延边州旅游业发展的整体情况来看,旅游产业已经成为延边州区域发展的重点培育产业。"十二五"期间,延边州游客接待量、旅游总收入分别实现了年均17.1%和25.9%的增长率。延边州接待旅游者的人数从2010年的724.1万人次,增长到了2017年的2143.86万人次,保持了年均17%以上的增长率;旅游收入从2010年的84.4亿元,增长到了2017年的404.99亿元(见表1),年均旅游收入增长率超过20%;旅游业增加值占延边州GDP的比重也从2010年的6.56%上升到了2017年的17.33%,旅游产业已经发展成为延边州经济发展的核心支柱型产业。

表1 延边州旅游业总体发展数据

年度	接待人次(万)	增长率(%)	旅游收入(亿元)	增长率(%)	旅游业增加值占 GDP 比重(%)
2010	724.10	19.20	84.80	27.30	6.56
2011	858.10	18.50	109.10	28.60	7.02
2012	1015.40	18.30	138.20	26.70	7.69

续表

年度	接待人次（万）	增长率（%）	旅游收入（亿元）	增长率（%）	旅游业增加值占 GDP 比重（%）
2013	1167.70	15.00	172.80	25.00	8.67
2014	1361.22	16.60	216.21	25.10	10.22
2015	1595.70	17.20	268.40	24.90	12.10
2016	1860.54	16.60	334.95	24.78	14.86
2017	2143.86	15.23	404.99	20.91	17.33

资料来源：2016 年和 2017 年《延边州旅游业"十三五"发展规划》《延边州旅游产业发展报告》。

　　从游客的地区结构来看，入境旅游者数量及入境旅游收入在"十二五"期间均保持着年均 20% 的增长率。国内游游客的地区分布也呈现出多样化的趋势。2015 年，到延边州的游客主要由州内及省内州外两大部分构成，约占整体游客数量的 41%，省外客以长三角（约占 12%）和京津冀（约占 12%）为主，其他地区的游客所占比重均未超过 10%。2017 年，延边州旅游客源市场构成的分析结果显示，夏季避暑的游客来自州内及省内州外的分别占到了 11% 和 19%，其他 79% 的游客来自省外。

　　从景区建设情况来看，和龙市金达莱村、光东村，图们市水南村，龙井市东盛涌镇，安图县红旗村，延吉市春兴村等有代表性的民俗文化类景区均以朝鲜族传统村落为依托。市场认知度较高的敦化市雁鸣湖度假区、老白山原始生态景区、寒葱岭景区，和龙市先锋岭景区，珲春市防川景区等均坐落于乡（镇）地区。2016 年延边州旅游景区统计显示，在延边州10 个 AAAA 级景区中，有 8 个位于乡（镇）一级行政单位；在 19 个 AAA 级景区中，有 17 个位于乡（镇）一级行政单位；新近规划建设的重点旅游项目也多位于各县（市）周边的乡（镇）地区。

　　综合上述的分析可以看出，延边州旅游产业快速发展趋势明显，并且已经开始由地区级的旅游目的地逐步向全国级的旅游目的地转变，游客结构更加趋于合理。这一趋势为延边州的旅游发展提供了广阔的客源。旅游景区建设也在发展过程中呈现出以乡（镇）为依托的特征。同时，延边州旅游产业发展已经形成了东部以珲春市为核心、中部以延吉市为核心、西部以敦化市及安图县为核心的旅游产业分布，核心城市的旅游产业带动作用持续提升。此外，随着全域旅游发展在延边州的深入推进、"旅游兴州"

战略的实施、安图县及龙井市特色小镇建设的加快，在宏观上为延边州旅游产业发展提供了良好的外部条件，旅游产业全面融入并带动地方经济发展的政策格局初步形成。

（二）延边州乡村地区的特征

与国内其他地区的乡村相比，由于延边地区在地理位置、自然条件及民族构成等方面具有特殊性，属于典型的"老少边穷"地区，因此延边州乡村地区在其发展过程中也形成了自身特点，主要体现在以下几个方面。

1. 人口流失，尤其是朝鲜族青壮年人口流失严重

青壮年人口流失一直是困扰国内乡村振兴的核心问题，但由于受朝鲜族传统社会流动性及中韩交流日趋扩大的影响，大量边境地区乡村的朝鲜族青壮年赴韩国、美国及日本务工，同时部分朝鲜族人口开始向国内东南沿海地区转移。延边地区有 2/3 以上的朝鲜族人口加入了长期或短期流动中。[①] 从统计数据来看，延边地区的人口总量呈现逐年下降的趋势，人口总数由 2012 年的 218.2 万人减少到 2016 年的 212.0 万人，其中 2016 年的迁出人口为 32991 人，迁入人口为 17197 人，迁出人口是迁入人口的 1.92 倍。[②] 在这一过程中，尤其是乡村地区的朝鲜族青壮年人口呈现出加速迁出的趋势。

延边州乡村地区朝鲜族青壮年人口的大量流失使延边州边境地区的朝鲜族乡村呈现出严重的人口老龄化、空心化特征。更为重要的是，由于青壮年人口的大量流失导致的以朝鲜族传统文化为代表的乡村文化传承及教育问题、留守儿童教育问题、留守老人生活问题等诸多问题成为制约延边州乡村地区发展的核心问题。

2. 受自然条件限制，可用土地面积较少

就自然条件而言，延边州呈现出"八山一水半草半分田"的特征。乡村地区，尤其是边境乡村地区林地所占比重较高，导致在农业规模化生产

---

① 李梅花：《"一带一路"与跨界民族社会文化结构的改造与创新》，《贵州民族研究》2016年第 1 期。

② 延边州统计局：2013 ~ 2017 年《延边统计年鉴》。

方面受到一定的限制。并且延边州内各县市自然条件相似，这也导致延边州各县（市）乡村地区的主要农作物、经济作物以及林产品具有高度的相似性。这一特征不仅影响到了农产品销售，而且也为制定差别化乡村振兴战略方面带来了一定的挑战。

3. 延边州乡村地区的政策环境呈现复杂性特征

目前延边州乡村地区的发展除了受精准扶贫、乡村振兴两大政策的扶植以外，以林业改革、东北虎豹国家公园建设为核心的国家政策在很大程度上影响到延边州乡村振兴的宏观发展思路。目前，延边州汪清县、珲春市的众多乡（镇）已经被列入东北虎豹国家公园的规划范畴，这些乡（镇）及其下辖村落的产业发展受到极大的影响。同时，位于安图县及敦化市范围内的部分乡村，由于环保政策及林业改革政策的影响，传统的林下经济（林下种植业及养殖业）发展模式受到限制。

从行政角度来看，自林区开展全面禁采禁伐后，延边州的林业面临全面转型的问题，由于延边州乡村林地占比较高，因此在乡村振兴过程中不可避免地要协调林业转型、环境保护与乡村振兴三者之间的关系，确保实现乡村绿色发展。因此，就政策环境而言，延边州乡村振兴的政策环境相对复杂。

4. 延边州乡村的空间分布呈现分散化特征

延边地区的乡村尤其是朝鲜族传统村落多分布于中朝边境沿线，除此以外的其他乡村则多分布于林区。这种空间上呈现的分散化分布趋势在一定程度上制约了乡村振兴战略的实施。同时，由于延边州整体经济发展相对滞后，缺乏以第二产业为主的核心产业，城市经济对乡村经济整体发展的带动作用受到一定的限制。但在资源分布方面，边境沿线的朝鲜族传统村落较为完好地保留了朝鲜族传统的民俗资源、红色历史文化资源，而分布于林区的村落则具有优良的自然生态资源。这些资源由于受乡村空间分布特征的影响没有得到很好的利用，乡村发展受到了一定的制约。

综合上述对延边州旅游产业发展现状及延边州乡村地区呈现的特征分析内容可以看出，随着近年来延边州旅游产业的持续发展，旅游产业已经成为引领延边州经济发展的核心产业。在这一过程中，已经初步形成了以城市为核心，以乡（镇）为资源依托的旅游产业发展格局，全域旅游战略也得到了进一步推进，城市旅游经济带动乡村地区发展的趋势日趋明显。结合延边州乡村地区的特征来看，旅游产业的发展能够与延边州乡村地区的发展相契合。

三 延边州乡村振兴面临困境

通过对延边州乡村地区特征的分析可以看出，延边州乡村地区在人口、自然条件、政策环境及乡村的空间分布方面均呈现出一定的特殊性，"老少边穷"地区乡村的特征较为明显，因此在乡村振兴战略实施过程中延边州面临如下困境。

（一）产业振兴困境

产业振兴是乡村振兴的核心，但通过上文对延边州乡村地区呈现的特征可以看出，由于受自然条件、空间分布、人口流失（影响农村土地流转）等因素的限制，延边州乡村可用土地面积较小，导致延边州农业规模化发展受到限制。同时，由于延边州各乡村的自然条件相似，经济作物种植和养殖业发展同样受到规模化和差别化的制约。受其影响，在第一、第二产业融合发展以及延长农产品产业链方面也呈现出小规模、同质化发展的态势。而这些小规模的企业无论是在企业经营方面还是在综合带动方面均存在一定的局限性。

此外，其他地区的乡村在其产业振兴过程中采用的以农村电商为代表的发展模式在延边地区也受到了少数民族语言因素、青壮年人口流失、乡村空间分布、地区人口数量和经济发展水平等诸多因素的限制，农村电商模式对延边州农产品销售、产业链延伸等方面的带动作用也受到一定的限制。

（二）文化振兴困境

文化振兴作为乡村振兴的保障，不仅起到了地区优秀文化传承与弘扬的作用更是提升乡村地区凝聚力的核心。这种保障作用对边境地区少数民族传统乡村和大量红色文化资源村落的保存更显得尤为重要。就延边州乡村整体特征来看，长期以来，朝鲜族的传统文化受我国儒家文化的影响，形成了重视农业且以农耕文化为主的特征。这种特征体现在朝鲜族传统节庆文化、歌舞文化、饮食文化等各个方面。进入 21 世纪后，随着大量的朝鲜族青壮年劳动力赴韩国及国内的其他地区务工，导致农村地区劳动力严重不足。同时受地区农业政策、农业科技、土地流转政策的影响，从事传统水稻种植的朝鲜族居民日益减少。受其影响，延边州传统朝鲜族村落以水稻种植为核心的农业文化呈现出衰退的趋势。

不仅如此，随着延边地区对韩交流领域的日益扩大，延边朝鲜族文化受外部文化的冲击及影响已经呈现出加速的趋势。这种影响已经体现在朝鲜族文化的方方面面。同时，值得注意的是，由发生在延边大地上的革命历史事件构成的红色文化一直是延边朝鲜族文化的核心组成部分，延边地区也因此被包含进我国革命老区的范畴。但延边州的红色文化遗迹、英雄事迹等大多数均以乡村为主要依托，而乡村地区又缺乏相应的专业性人才，导致对延边朝鲜族红色历史资料的整理、发掘及宣传都停留在一个较低的水平。

上述问题所形成的叠加效应直接导致延边州乡村区的文化振兴面临着农耕文化解体、朝鲜族传统文化传承缺失、红色文化缺乏整理和系统开发、外来文化冲击等问题，而这些问题又在一定程度上影响了乡村振兴战略的实施。

（三）环境保护与经济发展间的选择困境

从宏观政策角度来看，林业改革、东北虎豹国家公园建设两大政策对延边州乡村的环境保护提出了严格的要求。同时，延边州的森林覆盖率较高，大部分乡村均受到了林业改革政策的影响。乡村地区的具体管理也经常会涉及村级政府机构及林业部门的双重管理。在这种情况下，如何在平衡环境保护与乡村经济发展之间的关系，并选择合适的产业来促进乡村地区的产业振兴，就成为延边州乡村振兴过程中需要面临的困境。因此，对延边州的乡村振兴战略而言，选择既能够满足环境保护和林业改革需要又能够带动乡村地区整体经济发展的产业，就成为地方政府需要思考的问题。而这种前置条件在一定程度上限制了产业选择的范围。

四　延边州乡村振兴战略视角下的农旅融合发展模式

延边州作为较为典型的"老少边穷"地区，由于受地理位置、资源条件、国家宏观政策以及地区产业基础等因素的综合影响，在乡村振兴过程中需要面对产业选择、文化振兴以及环境保护等诸多困境。考虑到旅游业特征、全域旅游发展与乡村振兴战略的契合性、延边州乡村地区的特征以及旅游业对环境保护、文化振兴的积极作用，延边州提出了旅游兴州的战略等地方政策。"农旅融合"的乡村振兴模式能够较好地契合延边州乡村振兴的实际需要。基于旅游市场未来的宏观变化趋势以及延边州不同县（市）乡村资源的特征，可考虑采用如下几种不同的"农旅融合"模式，实现乡村振兴。

（一）"农旅教"融合的基地发展模式

农旅融合发展模式的核心要素是具有充足的客源市场满足乡村地区以旅游为核心的产业发展需求。而全域旅游的深入推进为缺乏知名旅游吸引物的乡村地区旅游发展提供了一定的市场空间。值得关注的是，随着教育部对中小学研学旅行相关规定的出台以及对大学生创新创业教育、思想政治实践教育等要求的变化，使以教育为核心的旅游市场具备了广阔的前景，并在一定程度上成为刚性需求。此外，以红色历史教育、革命精神教育为核心的党政机关教育市场也呈现扩大趋势。

满足教育旅游市场的核心需求，需要旅游供给侧提供诸如红色文化、传统文化、生态等具有教育意义的旅游资源。从延边州乡村地区整体的资源特征来看，位于延边州东部的汪清县（红日村、小汪清等）、图们市（水南村、龙虎村）以及珲春市的众多乡村不仅保留了为数不少的红色文化资源和朝鲜族传统文化资源，而且汪清县及珲春市的众多乡村位于东北虎豹国家公园的规划建设范围内，具有良好的生态资源。这些资源均为开发教育旅游市场形成"农旅教"融合发展的乡村振兴模式打下了基础。

更为重要的是，"农旅教"融合发展模式不仅具有广阔的市场前景，同时能够在发展过程中平衡林业改革、国家公园建设、环境保护、乡村产业和文化振兴的需要，破解延边州乡村振兴过程中面临的诸多困境，实现乡村地区的绿色发展。

此模式在与乡村振兴战略结合过程中，延边州各县（市）可根据自身辖区内乡村地区旅游资源的特征采用不同的发展模式。例如，汪清县以红日村和小汪清为核心、珲春市以大荒沟为核心，可针对大学生及党政机关市场，建设红色文化教育基地；汪清县的罗子沟和复兴、珲春市的敬信等地可结合东北虎豹国家公园建设，发展成为以生态教育为核心的教育基地；图们市的水南村及其周边村镇可依托自身的综合性资源（红色文化资源及朝鲜族民俗文化资源），采用研学旅行基地的发展模式。由于延边州的红色文化资源以及以东北虎豹为代表的生态旅游资源具有较高的独特性，能够为全州、省内乃至全国的教育旅游市场提供相应的服务。通过上述不同类型的"农旅教"融合基地建设模式的实施，能够达到促进乡村振兴的目的。

这种以"农旅教"融合为核心形成的基地类乡村综合开发模式不仅符合延边州乡村资源的特征，同时能够发挥延边州朝鲜族民俗文化特色鲜明、红色旅游资源众多以及东北虎豹国家公园建设的比较优势，为州内乡村振兴战略的可持续实施提供保障。更为重要的是，这种综合性基地开发模式能够使地方高校与乡村地区形成更为紧密的合作关系，为高校创新创业教育及科研提供空间、整合高校人力资源，缓解乡村地区劳动力及管理人才不足的问题。高校科研人员的介入能够为乡村地区的农产品加工业提供技术支撑，教育市场的客源及高校管理人才的参与能够从农产品直接销售、农村电商的支持性服务等直接提升乡村地区农产品附加值，并带动乡村整体经营管理水平的提升，从而实现第一、第二、第三产业的融合发展。

（二）旅游特色小镇引领模式

综合考虑延边州各县（市）的地理位置、资源、旅游市场、外部交通等条件，位于延边州西部安图县的二道白河镇、敦化市部分乡村、中部龙井市的东盛涌镇适合采用以旅游业为核心的特色小镇引领模式，促进这些地区的乡村振兴。根据住建部于 2016 年和 2017 公布的国内第一、第二批特色小镇名单，龙井市东盛涌镇和安图县二道白河镇被认定为特色小镇。

其中二道白河镇是以休闲旅游为特色,东盛涌镇是以朝鲜族民族为特色,均与旅游业发展密切相关。从依托市场及周边产业结构来看,二道白河镇依托的是长白山旅游客源市场,东盛涌镇依托的是延吉市及延龙图文化旅游区建设,两者均具有较好的旅游市场空间,而且两地周边地区旅游产业结构较为完善,能够为发展旅游业提供支撑。此外,上述两个特色小镇周边地区均散布着数量众多的乡村,随着全域旅游及"旅游兴州"战略的深入推进,有条件形成以特色小镇为中心,带动周边乡村形成诸如以生态自然体验、农耕文化体验、特色民宿、朝鲜族传统文化体验等为特色的综合性旅游目的地,实现以特色小镇为引领的农旅融合发展模式,实现乡村振兴。

除上述两个特色小镇以外,就资源条件而言,敦化市的雁鸣湖镇具有温泉、湿地、乡村、自然等旅游资源,该镇在近年来的发展过程中已经形成了发展旅游产业的良好基础。从外部交通条件来看,敦化至白河(长白山)高铁建设能够将长白山自然保护区与敦化市连接,进而形成长白山客源市场外延的效果,以满足未来雁鸣湖镇及周边乡村地区发展旅游产业对客源市场的需要,全域旅游及旅游兴州战略的深入实施能为雁鸣湖镇提供地区内的基础旅游市场。因此,雁鸣湖镇及周边乡村也有条件采用特色小镇引领模式带动周边乡村发展。

(三) 田园综合体发展模式

除了上述已经阐明的农旅融合发展模式以外,距离延边州核心城市延吉市较近的周边县(市)乡村地区可考虑采用田园综合体模式,将休闲旅游业融入乡村发展中,形成自身特色,实现乡村振兴。与其他发展模式不同的是,田园综合体发展模式强调的是跨产业的综合发展。其中跨产业是指乡村发展需要农业、文旅及乡村社区三者之间的协调,而综合发展则是城乡一体化的需要。

从延边州中部地区以延吉市为核心的周边县(市)乡村特征来看,在延边州旅游产业发展过程中,该区域范围内已经形成诸如和龙市金达莱村、龙井市百年部落、延吉市小营镇等具有一定旅游产业基础的村落。同时这些乡村与延边州中心城市延吉市距离较近,已经发展成为延吉市乃至延边州居民周末休闲的重要目的地。不仅如此,该区域内的众多乡村较好地保留了朝鲜族传统文化，为依托朝鲜族文化发展文创类企业、实现文旅融合发展提供了良好的基础。

因此，无论是从城乡一体化发展，还是从该区域乡村特征来看，田园综合体模式均能够与该区域的乡村振兴契合。该区域众多乡村与延龙图文化旅游区规划范围重合，田园综合体模式能够与延龙图文化旅游区建设形成相互促进关系，共同促进该区域城乡一体化进程。田园综合体模式中强调的文旅融合发展思路也能够满足该地区乡村的产业振兴、文化振兴及乡村环境保护的需要。

（四）其他发展模式

除了上述三种模式以外，延边州和龙市、安图县和汪清县等县（市）的部分乡村由于受旅游资源及交通条件的限制，无法获取较多的客源市场。针对这种类型的乡村可考虑在对原有农业、林业等第一产业升级的程中附加旅游产业要素实现农旅融合发展，促进乡村振兴。例如，安图县、敦化市、和龙市的部分乡村可采用景区依托模式，通过为长白山自然保护区、六鼎山文化旅游区以及老里克湖景区提供配套的餐饮、特色民宿等旅游服务，通过小批量有针对性的游客引流形成旅游业与乡村振兴的有机融合。在林业、农业和养殖业具有一定优势的乡村可通过开发小众市场，诸如露营地、特色采摘等形式将旅游产业元素与乡村优势产业融合，形成以优势产业为核心附加旅游要素诸如"林业＋旅游""特色产业＋旅游"的新业态，在提升自身农副产品附加值的同时，促进乡村实现第一、第二、第三产业融合发展，助力实现乡村振兴。

结　论

乡村振兴战略是一种包含了产业发展、文化振兴及环境保护等多层次内容在内的综合性发展战略。而延边地区由于受到自然资源条件、少数民族文化特征、宏观政策等多方面因素的影响使其在乡村振兴过程中的战略选择面临诸多困境。旅游产业与乡村振兴战略融合形成的农旅融合发展模式与延边州乡村地区的资源特征和宏观政策要求相契合，并形成一种叠加效用，在解决延边州乡村振兴面临困境的同时，对乡村地区整体实现绿色发展具有一定的促进作用。

近年来，延边州旅游产业发展所形成的内外部市场环境和整体分布特征，为实施农旅融合模式、促进整体乡村振兴战略的推进提供了良好的基础；以旅游兴州战略和延龙图文化旅游区建设为代表的旅游产业宏观发展规划也为延边州乡（镇）一级单位的旅游产业发展带来了良好的外部环境，从而为以旅游业带动乡村振兴提供了机遇。因此，就延边州整体发展特征而言，农旅融合模式能够较好地适用于延边州乡村振兴战略的深入推进。

需要指出的是，农旅融合乡村振兴模式实施的核心前提是要具有广阔且稳定的客源市场作为保障。从根本上讲，本研究中重点提出的"特色小镇引领模式""农旅教融合基地建设模式""田园综合体模式"均是在结合了延边州旅游市场变化及不同乡村旅游资源特征之后提出的发展模式。但这些模式在具有实施过程中依然会受到资金、人力等诸多因素的制约。因此，不同的农旅融合乡村振兴模式在具体实施过程中仍需结合乡村的实际情况，与所在县（市）的整体乡村振兴战略相结合。

本研究之所以针对延边州乡村振兴战略提出了农旅融合发展模式，是该模式与延边州旅游产业特征、既定的宏观发展战略和乡村地区资源特征的契合程度较高，同时在发展过程中能够起到促进第一、第二、第三产业融合发展的作用，并且不会与其他既定的产业发展方向形成直接竞争。因此，在延边州乃至全省乡村振兴战略持续深入实施的背景下，那些具有旅游资源优势或交通区位条件优越的乡村在具体实施乡村振兴战略的过程中均可以考虑加入旅游元素，共同促进乡村的整体综合发展。

民生法治等问题研究

吉林省推进基本公共服务均等化问题研究

长春市政协课题组[*]

摘　要　近年来，吉林省委、省政府高度重视文化工作，致力于建设文化强省。按照公益性、基本性、均等性、便利性的总体要求，以标准化为手段，以惠民项目为切入点，以各级公共文化阵地为依托，把推进基本公共文化服务均等化摆在经济社会发展全局的重要位置，纳入国民经济和社会发展总体规划推动落实。基本建立起政府主导的较高水平的公共文化体系，有效地保障了吉林省人民群众的基本文化权益，满足了吉林省人民群众随着物质生活水平提高而日益增长的精神文化需求。但客观来看，成绩之上仍有较大提升空间，尤其是在内涵建设、形式创新、服务载体仍存在一些不足，城乡之间、地域之间、群体之间的差异化问题仍然较为突出。

关键词　吉林省　基本公共服务　均等化

基本公共服务均等化是指政府要为所有社会成员提供基本的、与经济社会发展水平相适应的、能够体现公平正义原则的大致均等的公共产品和服务，是人们生存和发展最基本条件的均等。均等化的实现需要相应的制度安排和标准设计，以标准化促进均等化是保障民众享有公共服务的有效途径。从广泛的角度来看，有许多类型的公共服务，包括教育、健康、文化、就业、社会保障、生态环境、公共基础设施和法律与秩序。本课题侧重研究吉林省在文化类基本公共服务均等化方面的研究，并根据研究中发现存在的问题，提出相应的对策。

---

*　课题负责人：崔永泉；课题组成员：张贤达、贾秀娟、孙莹、张新梅、王辉。

一 吉林省基本公共文化服务均等化现状及特点

（一）吉林省基本公共文化服务概况

近年来，吉林省在促进基本公共文化服务均等化方面取得了显著成效。截至 2017 年底，吉林省的长春市、延边州、吉林市、辽源市和通化市先后成功申报国家级公共文化服务体系示范区和示范项目。率先申报成功的长春市、延边州和吉林市通过开展国家公共文化服务体系示范区创建工作，文化基础设施全部达到或超过国家标准，其中长春市投入 10 亿元，延边州投入 13 亿元，吉林市投入 9 亿元，公共文化服务能力显著提升。四平市红色文化建设和白山市公共文化配送等公共文化示范项目向常态化、制度化、品牌化发展，示范作用显著增强。

通过推进基本公共文化服务均等化建设，吉林省初步实现了覆盖省、市、县、乡、村五级公共文化服务网络。截至 2017 年 12 月中旬，吉林省共建有各级公共图书馆 66 个、文化（艺术）馆 78 个、各类博物馆 117 个、美术馆 9 个、乡（镇）综合文化站 626 个、街道文化站 275 个、社区文化活动室 1553 个、行政村文化活动室（文化大院）9265 个、共享工程县级支中心 60 个。吉林省大力开展农村文化活动室（文化大院）建设、送演出下基层、农村文化小广场建设、贫困村基层综合性文化服务中心建设等重大文化惠民工程，于 2013 年底实现了吉林省的农村文化大院建设全省行政村全覆盖。截至 2017 年底，吉林省建成 4845 个农村文化小广场。

在财政持续加大投入的情况下，吉林省推进基本公共文化服务均等化的标准化水平不断提高。投入 5.4 亿元的吉林省图书馆新馆和投入 3.5 亿元的吉林省博物院新馆等省直文化设施相继对外开放，省大众剧场、桃李梅大剧院等场所改造后投入使用，提升了吉林省公共文化服务均等化的水准，在推进吉林省基本公共文化服务均等化方面起到了引领和示范作用。长春市群众艺术馆、延边文博图三馆、松原市博图群三馆、榆树市文化体育活动中心、农安县文化体育活动中心、中国朝鲜族非物质文化遗产展览馆等地方文化设施已投入使用。中国朝鲜族农乐舞传承中心、梨树二人转传承中心等一批非物质文化遗产传习场所逐渐投入使用。

自党的十八大以来，全省各级财政对文化（文物）事业经费投入累计达 74.83 亿元（不含基建拨款），从 2012 年的 11.26 亿元增加到 2016 年的 23.21 亿元，年均增长 19.8%。全省文化（文物）事业费支出占一般公共预算财政支出比例从 2012 年的 0.46% 增加到 2016 年的 0.65%。2013 年以来，全省文化部门基本建设投资达 21 亿元。2017 年，从国家和省获得 1.67 亿元补贴，实现全省各级贫困县、少数民族县和边境县农村文化小广场建设的全覆盖。全省公共文化服务经费投入逐年提高，有力地保障了全省公共文化服务体系建设的顺利推进。

课题组根据近年来的《吉林统计年鉴》制作了一份吉林省群众文化机构、文艺活动、培训班及展览活动总量分布情况表（见表 1），从中可以看出近年来吉林省推进基本公共文化服务均等化方面的一些情况。吉林省群众文化事业机构数总体上稳中有增，2016 年比 2011 年增加了 13 个，其中群众艺术馆不变，文化馆稍有增加；文化站呈现增加趋势，2016 年比 2011 年增加 11 个。这些文化机构数量稳定增加，有效地巩固和推进了吉林省基本公共文化服务均等化工作快速发展局面。从业人员从 2011 年的 3501 人增加到 2016 年的 6739 人，增加了 3238 人，增幅高达 92.48%，充分说明吉林省在推进基本公共文化服务均等化的政策及相关配套工作是扎实有效的，使有志于从事公共文化服务的人才得到了施展工作的机会和平台。举办展览从 2011 年的 1263 次增加到 2016 年的 1658 次，增加了 395 次，6 年累计举办展览 8948 次；组织文艺活动从 2011 年的 9549 次增加到 2016 年的 14892 次，增加了 5343 次，增幅达 55.95%，6 年累计组织文艺活动 79372 次；举办培训班从 2011 年的 3525 次增加到 2016 年的 12640 次，增加了 9115 次，增幅达 258.58% 以上，6 年累计举办培训班 42287 次。以上数据，从某些方面充分反映和说明了近年来吉林省在推进基本公共文化服务均等化等方面的工作进展情况。

表 1　吉林省群众文化事业基本情况

基本情况		2011 年	2012 年	2013 年	2014 年	2015 年	2016 年
机构数（个）	合计	966	965	975	974	979	979
	群众艺术馆	14	14	14	14	14	14
	文化馆	63	63	64	64	64	64
	文化站	889	888	897	896	901	901

续表

基本情况	2011 年	2012 年	2013 年	2014 年	2015 年	2016 年
从业人员数（人）	3501	3869	4452	4561	4534	6739
举办展览（次）	1263	1261	1420	1565	1781	1658
组织文艺活动（次）	9549	11153	13421	15380	14977	14892
举办训练班（班）	3525	5627	5498	6901	8096	12640

（二）吉林省基本公共文化服务的特点

1. 制度体系初步构建，政策法规配套出台

在"十二五"时期，吉林省按照国家要求初步构建了覆盖全省以基本公共服务项目及标准为核心的制度体系。吉林省在"十三五"规划中明确提出加快建设文化强省，加快建设现代公共文化服务体系，促进吉林省基本公共服务均等化发展。2017 年，吉林省政府办公厅印发了《吉林省推进基本公共服务均等化"十三五"规划》，成为推进吉林省基本公共服务均等化的综合性、基础性、指导性文件，全省各级政府履行公共服务职责、安排预算支出的重要依据。在全面贯彻落实国家规划提出的各项重点任务和保障措施的基础上，结合吉林省实际提出了 85 个基本公共服务保障项目，比国家规划多出 4 个，其中涉及基本公共文化服务的"数字文化服务"。把制度体系建设作为推进吉林省基本公共文化服务均等化的重要发力点，有效地保证了吉林省基本公共文化服务均等化的推进和发展。

相关政策法规也相继出台。从省级层面看，中共吉林省委全面深化改革领导小组会议、省政府常务会议和省文化体制改革领导小组会议专题研究部署有关工作，并将公共文化服务体系建设中的重要惠民项目和重要建设指标纳入各级政府考核体系，发布了《关于加快构建全省现代公共文化服务体系建设的实施意见》《推进全省基层综合性文化服务中心建设的实施方案》《关于做好政府向社会力量购买公共文化服务工作的实施意见》等一系列政策文件，有效地推进吉林省基本公共文化服务均等化工作的开展。省文化厅联合省财政厅、省发改委等部门共同研究制定和联合印发了《吉林省"十三五"时期加快贫困地区公共文化服务体系建设实施方案》，加大了对贫困地区的扶持力度。全省各市县积极出台落实省里相关配套政

策的具体意见和相关方案，例如长春市出台了《关于长春市加快构建现代公共文化服务体系的实施意见》《长春市公共文化服务基本保障标准》《长春市公共文化机构（场所）建设与服务基本标准（2016～2020）》《长春市公共文化服务绩效考核标准》等一系列政策，延边州颁布了《关于加强基本公共文化服务均等化的意见》等政策，吉林市制定了《关于加快构建吉林市现代公共文化服务体系的实施意见》等文件，松原市出台了《松原市人民政府关于向社会力量购买公共文化服务的实施意见》，白山市出台了《关于加快构建全市现代公共文化服务体系的实施方案》，四平市出台了《四平市落实吉林省推进基本公共服务均等化"十三五"规划实施方案》，辽源市出台了《辽源市"十三五"时期推进基本公共服务均等化工作实施方案》等，吉林省各地市用政策为推进基本公共文化服务均等化提供了保证。

2. 免费公共服务机构数量增加，质量提高

全省各级公共图书馆、文化馆和博物馆免费开放水平不断提升，从业人员的业务技能和服务水平逐步提高，免费开放内容不断丰富，形式不断创新，阵地作用效益明显。以长春市和延边州为例。长春市继续实施公共文化免费开放工程，图书馆（室）和文化中心（站）的基本服务内容已经在城市完成并投入使用，对公众免费开放。除了继续深化常规的流动服务外，长春市还推出了汽车图书馆、地铁图书馆、24 小时自助图书馆建设项目，并启动了 24 小时自学服务试点，为人们借阅图书提供了条件。延边州文图博三馆、乡（镇）综合文化站全部实现错时、超时免费开放。延边州珲春市进一步优化了文化馆、图书馆和博物馆免费开放，并提供免费社会艺术培训班、青少年冬季和暑假艺术培训班等公益培训，协助各机关单位、社区农村等基层进行指导和编排文艺活动，受益人每年达上千人，并逐年递增。

3. 公共文化数字建设方兴未艾

文化资源共享工程逐步开展，形成了以省级为龙头，以市、县、乡（镇）基层服务点为依托，以社区、村屯为重点，覆盖全省的服务网络。目前全省文化共享工程服务网点已达 10777 个。2016 年全省各级基层服务点开展活动总共 1003 次，受众 177 万余人次。文化资源建设成效显著。

2011 年，吉林省率先成为国家第一批实施数字图书馆推广工程的 15 个省份之一，目前吉林省图书馆及全省 9 个市级图书馆、2 个少儿图书馆均已完成基础平台搭建工作。重视加强少数民族文化资源建设，已译制各类视频 1658 小时、3126 种，自建资源已达到 50TB。实施边疆万里行数字文化长廊建设项目，目前已建设乡（镇）基层服务点 45 个，数字文化驿站 233 个，为边疆地区基层群众提供随时随地的数字文化服务，打通了公共文化服务"最后一公里"。

4. 地方特色项目、重点项目与常态项目并举

长春市于 2017 年开始实施公共文化服务网络建设专项。一些大型设施建设进展顺利。德惠市文化中心、图书馆，农安县文化中心和图书馆建成并向公众开放，新建了长春市群众艺术馆和长春市朝鲜族群众艺术博物馆并已对外开放，长春市博物馆即将完工。九台区文体活动中心项目于 2017 年 4 月 20 日正式开工建设，该项目是"十三五"规划的重点项目，总投资近 5 亿元。该工程按照计划，2018 年上半年已完成投资 3.75 亿元。2017 年，该区还启动了新建图书馆项目立项工作，占地面积 19028.30 平方米，建筑面积 7500 平方米，投资 4500 万元。长春市还积极探索行政村设施向自然屯覆盖的方法，新建了一批位于自然屯的文化广场，解决农村公共文化服务"最后一公里"的难题。

松原市于 2014 年在全市农村启动文化小广场建设，到 2016 年实现行政村全覆盖。2016 年，制定落实《松原市公共文化服务体系建设实施意见》及《实施标准》，开展了动态监测工作。

通化市已投资 8 亿多元完成通化西山体育场改造工程，该市科技文化活动中心集科技馆、艺术博物馆、群众艺术博物馆、自然博物馆和历史博物馆于一体，结束了通化市没有大型体育场、大型健身场馆和大型文化场馆的历史。

延边州珲春市积极争取资金完善文化站、文化活动室、农家书屋等基层阵地，为市民提供优质服务环境。将每年的文化大集作为开端，结合不同主题的下乡活动，将送演出、送培训、送图书、送电影等文化活动内容带给最边远的村屯和边防部队。完成每年边疆万里行数字文化长廊设备建设和全民阅读读书卡的发放，并及时更新农家书屋出版物。

二 吉林省推进基本公共文化服务均等化过程中的主要问题

总体来看，吉林省在基本公共文化领域开展了很多卓有成效的工作，取得了很多喜人的成绩，群众的获得感显著增强，对推进吉林省基本公共文化服务均等化工作起到了非常大的积极作用。但是放眼全省，吉林省在推进基本公共文化均等化方面依然存在对公共文化服务体系建设内涵的理解不全面、基层公共文化投入不到位、文化经费普遍投入不足、人员队伍的公共文化管理水平有待提高等问题。对比全国，和先进地区、发达地区相比还存在很大差距。具体问题表现在以下几个方面。

（一）部分地方政府和文化部门对公共文化服务的内涵和实质理解不充分

从实际操作层面看，社会、政府和服务机构在舆论和观念上对公共文化服务领域存在着或显性或隐形的偏见、歧视和特殊门槛。公民文化权利观也没有牢固地扎根在政府和老百姓心里。比如，很多地方存在把促进基本公共文化服务均等化的公共文化服务设施全覆盖理解为公共文化服务设施的全设置。以农村的文化大院为例，很多乡（镇）把文化大院建在乡（镇）政府的院子里，以致部分农民误把建于乡（镇）政府院子里的文化大院误解为乡（镇）政府的一个办事机构。

（二）公共文化服务标准化建设存在相对滞后的问题

2015年，吉林省制定出台了《吉林省基本公共文化服务实施标准（2015 - 2020）》5年规划，为各项公共文化发展指标提出了具体的标准。虽然标准已经出台，但是各地的工作进度依然进度不一，参差不齐。截至2017年底，全省还有部分图书馆、文化馆未达到《吉林省基本公共文化服务实施标准（2015—2020年）》中规定的建设标准。这些未达标的图书馆、文化馆建设时间较早，老旧楼体受当时社会发展程度和经济水平等原因所限，在规模、格局、功能等方面都有时代的局限性。这些老旧的图书馆多数处于当地居民区、商业区附近，因为图书馆存放着许多图书，是重要的防火单位，老旧图书馆存在着十分严重的火灾隐患，一旦失火有可能会引发较为严重的安全事故，因此对老旧图书馆的防火问题应引起足够重视。

此外，有基层文化管理部门介绍，文化体育活动经费紧缺，服装、道具、音响等专业设备不能及时更新和完善，图书馆购书经费少，藏书量和种类不达标，难以吸引读者，制约群众文化和全民健身发展；乡（镇）综合文化站缺少活动经费，开展活动没有积极性，难以开展基层文化活动。国家要求，从 2012 年开始，全省各级公共图书馆、文化馆，乡（镇）综合文化站开始实施对外免费开放。并确定政府对这些场馆免费开放的补贴标准，其中地市级每个每年 50 万元，县级 20 万元，乡（镇）级 5 万元。其中，国家承担 50%，省里承担 25%，地方承担 25%。目前，国家和省的补贴能到位，但县一级的免费开放补贴到位情况不理想，而县级公共图书馆、文化馆，乡（镇）综合文化站免费开放补贴不及时、不到位，影响了这些场馆开展公共文化服务。

（三）地域、城乡、群体间的基本公共文化服务仍然存在较大差异

受地理位置、资源条件、发展机遇、地方财政等方方面面因素的影响，吉林省 9 个市（州）在经济发展水平和文化建设方面存在显著的差异（见表 2）。

表 2　2016 年吉林省 9 个市（州）部分经济指标情况

城市	生产总值（亿元）	人均生产总值（元）		文化、体育和娱乐业产值（亿元）
		数额	排名	
长春市	5986.42	79434	1	86.03
辽源市	765.25	63480	2	5.57
松原市	1651.69	59413	3	9.45
吉林市	2453.51	57818	4	21.87
白山市	696.62	56411	5	7.74
通化市	947.59	42979	6	31.49
延边州	875.81	41154	7	7.14
四平市	1193.80	36732	8	7.84
白城市	700.14	35892	9	10.19

从表 2 可以看出，人均生产总值的高低与人均文化、体育和娱乐业的产值高低并没有必然的联系。但是，笔者认为两者应该是相互关联的。从家庭人均文化娱乐消费支出来看，在吉林省无论是城镇还是农村的家庭，人均文化娱乐消费都是逐年稳步增长的，但农村增长速度显然慢于城镇。在同一年份中，城镇人均文化消费支出几乎是农村的 4 倍，城乡之间在基本公共文化类的支出差距非常大（见表 3）。

表 3　2014～2016 年吉林省城镇和农村家庭人均文化娱乐消费支出情况

单位：元

家庭人均文化娱乐消费支出	2014 年	2015 年	2016 年
城镇居民家庭	858.50	915.98	968.50
农村居民家庭	252.56	262.49	283.03

从不同收入群体在文化娱乐方面的消费支出来看，存在明显的差距，尤其是高收入家庭，其支出水平是中等收入家庭的 4 倍多（见表 4）。

表 4　2014～2015 年吉林省不同收入家庭文化娱乐人均消费支出情况

单位：元

年份	总平均	低收入户	中低收入户	中等收入户	高收入户
2014	858.50	341.08	509.57	628.68	2017.82
2015	915.98	249.49	542.99	750.89	2140.27

以上说明，吉林省在推进基本公共文化服务均等化工作总体向好的情况下，在不同地域、城乡、群体之间存在较大的差距。农村地区群众公共文化服务活动内容和城市基本公共文化服务的差距还很大。农村的基本公共文化服务基本上是经年不变，唱歌、跳广场舞、扭秧歌成了雷打不动的"老三样"，在形式上多数停留在大家一起吼一吼、跳一跳、扭一扭的状态。在培养和提高群众文化素养项目较少的情况下，针对特殊群体（如老年人、残障群体、未成年人、农民工等）组织的文化娱乐活动次数和比重，整体上处于更加偏低的水平。这就造成了各地不同群体间在享有公共文化服务方面存在着事实上的不平等。

（四）基本公共文化服务均等化投资方式值得商榷

基本公共文化服务均等化的主要投入方式是标准化，但这并不意味着只有标准化而没有差异化，而有了差异化就更需要精准化。当前，一些地方的农村书屋存在着复本过多、图书更新慢等问题。例如，某县财政每年可为 20 个村的农家书屋更新一批图书。今年更新的这 20 个村，需要等到县域内其他村都更新一遍后，再进行下轮更新。该县有 200 多个行政村。照此速度计算，一轮更新下来至少要 10 年以上。

这说明，投入规模固然重要，而投入形式更值得关注和反思。政府行政系统内部的程序化资金拨付方式和使用方式常常流于固定化和形式化。财政部门在执行过程中应更加突出精准扶贫思维，在不同地区文化惠民物资的采购和"软、硬件"的投放过程中，对地区差异和百姓的实际需求应多加考虑，着重解决重"硬件"轻"软件"、重建设轻管理的现象，逐步破解公共文化设施的运营和管理、服务方式的创新等软性投入和重视程度不够的问题。

（五）缺乏专业技术人才、基层专干不专问题突出

在一些基层地区，虽然基本上配齐了专职干部，但是受到客观条件限制和制约，有的地方只能"临时抱佛脚"，把本地文化水平相对较高的妇女主任、治保主任等人兼任专职文化干部。这些兼职人员受到专业技能、视野、艺术修养等方面的限制，与专业技术人才相比差距较大。城市里一些公共文化服务单位中，也存在较为严重的缺编和人员老化现象，如文化馆、图书馆等重要的公共文化活动场所，在原有人员退休的情况下数年没有新人进入。人才缺乏，特别是基层人才缺乏，已成为制约吉林省基本公共文化服务均等化的重要因素。

（六）部分公共文化服务场所服务效能不高

一些公共文化服务场所存在内容建设空心化的局面，造成了公共文化服务场所存在服务效能不高的局面。一些地方文化馆、博物馆、图书馆都存在面积不足、功能设施不全等诸多问题。一些乡（镇）文化站设施设备简陋、功能不全或因资金不足无法添置基本活动设备和器材，客观上造成无法开展正常活动的局面，影响和制约了吉林省基本公共文化服务均等化整体水平的提升。

三 国外和其他省份推进基本公共文化服务均等化的经验

怎样引导吉林省基本公共文化服务均等化建设更好的发展，国外和其他省份的先进做法和经验，为吉林省提供了许多有益的借鉴。

（一）改进个性化服务，吸引特殊群体

一些发达国家通过多种手段改进个性化服务，加大对儿童和青少年等特殊群体的吸引力。为了吸引年轻人，美国一些基层图书馆开辟了儿童专享区。公共图书馆为不同年龄的儿童提供量身定制服务和活动，如绘画课程、手工课程、乐高建筑培训、魔术训练和写作训练等。

（二）努力破解基本公共文化服务"最后一公里"问题

湖南株洲市突破公共文化服务设施传统服务界限，在大的公共文化服务体系建设中做好"小"的文章。在村民宅基地附近建起了小广场、小书屋、小讲堂，公共文化服务从"村部大楼"延伸到百姓"家门前"。浙江省温州市环境优雅的 24 小时"城市书房"遍布小区、街道、商场，如今已是闻名全国的文化标志。这些小的公共文化服务设施离人民群众的生活居住地非常近，有效地解决了困扰基本公共文化服务均等化"最后一公里"问题。

（三）建立反馈机制，改变公共文化服务"单向性"

成都市启动了"公共文化服务体验师"项目。"公共文化服务体验师"项目，为提高基本公共文化服务均等化的效能，积极有效地收集群众的反馈意见，建立起有效的反馈机制，改变公共文化服务的"单向性"。该项目推出后，受到成都市民的超级喜爱，在对报名者撰写体验报告的能力进行测试后，成都市确定了 85 名年龄在 18 ~ 70 岁、来自各行各业的普遍具备敏锐洞悉能力和扎实文字功底的"公共文化服务体验师"。"公共文化服务体验师"是测评公共文化服务质量的新尝试，他们提交的体验报告既有理性的、深入的分析，也有感性的、带着温度的生动感受，能多维度听取

意见，有助于有的放矢地改进和完善公共文化服务，促进基本公共文化服务均等化更好地发展。

（四）引入社会力量，促进基本公共文化服务均等化发展

上海市积极践行新的公共文化服务管理模式，通过引进社会力量促进基本公共文化服务均等化发展。据统计，2017年在上海已建成并运营的216个标准化社区文化活动中心中，有超过90%的活动中心委托给企业、机构、群众文艺团队等各类社会组织参与整体运行或部分项目管理，已经形成了一些受到管辖区居民欢迎的文化活动。

四 吉林省推进基本公共文化服务均等化的
对策与建议

推进基本公共文化服务均等化建设，为人民群众提供基本的、普惠的、共享的公共文化服务是政府的责任。人不分老幼、地不分南北，有教无类就近方便地获得基本公共文化服务均等化条件保障是人民的权利。吉林省统筹推进基本功文化服务工作扎实有效，群众的获得感显著增强，针对调研过程中发现的问题，建议如下。

（一）加强吉林省基本公共文化服务均等化的内涵建设

站在新时代，站在建设"两个一百年"的重要历史时期，有关地区和部门应进一步深刻领会基本公共文化服务均等化建设的内涵。提高政治认识，把推进基本公共文化服务均等化工作与实现全面建成小康社会、东北老工业基地全面振兴、脱贫攻坚等工作结合起来开展。强化法律意识，全面贯彻《中华人民共和国公共文化服务保障法》《中华人民共和国公共图书馆法》《国家基本公共文化服务指导标准》及地方关于加强公共文化服务体系建设，保障人民群众基本公共文化服务均等化权益的法规、条例。强化责任意识，以担当有为、勇于进取的精神肩担负起历史使命，促进本地区、本部门承担的推进吉林省基本公共文化服务均等化职责。要自觉意识、主动作为，结合本地实际，想办法发挥好基本公共文化服务均等化熏陶人、塑造人的精神世界，改造人的精神生活，凝聚人心的主阵地作用。

用心用力解决吉林省基本公共文化服务均等化工作提质增效的问题。在全省已经基本建立起覆盖省、市、县、乡、村的公共文化服务体系的情况下，深刻理解公共文化服务设施行政区域"全设置"和基本公共文化服务均等化网格式"全覆盖"的区别。把握基本公共文化服务多样化、多载体、多形态、多渠道、多方式的特征，利用好新建成的"高大上"设施和老百姓身边的中小型设施，构建起基本公共文化服务均等化设施之间的体系建设，使其在布局、功能、内容等方面更加便民，更加合理。认真查摆现行工作环节中的不足之处和薄弱环节，注重打通边远地区、薄弱环节的"最后一公里"，推进吉林省基本公共文化服务均等化工作。

（二）因地制宜做好基本公共文化服务供给侧的结构性调整

随着国家和地方对基本公共文化服务均等化工作的持续开展，"大水漫灌""千村一律"的资源配置和服务供给方式将逐渐走向弱化。衡量基本公共文化服务均等化的标准，也将由"有没有"转变为"好不好"。在现阶段乃至今后相当长的一段时期内，解决由"有"到"好"的核心问题，还在于提供公共文化管理和服务的政府组织的政策引导。

加大订单式服务，提高基本公共文化服务均等化的精准性，是因地制宜做好基本公共文化服务服务供给侧结构性调整的主要手段。对吉林省已有的推进基本公共文化服务均等化工作发展的"文化大院""农家书屋""电影放映""数字文化共享工程"等的大型文化惠民项目，适时推出订单式服务。可以结合吉林的实际情况，借鉴成都的"公共文化服务体验师"项目经验，组织吉林省的在校大学生（尤其是艺术类、师范类的在校生）利用寒暑假开展"公共文化服务体验活动"，让他们带着问卷、带着"笔和纸"深入社区、农村等基层组织，把基层组织、基层群众关于基本公共文化服务均等化的实际诉求和具体期盼带回来。对参与"公共文化服务体验活动"的大学生给予必要的劳务费用，对在活动中特别优秀的大学生要给予其从事基本公共文化服务工作的政策支持。文化部门委托第三方对这些内容进行大数据分析，对共性问题予以集中研究和解决，对个性问题可具体解决或存档入库以待时机成熟后解决。

（三）完善公共文化服务均等化建设的财政保障机制

优化公共文化财政资金的使用结构。根据吉林省现阶段经济社会发展阶段和总体水平以及财政支付能力，制定符合省内实际情况的公共文化均等化建设的各项具体细化指标。将全省各级政府的文化经费纳入财政预算，建立文化类财政支出随 GDP 增长而相应增长的长效稳定机制，从而保证各项文体活动开展形成常态化。

（四）以开拓创新的思维方式带动公共文化务实发展

将数字文化服务摆在更加重要的位置，作为破解基本公共文化服务均等化"最后一公里"难题的有效手段。应对吉林省正在深入推进公共文化数字化建设和正在实施的文化资源共享工程、文化资源建设工作、数字图书馆建设、边疆万里数字文化长廊建设等有效促进基本公共文化服务均等化的工作，加大投入、加强管理。要发挥好不同联合体联合作战的作用。利用好不同的联合体，研究打破工作条块分割的做法，使其联合起来，发挥更大的作用。例如，尝试以行业联盟的形式，开展图书馆、博物馆、文化馆、科技馆、美术馆之间的机构合作，发放"一卡通"为民众提供方便，激发其兴致。创新服务机制，探索如何以优惠的方式提供个性化、差异化的民众需求，而非一味地扩大范围，增加投入。鼓励和引导群众转变观念，使他们不仅是公共文化服务的客体和受众，还要争取做主体，做文化的创造者和传播者。

（五）加快培养相关专业人才，培育社会组织和多种社会载体参与公共服务提供

解决"留住人"和"请进门"的问题，可通过委托、定向培养和双向交流等多种途径，培养一批掌握现代化新技术的文化管理人才和高素质、高专业水平的文化创作、管理人才队伍。可以像上海那样扶植一批致力于从事推进基本公共文化服务均等化工作的社会机构进入基本公共文化服务领域，拓宽基本公共文化服务均等化领域的路径。

参考文献

李国新：《对我国现代公共文化服务体系建设的思考》，《十二届全国人大常委会专题讲座第二十一讲》，中国人大网，2016 年 4 月 6 日。

马少红：《关于全省公共文化服务体系建设的情况汇报》，吉林省文化厅，2017。

吉林省统计局：《吉林统计年鉴》，中国统计出版社，2012～2017。

崔永泉：《关于长春市创建国家公共文化服务体系示范区的阶段性进展情况汇报》，长春市文广新局，2013。

文化部：《第二批国家公共文化服务体系示范区（项目）创建工作方案》，2013。

李明善、朴美花：《延边地区朝鲜族公共文化服务存在的问题及对策》，《延边大学学报（社会科学版）》2015年第2期。。

吉林省统计局：《吉林省2016年国民经济和社会发展统计公报》，2017年3月。

吉林省统计局：《吉林省2017年国民经济和社会发展统计公报》，2018年3月。

长春市统计局：《2017年长春市国民经济和社会发展统计公报》，2018年3月。

金立成：《我州获评国家公共文化服务体系示范区》，延边新闻网，2016。

吉林省加快建立租购并举的
住房制度问题研究

吉林大学课题组[*]

摘　要　党的十九大报告明确指出："加快建立多主体供给、多渠道保障、租购并举的住房制度"，明确了党和政府住房制度建设的基本定位、重点任务、发展方向和最终目标。租购并举的住房制度提出后，各地纷纷出台政策和创新举措。作为欠发达省份的吉林省，房地产业发展与全国房地产业是同步的，但存在一定的时滞性、区域性特征，贯彻多主体供给、多渠道保障的租购并举的住房制度改革仍在探索阶段。本课题通过实地调研，以吉林省现阶段住房情况和政策实施为出发点，以吉林省城镇化发展阶段和住房需求结构的变化为依据，结合国外住房制度和其他省份建立租购并举住房制度的经验和创新举措，为建立适合吉林省情的分层次、多档级、合理衔接的租购并举住房制度建言献策。

关键词　租购并举　住房制度　公共租赁住房　共有产权住房

一　吉林省住房市场现状

（一）吉林省住房市场概况

2012～2015年，吉林省常住人口增加数均保持在1万人左右，而2016年和2017年，常住人口却大幅下降，2016年比2015年末净减少20.28万

＊　课题负责人：王笑严；课题组成员：王峙焯。

人，2017 年末比 2016 年末净减少 15.60 万人。从城乡人口结构来看，2016 年末，城镇常住人口 1529.68 万人，2017 年城镇常住人口 1539.42 万人。可见，全省常住人口总数虽然在下降，但是城镇常住人口数量有所上升，这说明在全省总人口向外流失的情况下，仍有部分农村人口或者外省人口选择进城务工或定居，这部分人多以外来务工人员、新毕业大学生和引进的高技术人才为主。为了防止人口的继续流失特别是劳动力和高技术人才的流失，应切实保障他们的利益，特别是住房利益。

2017 年和 2018 年上半年，全省在省委、省政府和省住建厅的领导下，坚持房子是用来住的、不是用来炒的的定位，继续加强市场调控、严格落实各项调控措施，稳定住房市场价格。吉林省采取房地产调控、稳定房价和住房保障等措施，确保房地产市场平稳健康发展，为租赁市场发展营造良好的市场环境，取得了一定的成绩。

（二）吉林省发展租购并举住房制度

1. 保障房制度

2009 年《吉林省城镇低收入住房困难家庭廉租住房保障办法》提出，面对城镇保障低收入及其以下住房困难家庭的基本住房需求，政府采取发放租赁住房补贴或者实物配租的形式。2011 年《吉林省人民政府关于印发公共租赁住房管理暂行办法的通知》以及 2013 年吉林省政府出台的《吉林省城镇廉租住房申请核准及轮候管理试行办法》等一系列文件明确了日常监督核查工作中各部门的职责，并要求对日常住房保障工作信息公开。这些文件和通知的出台为吉林省保障性住房工作公平公开运行提供了强有力的政策支撑。2014 年国家决定将公共租赁住房和廉租住房并轨运行，吉林省住建厅下发《关于并轨后公共租赁住房有关运行管理工作的指导意见》，保障了该项措施并轨后的良性运行。并轨后公共租赁住房按照分层实施、梯度保障的原则确定保障对象，继续对原廉租住房保障对象和公共租赁住房实施住房保障。2016 年，住建部办公厅等部委印发《关于调整2016 年公共租赁住房筹集计划的通知》，明确要求 2016 年暂停新建（含购买、长期租赁）公共租赁住房，但到 2017 年也未安排公共租赁住房建设（含购买、长期租赁）计划。为此吉林省也相应暂停了新建公共租赁住房，逐渐转向实物补贴政策，即城镇住房保障采取实物配租与租赁补贴相结合的方式，逐步转向以租赁补贴为主。

2009 年吉林省就制定了《吉林省廉租住房按份共有产权实施管理办法》。规定廉租住房按份共有产权，是指地方政府和低收入住房困难家庭根据出资比例按份共同拥有同一套廉租住房产权，具体出资比例由各地结合实际确定。2009 年以来，吉林省廉租房的按份共有产权制度取得了一定的进展。

2. 住房租赁市场

为贯彻落实《国务院办公厅关于加快培育和发展住房租赁市场的若干意见》，2016 年以来吉林省制定了《吉林省人民政府办公厅关于培育和发展住房租赁市场的实施意见》《吉林省培育住房租赁市场试点工作实施方案》《吉林省住房和城乡建设厅关于开展库存商品房租售并举试点工作的通知》等文件，建立了政府组织、政府委托、企业组织、建立住房租赁有形市场等四种试点模式，并在长春市、吉林市、四平市和通化市开展试点工作。例如，鼓励房地产开发企业开展住房租赁业务；鼓励房地产中介机构提供住房租赁托管服务；对符合规定的住房租赁企业、房地产企业、中介机构等可免征契税、减征增值税；鼓励个人出租自有住房减征个人所得税；鼓励有实力的企业、中介机构和社会资本等购买或承租住房提供住房租赁服务；允许改建房屋、商业用房等按规定改建为租赁住房；落实提取住房公积金支付房租政策；非本地户籍承租人申领居住证后享受义务教育、医疗等国家规定的基本公共服务；推行全省统一的《住房租赁合同示范文本》；与建设银行吉林省分行签订战略合作协议，共同建设全省住房租赁综合服务平台，2018 年住房租赁监管服务平台上线运行。

二　吉林省发展租购并举住房制度存在的问题

（一）相关法律及政策不够健全

当前，国家下决心花大力气解决住房问题，坚持房子是用来住的、不是用来炒的的定位，加快建立多主体供给、多渠道保障、租购并举的住房制度，在国家政策的层面上，发布了一系列相关文件、政策。吉林省虽然积极响应国家政策，但并没有制定出符合自己省份的相关法律或法规，在实际执行中大多是以"通知""办法"等形式下达，没有上升到地方法规的层面，制度缺乏确定性和权威性，或多或少都会影响到保障性住房建设的执行力度。

保障性住房能否顺利运行，取决于保障性住房准入与退出机制是否完善，目前吉林省保障性住房制度的准入与退出仍存在很多缺陷。虽然政府对准入和退出管理和监督高度重视，但由于一些人的诚信缺失，加上相关部门审核不够严格，甚至有人提供虚假信息却未被审核发现，导致出现了很多不符合条件的人群申请了保障房；很多家庭住进保障房以后，而生活条件改善后，其已经不符合保障条件，但他们仍然不退出。无论是准入阶段的弄虚作假，虚构事实骗取实物或补贴，还是退出阶段的违反规定应收回保障性住房的行为，目前的法规和政策并没有给予相应的处罚，只是取消违反此规定的家庭享受保障性住房，违法成本非常低。

保障性住房种类繁多，各自体系相互独立，加大了监管难度和行政成本，不能形成完善的体系。吉林省目前并没有建立完善的共有产权制度，保障房与租赁房在保障对象、供应方面都没有衔接。当前廉租房和公租房已并轨，完善租购并举的住房制度还应打通共有产权房与公租房、商品房、租赁住房市场的壁垒，将实物补贴更多地向货币补贴转化，发展不同主体在住房保障方面的作用，减少保障房种类，实现政府资源整合优化。

（二）保障性住房存在的问题

目前，吉林省公共租赁住房建设已进入高速发展时期。然而，现有的公共租赁住房数量仍然无法满足低收入人群的住房需求。有限的土地资源限制了公租房的建设，房地产商大量购买本该用来建设公共租赁住房的土地来建商品房，不仅加剧了公共租赁住房土地供应不足的问题，还导致房地产市场中公共租赁住房和商品房建设比例失调。有限的建设资金导致公租房供给不足，政府资金短缺，当前的资金筹集模式与公共租赁住房的巨大需求相比还有较大的差距。房屋建设适用性差导致公租房供给不足，公租房大多数处于距离市中心较远的位置，这些地理位置多数是公共交通不便利、周边配套设施不齐全且人口密度较低，房屋适用性差的问题无法避免。种种原因造成实际建成的公共租赁住房无法满足住房困难家庭的住房需求。

吉林省共有产权住房以经济适用房的按份共有形式开始，但仅实施一年，便将重点转向了廉租房的共有产权，而后又将注意力集中于棚户区改造，造成了共有产权住房发展不连续，建设数量比其他省份少，共有产权住房制度仅仅是商品房和公租房的补充。共有产权住房管理缺乏严格详细的制度，省级规定只有 2009 年制定的《吉林省廉租住房按份共有产权实施管理办法》，该办法对具体的保障标准以及产权比例的核算等均未有严格定义；共有产权制度中未涉及租金；产权比例自始至终固定，个人不能逐步购买更多份额；退出机制安排不够完善。目前，随着我国住房市场的发展和国家住房政策的变化，廉租房已退出历史舞台，该办法已不能与公租房、租赁住房相衔接，而当前吉林省共有产权住房存在的问题多是由制度不完善所致，因此应尽快设计一套科学合理的共有产权住房制度成为关键。

（三）住房租赁试点制度存在的问题

在省委、省政府及省住建厅的领导下，各地市政府积极贯彻落实下，全省住房租赁市场快速发展，住房租赁规模逐步扩大。但与全面建成小康社会、实现住有所居的要求相比，住房租赁市场发展还远不能适应经济社会发展的需要。

1. 住房租赁业尚未形成

目前，吉林省住房租赁企业处于起步阶段，行业不成熟，除少数几个试点公寓企业外，还缺少规模化、专业化的市场供给主体，缺乏专业、规范的中介服务机构及信息沟通和交易媒介服务。在房屋租赁市场中，信息极度不对称。中介机构缺乏行业知名企业，机构本地化严重，企业规模不大；人员素质不高，缺乏专业性；企业信用不佳，行业缺乏统一标准。质量、信誉较好的长租型公寓所占比重很少，且运营商大部分是吉林省本地运营公司，全国性长租公寓重点企业只有万科泊寓，像我爱我家相寓、龙湖冠寓、蛋壳公寓、链家如家等全国知名长租公寓品牌都未进驻，使得长租公寓市场整体供应数量少、竞争水平低下。

2. 承租人的各项权益无法保障

目前吉林省大部分出租房是个人住户的闲置房屋，房屋老旧、设施简陋，存在大量安全隐患，承租者的人身财产权益无法得到保障。租赁关系很不稳定，很多住房租赁合同不超过一年，承租人经常面临出租人提前终止租约的情况，稳定的居住权利无法保障。承租人在教育、就医、养老等方面的基本公共服务权利不能得到保障，没有房屋产权不能获得同等待遇，有购买能力的外地人都会选择购买商品房，使租房市场需求减少，特别是对高端租赁住房的需求明显不足。课题组调研发现，吉林省大多数人在住房租购选择上经常受到传统观念影响，因"买租不同权"等原因而不愿意租房，很多购房困难的家庭宁愿买郊区买小房，也不愿租住便利的大房子。

3. 租赁合同备案率低，政府监管困难

住房租赁登记备案制度没有得到严格落实，不办理租赁合同备案的情况十分普遍，房地产管理部门无法掌握住房租赁市场情况，公安、工商、税务部门也难以掌握出租人情况，住房租赁市场处于严重的监管缺失状态。

三　国外和其他省份租购并举住房制度

（一）国外住房制度建设

1. 美国"大市场小政府"二元式住房制度

美国政府的住房政策主要依赖市场去配置，政府并不把为公民提供基本住房作为一种义务。大部分普通家庭按照市场经济规则，在市场上满足住房需求，在美国有95%以上的家庭从市场上获得住房。公共住房只是一种补充方式，联邦政府的主要责任是对那些没有足够能力自己取得住房的人群，如老人、残疾人、单亲母亲等提供帮助，以保障他们的住房权。美国公共住房占全社会住房总量的比例也是西方发达国家中最低的。美国政府的住房保障方式有两大类，即建设公共住房计划和住房补贴计划。公共住房由政府直接建造，由联邦住房管理局资助地方政府建造公共住房供应给最低收入阶层，地方政府不仅负责建造公共住房而且拥有所有权和经营权，居住者只需支付很低的房租，政府为开发商建造供低收入家庭租用的住房提供低价公有土地，提供贴息贷款、利息补贴，减免有关税费，并允许在合同期满后将廉租房转变为市场住房。住房补贴由政府直接发放给个人。这是美国住房保障的主要方式，既照顾了低收入家庭的利益，也避免了政府对市场直接干预。补贴分为对房东补贴、向低收入者提供住房租金补贴、对私人购房者补贴三种。

2. 日本"政府主导，市场参与"的住房制度

日本是一个岛国，人多地少住房自然紧张。在日本，中等收入以上家庭在市场上通过购买获得住房，住房主要由私营房地产公司建造；中等偏下以及低收入家庭则由政府提供不同的资助获取住房。日本住房私有率较高，住房市场调节机制很充分，但政府仍然起主导作用。政府面向不同收入人群提供公共住房，有低收入家庭的公营住房、城市中等收入者的公团住宅，同时对居民区进行改造，对低收入家庭提供购房贷款补贴，并建立市场与政府之外的第三方住房供应机构，通过互助合作的形式，有效地解决了在城市化进程中大批工薪者的住房问题。

3. 英国"政府与市场并重"的住房制度

"二战"后，英国把"高福利"视为其基本国策，政府深度介入住房市场，有支付能力的人到市场买房，剩下的人加入国家"混合型"住房保障制度。高公共住房比率是英国住房体系的主要特征之一，也是英国长期以来实施公有住房政策的结果。政府财政直接用于建房，通过出售公房改变原有的公房使用制度；对特殊贫困人群购房或租房进行补贴；政府直接补贴房东，通过租金管制的方法使租户的租金成本保持在低水平。

可见，通过市场配置私人住房和国家提供公共住房解决住房的供应问题，从而在不同层面上实现全体公民的住房权利，是世界各国普遍追求的途径。根据不同政治体制和经济发展水平以及法律传统，西方国家和很多亚洲国家基本形成了符合自己国情的独特的住房制度，我国各省份也在国家大力倡导下借鉴国外的先进经验并结合本地的具体情况，在推进租售并举的住房制度、保障公民住房权利方面不断推陈出新、大胆尝试。

（二）我国其他省份租购并举的住房制度

1. 保障房制度

2018 年，住建部和财政部根据地方自愿原则以及公租房发展情况，确定在浙江、安徽、山东、湖北、广西、四川、云南、陕西等 8 个省份开展

政府购买公租房运营管理服务试点工作。在《推行政府购买公租房运营管理服务的试点方案》中明确提出，试点地区要全面梳理现行属于政府职责范围、由财政支出安排的各类公租房运营管理内容，凡适合市场化方式提供的公租房运营管理服务事项，可通过政府购买服务方式实施。试点地区将建立健全公租房运营管理机制，完善政府购买公租房运营管理服务的管理制度与流程，形成一批可复制、可推广的试点成果，为提升公租房运营管理能力提供支撑。

住建部在《关于做好 2014 年住房保障工作的通知》中，将淮安、上海、北京、成都、黄石和深圳确定为全国共有产权住房 6 个试点城市。此后，南京、烟台、珠海、连云港等地也开展了相关探索。目前，我国共有产权房试点的总体规模不大，但做法多样，主要有北京的有限产权模式和上海共有产权保障住房两种模式。2013 年北京推出共有产权性质的自住型商品房，政府采用集中建设或配建等多种形式，通过"限房价、竞地价"等土地出让方式，让渡一部分土地出让金，自住型商品房的销售均价比同地段、同品质的商品住房价格低约 30%。2017 年 9 月，北京出台了《北京市共有产权住房管理暂行办法》，对自住型商品房进行调整和优化，推行共有产权住房制度，年满 25 周岁、符合一定条件的本地户籍和外地户籍者都可以申请共有产权住房，购房人不得擅自转让、出租、出借共有产权住房，产权份额不能分割转让给他人，严格限制了共有产权房的转让流通，坚持"房子是用来住的"这一基本原则。上海从 2011 年起即在出售经济适用住房时要求采用共有产权模式，在完善经济适用房基础上形成"共有产权保障住房"。2016 年，《上海市共有产权保障住房管理办法》出台，规定政府将划拨的建设用地转化为住房产权份额，将即期土地财政收入转化为中长期收入，分为集中建设与配建两种方式。上海共有产权房保障对象为本市户籍中等及以下收入的"夹心层"家庭，共有产权住房更多的是保障性住房性质，取得共有产权房产权证满 5 年后可上市转让或购买政府产权份额，但政府有优先回购权。共有产权房被上市转让或者优先购买的，购房人按产权份额取得相应价款，住房性质转为商品住房。

2. 住房租赁制度

2017 年 7 月，国家出台《关于在人口净流入的大中城市加快发展住房租赁市场的通知》《国务院办公厅关于加快培育和发展住房租赁市场的若干意见》，准确把握住房的居住属性，以满足"新市民"住房需求为主要出发点，以建立租购并举的住房制度为主要方向，以市场为主满足多层次需求，以政府为主提供基本保障，在人口净流入的大中城市加快发展住房租赁市场，确定在广州、深圳等12个城市试点，随后各个城市陆续出台了试点工作方案。

（1）多种措施，增加租赁房源的市场供应。发展住房租赁市场，首先要有充足的、可供多种层次需要的房源供应，试点地区根据本地区商品房和住房租赁市场发展特点，采取多种措施增加可供租赁的房源。一是通过拓宽供给主体，发展现代住房租赁产业方面增加市场供应，如成都组建或改建国有住房租赁公司，建设和运营租赁住房；广州成立住房租赁发展投资有限公司，负责统筹政策性住房的投资、融资、建设和运营管理。二是通过盘活存量房提供租赁住房，支持将非住宅物业改建用于出租，如广州允许将商业用房等按规定改造成租赁住房；武汉鼓励住房租赁企业收购或者长期租赁闲置的非住宅项目，将其改建为集中式公寓。三是通过资金的长效支持保障租赁住房的供应，在政府投资有限的条件下，创新金融产品增加融资渠道，是影响租赁住房市场供给和发展的关键，各地纷纷出台政策鼓励银行业金融机构、证券公司、基金管理公司、保险机构等创新金融产品为住房租赁企业提供融资支持，如推进房地产投资信托基金（REITs）试点和CCB建融家园等模式。

（2）推行"租购同权"制度，保障承租人权益。从保障承租人权益出发制定了相关政策，积极推进"租购同权"。广州、沈阳、郑州、无锡、北京陆续提出在教育、医疗、养老等公共服务方面赋予承租人与户籍人相等的权利。

（3）加强对住房租赁业的监管和服务。住房管理部门是租赁市场的监管主体，但具体管理工作还涉及人口管理、消防、治安等部门。各地根据国家要求明确了政府各部门在规范发展住房租赁市场工作中的职责分工，规范租赁市场秩序、打击违法违规行为，实现住房租赁交易服务平台与公安人口管理系统平台信息共享。例如，天津市在全国范围内率先将住房租赁业纳入监管范围。此后，成都和南京等地建立了四级住房租赁综合管理体系，加强对市场的管理。同时，杭州市、成都等一些城市建立了"租赁信用管理体系"，如建立住房租赁诚信档案、租赁市场主体"红名单"和

"黑名单"的信用管理体系制度等。

四 加快发展吉林省租购并举住房制度的对策建议

（一）加强住房制度立法

社会法是调整在国家保障自然人基本生活权利过程中发生的具有国家给付性的社会关系的法。国家给付是随着社会权被法律承认而出现的国家义务，本质就是公民在社会中为了最基本的生存和发展而有赖于国家负责保障的那部分权利，其保障对象主要是社会中的弱势群体，也就是说国家在此承担了一种扶助弱者的角色。住房作为人基本的需求，对个人及其家庭的生存和发展至关重要，但是从客观实践上来看，公民住房权利的实现，仅仅依据公民的自我努力还显得不够，尤其是社会中的弱势群体，如老人、残疾人、单身母亲等，这些人的住房权的实现需要国家的扶助、补贴甚至免费供给。因此，国家给付是保障住房权的重要的方式，这种调整在国家保障自然人住房权利过程中发生的具有国家给付性的社会关系，需要由社会法来调整。为了实现对公民住房权益的保障，形成全国统一的住房保障法律制度，在宪法规定的基本权利和原则的指导下，完善相关的配套法律、制定统一的住房保障的立法，明确规定公民享有住房权利的具体制度以及各级政府的义务，以有效保障公民的住房权利的实现。

当前，在全国立法还没有制定的条件下，很多措施和制度仅限于各部委的通知和文件，法律并不完备，细节问题的界定比较模糊，对很多问题都采取概括性说明，具体细则并没有阐述，各地出发点和对文件、政策的解读不同，在实践中的做法也千差万别。吉林省可先制定地方性法规，以党中央和各部委的法规、政策基本精神结合本省的具体情况制定全省统一的法律规范，使各种制度之间有机衔接，做到有法可依。

（二）完善保障性住房制度

1. 准入和退出机制

现阶段吉林省要避免高收入人群混入保障房队伍，一是实施全面审查制度，对申请人能够体现家庭或个人收入的全部情况进行调查。二是实施监督制度，对有转租或者超过一定消费水平人群入住的，发动群众监督举报由专门的住房保障部门调查。三是对违法、违规骗取保障房的个人或者家庭，处以法律的制裁，不仅处以经济处罚，必要时处以刑事处罚。

完备的退出机制对保障低收入者住房权利同样具有重要意义。一是确立合理的退出条件。二是建立有效的家庭与个人评估体系，准确掌握家庭与个人收入与住房条件的变化情况。三是激励与强制措施并用，建立有效的退出机制。基于强制退出关系居住人的基本住房权利，为防止权力滥用强制执行权不应由行政机关直接行使，而应通过合法的程序由各级人民法院做出判决或裁定。

2. 质量监督和管理

目前我国已经采取保障房建设质量责任终身制，谁建设谁负责。吉林省可根据《建筑法》《建筑工程质量条例》及住建部的相关规定，制定地方性法规，做到有法可依。完善住房保障项目工程质量终身负责制的处罚责任，建立企业资质评估制度，对不能保证工程质量的建筑企业，严厉查处并向社会通报，取消其行业资质，并对企业负责人和相关责任人给予法律制裁。

3. 严格的程序

无论是公租房还是共有产权房，对申请人资格的确认、调整、分配、强制退出都需要行政机关公权力的介入。这种公权力行使不限于住房保障行政主管机关，而且包括大量的法规与规章授权的组织，因此必须加强对住房保障行政权的控制，从事前的立法授权到事后的司法审查，都必须进一步完善。在我国住房保障行政实体性立法需要更多制度实践的前提下，可以程序先行，吉林省可先建立正当的住房保障行政程序，通过正当程序来限制行政权的滥用。这些正当程序包括公开制度、回避与职能分离制度、当事人参与制度、案卷制度等基本制度。

4. 建立并完善住房保障体系

为建立多层次、广覆盖、可持续的住房供应体系，吉林省可从运作模式、房源供应方式和配套政策等方面进行完善，打通共有产权房与公租房、商品房的壁垒，建立"保基本、分层次、广覆盖"的住房供应体系，引导居民转变观念，形成梯级消费理念。对低收入群体，通过租赁市场、保障性住房满足居民基本住房需求；对于中间层群体，通过共有产权房与租赁房相结合满足居民住房需求；对高收入群体，通过产权房或高档租赁房满足其对高质量住房的追求。用"租售并举"方式满足高中低收入人群的多样化住房需求，在居民收入可承受的范围内实现其基本住房权利，以实现人民对不断发展的美好生活的追求。

5. 多渠道拓展资金来源

保障性住房建设和对低收入家庭给予住房补贴需要政府大量资金投入，而吉林省属于经济欠发达地区，地方政府财力有限，完全由政府投资建设保障房来满足居民的住房需求不切合实际。要发挥社会各方面的力量，调动一切可以调动的资金，充分投入保障房的建设当中。在土地出让金中提取住房社会保障基金是保障房建设资金来源的稳定渠道。

《国务院关于解决城市低收入家庭住房困难的若干意见》规定，地方政府每年从土地出让净收入中拿出至少10%的资金，用于保障房建设。《吉林省人民政府关于印发公共租赁住房管理暂行办法的通知》规定，各地在土地出让净收益中安排的统筹用于发展廉租住房和公共租赁住房建设的保障资金，应按不低于20%的比例安排使用。发达国家的政府对社会资本参与保障房建设，给予土地、税收、贷款、担保等方面政策优惠，对参与保障房建设的开发商，给予土地、税收的减免，并可提供低息和免息贷款。吉林省可以此调动企业开发建设的积极性，让企业在实现企业责任的同时又能从开发建设中获利。设立住房保障发展基金，并将其作为住房保障主力融资渠道，完全用于住房再生产的各个环节之中，低成本放贷，保持它的低成本和微利经营，专款专用。合理规划，"以房建房、以房养房"。在保障性住房建设的规划设计中，配备合理比例的商业地产面积，不仅可以提高居民的生活便利水平，还可以用商业地产租金收益来冲抵保障性住房社区的租赁、物业等费用，使保障房建设有更多的资金保障。

（三）发展住房租赁市场

1. 多渠道供给，加大租赁住房供应力度。

（1）采取多种措施增加房源。进一步对运营主体在土地供应、土地规划、税收优惠、贷款融资等方面给予政策上的支持，结合吉林省的特点制定更加精准的实施办法。在土地划拨、出让时增加租赁用地供给数量或将商品住房用地规划一定比例和年限的租赁住房用地，并给予一定的优惠措施。鼓励开发商将闲置的、不景气的商业用房，按规定改造成居住型租赁住房。

（2）拓宽融资渠道，降低融资成本。增加对住房租赁企业的信贷支持政策，学习其他试点省份的金融创新产品，鼓励商业银行和资本市场对住房租赁企业提供信贷支持。例如，房地产投资信托基金、资产证券化、公司债券等多样化融资形式。同时也要加强对企业运营状况的监管，防范、控制融资风险。

（3）成立国有租赁公司，引进品牌公寓，充分发挥龙头企业在住房租赁市场的引领作用。鼓励国有租赁企业通过新建、改建、收购、租赁等方式收储租赁房源，发挥其在稳定、平抑租金方面的积极作用。建立和引进长租公寓中介机构，长租品牌公寓大多选择质量较好、年代较新的社区，有统一的装修标准、统一的管理，家具家电齐全，安保措施完善、提供保洁服务，可全面提高租客的生活质量，提高吉林省长租公寓的质量和竞争活力。

（4）加快发展住房租赁企业。鼓励各类投资者和自然人设立住房租赁企业，提高住房租赁企业规模化、专业化水平，借助财政、税收、融资支持等手段，积极开展住房租赁业务。

（5）完善和宣传住房租赁平台，加大对吉林省 CCB 建融家园的宣传，建立微信公众平台，引导供需信息对称。将更多住房租赁的主管部门纳入信息平台，提供第三方信用备案和服务，形成集信息服务、交易监管、信用备案于一体的一站式公共资源服务信息平台。

2. 促进"租售同权"制度，引导居民住房消费观念转变

根据国外及其他试点省份的经验，"租售同权"是培育和发展"租购并举"制度的重要内容。在国家层面尚未有明确立法的情况下，根据吉林省经济发展和人口流动现状，放宽户籍要求，在一定条件下赋予租房者与购房者享受同等教育、医疗等基本公共服务的权利。

引导居民住房租赁观念的转变，政府可通过税收优惠、租购同权等制度的推进，消除居民只租不购的观念。此外，通过公益法制宣传，让居民了解房屋租赁不是租赁双方的事情，要受到政府相关部门的监督管理，双

方的权益要能得到有效保障，消除人们因租房而产生纠纷等的种种顾虑。

3. 严格监管制度

制定吉林省《住房租赁管理条例》《住房租赁企业服务标准及行业规范》《长租公寓设计与配置标准》《住宅出租管理与服务规范》《房屋租赁居间业务服务标准》等地方法规，理顺管理机制，加强市场监管和服务，为各项措施提供法律依据。以法规明确和协调住房租赁行政管理、监管和服务过程中的各种机制，可在吉林省住建厅下设一个单独部门主管住房租赁业务。确定租赁房屋的质量、基础设施的法定标准，减少安全事故。严格监管房屋中介机构，规范中介行为，制定统一的居间服务条款和行政处罚制度，用行政处罚减少承租人与中介机构因居间服务问题而引起的民事诉讼纠纷，减少当事人的诉讼成本和负担。成立住房租赁行业协会，统一行业标准制定完备的住房租赁合同、居间合同范本。

结 论

租购并举的住房制度是落实党中央、国务院决策部署的重要举措，是实现全面建成小康社会"住有所居"目标的重大民生工程。吉林省在构建租购并举的住房制度中，探索和制定了一系列符合省情的制度，取得了一定成绩，但还需根据实际情况进一步细化政策，并不断优化，逐步建立起租购并举住房制度的长效机制。要在培育发展住房租赁市场试点基础上，建立分层级、多档次、合理衔接的住房保障供应体系，满足城市各类人群的住房需要。用法规落实国家优惠政策，丰富高中低不同层次住房供给，打通租赁住房和保障性住房、商品房通道，培育住房租赁市场，形成多层次保障、多渠道供给的梯度供给制度。

大力推动医养结合
促进吉林健康服务业发展的对策研究

吉林省社会科学院课题组*

摘　要　随着吉林省人口老龄化程度的加深，健康养老供需矛盾日益显著，以医养结合为基础快速发展健康服务业意义重大。本文首先提出了吉林省医养结合面临的主要问题，结合SWOT分析探讨了吉林省医养结合存在的优势、劣势、机会和威胁，最后提出了如加大医养结合的政策扶持力度、促进医养开发市场化运营等促进吉林健康服务业发展的建议。

关键词　医养结合　SWOT分析　健康服务

一　吉林省医养结合发展现状

随着人口老龄化的加速发展，截至2017年末，吉林省65岁以上老年人口已占人口总数的12.38%，预计到2020年，吉林省65周岁以上老年人口占比达到15.15%，老年抚养比达到33.35%。而根据2015年1%人口抽样调查数据，全省60周岁以上老年人口占人口总数的18.1%，高于全国平均水平2个百分点；65岁以上老年人口占人口总数的比例为11.24%，高于全国平均0.74个百分点。随着人口老龄化程度加深，吉林省人口老龄化程度已经高于全国平均水平，老年人的医疗养生需求随之增加。但当前吉林省养老医疗资源紧张，养老服务有效供给明显不足。到2017年5月底，吉林省共有各类养老机构有1540家，其中有805家养老机构能够为入

---

* 课题负责人：陈新；课题组成员：王亚楠、张帆、喻晓才、李煜、贺飞、于秋时、雷峻一。

住的老年人提供医疗服务，占养老机构总数的 52.27%；吉林省专业的医养结合机构有 61 家，其中医疗机构提供养老服务的有 13 家，养老机构内设医疗机构的有 48 家，健康养老供需矛盾日益显著，这对养老健康产业的转型升级发展提出新的要求。另外，以医养结合为基础，老年人对精神慰藉、心理疏导、休闲娱乐等方面的健康服务需求也呈现出快速增长的新态势。但目前吉林省养老服务中的医养结合配套政策及制度体系还不健全，发展产业链较短且单一。吉林省亟须对养老资源进行优化整合，加快健全多元化、多层次的健康养老服务体系，从而发展健康服务新业态，这对于吉林省持续推进的产业转型升级具有重大意义。

二　当前吉林省医养结合面临的主要问题

（一）主管部门权责不明，加大了政策的落实难度

目前吉林省医养结合主要有"养老机构中增设医疗机构""医疗机构内设养老机构""养老机构和医疗机构共同合作"三种方式。在目前现行管理体制中，普通养老机构的审批和管理权限主要在民政部门，医疗卫生服务机构由卫生部门认定和管理，医保报销由社保部门管理，社区居家养老服务由老龄办组织实施，随着老龄办划归吉林省卫生健康委员会，居家养老主要由卫生部门负责统筹规划。总的来看，吉林省医养结合模式的运营过程中受民政、卫生和社会保障等部门多重管理，这直接导致医养结合主管部门交叉重叠，权责不明晰，各主管部门之间很容易产生责任推诿等情况，这也导致医养结合的割裂。

（二）医养结合政策体系没有形成，政策支持力度不够

自 2014 年以来，吉林省政府出台了一系列政策鼓励支持健康养老服务业的发展，提出积极发展健康服务新业态，加快推动医疗卫生与养老服务融合发展，但目前仍然缺少关于医养结合发展具体措施的政策文件。促进医养结合的扶持措施散见于各部门文件中，政策的系统性和衔接性不强，影响了政策实施的可操作性，导致扶持政策惠及范围有限，对医养结合效果的持续监督不够。由于养老服务对象的特殊性，养老机构的盈利水平偏

低，很多养老机构已经是依靠政府补贴维持经营。如果不考虑实际情况，单纯增加医疗服务内容，必将使其运营更加艰难，反而不利于调动养老机构增加医疗服务的积极性。调研中发现，吉林省有很多医养结合养老机构存在资金紧张问题，迫切需要政府在医疗器械购置、医护人员聘用方面给予一定的配套和扶持政策。另外，吉林省民营企业参与医养结合的积极性不够，这也需要政府加大宣传和引导。

（三）医养结合深度不够

目前吉林省医疗资源比较紧张，专业医疗机构开展养老服务的动力不足，而且医疗机构中的养老服务费用普遍较高、床位也都比较紧张，无法满足大多数老年人的养老需求。目前，吉林省养老机构中虽然有一半的机构能够提供医疗服务，但是仅限于日常照护等简单的医疗服务，为生活不能自理老人和失能老人提供专业护理服务的养老机构数量明显不足。更为关键的是，养老机构与医疗机构之间的转诊制度尚未真正建立，难以实现资源的有效整合。另外，以社区居家养老为基础的医养结合发展仍然缓慢。虽然全省已经基本实现社区居家养老服务站全覆盖，但是社区、居家、医院三者间的关系没有理顺，社区居家医养结合网络尚未真正形成，无法真正满足多层次、专业化的养老服务需求。

（四）机构间层级分化较大，服务能力参差不齐

调研发现，目前养老机构和医疗机构的合作或融合需要满足相应的准入条件，有条件开展医养结合的养老机构多为公立养老院或高端私立养老院，而满足条件的医疗机构多为三级医院。三级医院专业化服务能力强，但由于病源充足、床位甚至处于超负荷状态，开展医养结合的动力明显不足。公立养老院或高端私立养老院能够提供比较专业的医养结合服务，但是其收费较高、能够提供床位有限，覆盖老年人数量不多。小型私营养老机构或一、二级医疗机构则因资金不足或医护人员专业能力不足等原因难以开展医养结合服务。医养结合服务机构间层级分化较大，服务能力差异明显。医养结合养老机构要得到长足发展还需要有完善的市场化机制，除了发挥政府的主导作用，还要发挥市场和民办机构在提供多层次、多样化养老服务方面的优势。

（五）支付保障体系尚未形成

医养结合的另一个难题是支付问题，老年人整体收入偏低，尤其是患病、高龄、失能老人的支付能力非常有限。作为一个传统的农业大省，吉林省人口老龄化还有一个显著特征就是城镇人口老龄化程度高于农村，这对广大农村老龄人口而言，支付能力更加堪忧。目前吉林省各种类型的养老机构还没有被纳入医保定点范畴，养老机构医保结算普遍较难，医保对老年人在养老机构发生的各种医疗护理服务费用难以报销，这加重了在养老机构接受医养结合服务老年人的经济负担。另外，缺少用于老年人长期护理保险费用也是直接影响其支付能力的重要原因。目前，吉林省在长春、吉林、松原三地试点长期医疗护理保险制度，但覆盖范围仅包括参加了城镇职工医疗保险的失能人员，其他半失能、失智的城镇老人以及广大农村老人目前仍不能享受护理保险的相关待遇，这也直接影响了部分老年人对健康养老服务的支付能力。而且，目前保险基金主要来源于基本医疗保险，财政的长期预算机制不够完善，长期护理保险资金仍然缺乏有效保障，长期护理保险制度的发展仍然需要各方的积极努力。

（六）医养结合服务专业人才匮乏

从调研的医养结合养老试点中了解到，目前吉林省医养专业人力资源无论是数量还是质量都与社会需求存在较大的差距。医养结合机构的人员构成有以下几个突出的特点：一是具有中级职称的专职医护人员短缺严重，特别是 30～45 岁这个年龄段的中坚力量严重不足；二是具有高级职称的专业人才严重缺乏，有的机构只能返聘已经退休的人员或外聘人员，其工作时间和精力都难以得到保证；三是具备初级职称的专业人才对业务的熟练程度难以得到持续提高，且普遍存在未来转行的计划；四是在岗的老年护理人员普遍学历低、专业素质不高、年龄偏大，且大多没有经过专业医护技能培训；五是社区基层全科医护人员短缺，导致社区基础医疗和康复护理服务能力不高，社区居家养老服务难以开展。此外在调研中发现，目前吉林省缺少规范养老服务人员的管理制度，没有建立起养老机构服务人员的资格认证、职称评定体系，这也加剧了医养结合专业人才的匮乏。

（七）养老健康产业的市场化发展创新性不强

目前，吉林省养老机构服务类社会组织数量有限，甚至有些养老机构是由家政、保洁企业转型而来，因此医养结合健康产业资源开发主要以初级开发服务为主，产业链较短且单一，难以在短期内过渡到专业型医养结合服务机构。由于基础薄弱，缺少统一规划，加之配套衔接不足，吉林省医养结合的发展未能充分利用本省丰富的健康旅游、现代农业、中医药、金融保险、高端装备制造等产业的优势，产业间协调发展动力不足，产业开发程度不够。非营利性的养老机构虽然能够享受国家优惠政策，但在申请补贴上仍然面临审批程序复杂、申请标准不明确等现象，且盈利往往只能用于民营养老机构的滚动发展，没有形成有效的养老盈利模式，难以吸引民间资本进入养老健康产业。目前，对医养结合资源的开发投入主要以政府投入为主，政策创新不够，未能有效释放市场活力。

三 吉林省医养结合的 SWOT 分析

（一）吉林省医养结合的优势

从吉林省医养结合具有的优势来看，第一，吉林省拥有较雄厚的医疗实力，医疗资源比较丰富，省内有包括吉林大学第一医院、吉林大学第二医院、吉林大学中日联谊医院等在内的众多国内知名三甲医院。第二，吉林省中医医疗资源丰富。依托长春中医药大学的科研和教学优势，长春中医药大学附属医院是国内知名的综合性三甲医院，而且吉林省东部长白山区野生药用植物资源丰富，被誉为中国三大天然药材宝库之一，盛产多达70余种野生中药材，中医药养生优势明显。第三，吉林省四季分明，气候宜人，土地肥沃，物产丰富，森林覆盖面积高，省内多地分步温泉，非常适宜人类生存居住，具有健康养老的丰富资源，立足本地面向全国发展大健康产业的基础扎实。第四，吉林省各级政府对人口老龄化问题十分重视，一直在积极采取行动应对人口老龄化可能带来的医疗、养老、保险等问题，并已经建立了吉林省老龄综合管理信息系统等基础信息平台，这为大数据背景下加快医养结合营造了良好的环境。

（二）吉林省医养结合的劣势

吉林省医养结合的发展也面临着诸多劣势。第一，吉林省养老模式仍然比较单一。调研中发现，吉林省居家养老占比在95%以上，且目前吉林省老年人口绝大部分是计划生育家庭的老年人，高抚养比加重了居家养老的负担。第二，吉林省目前医养结合人才的数量和业务素质不能满足实际需求，但受到近年来吉林省人口净流出的影响，很难吸引外地的医养结合专业人才到吉林工作，这也影响养老机构医养结合功能的发挥。第三，医护人员和患者都存在向三甲医院集中的趋势，导致基层医院服务人员不足，资金短缺，难以开展医养结合专业服务，制约了社区居家养老的发展。第四，相比传统养老机构，医养结合养老机构的收费水平高，只能满足经济条件较好的老年人需求，使服务覆盖老年人群出现结构性失衡。第五，养老服务业资金渠道较少。目前吉林省能够筹集的国家财政拨款的金额有限，彩票基金资助金额远不能满足医养结合快速发展的需要，社会捐助对社区居家养老的辅助作用微乎其微。而且，吉林省基本养老保险金收支已经出现了逆差。2016年吉林省企业养老保险金累计结余331亿元，可支付月数仅为5.9个月，远低于全国的平均水平，居全国倒数第三位，有效支付能力不足是吉林省开展医养结合服务的一大劣势。

（三）吉林省医养结合存在的机会

第一，医养结合发展具有政策优势。习近平总书记在党的十九大报告中指出，"人民健康是民族昌盛和国家富强的重要标志"，体现了建设健康中国，让人人享有健康对社会乃至国家的重要性，而医养结合服务模式是一种有益的服务供给探索和理性的制度选择，能够实现从"以疾病治疗为中心"到"以健康促进为中心"的转变。2016年，吉林省人大常委会颁布的《吉林省老年人权益保障条例》正式实施，省政府办公厅先后出台了《关于推进医疗卫生与养老服务融合发展的实施意见》《关于整合城乡居民基本医疗保险制度的实施意见》《关于以市场化方式发展养老服务产业的实施意见》。2017年，省政府办公厅印发了《吉林省推进多层次医疗联合体建设实施方案》，转发了省人社厅等部门《关于进一步推进长期护理保险制度试点实施意见的通知》等政策文件。一系列政策的出台，为吉林省快速发展大健康产业提供了机遇。第二，吉林省在全省范围内推广医疗照护保险（即长期护理保险），发挥医保基金效益，缓解失能老人护理费支出压力。第三，随着产业结构的转型升级，吉林也在不断调整产业布局，逐渐实现从农业、制造业等传统优势产业向第三产业过渡，着力开发健康旅游、高科技等新型产业，吉林省丰富的健康旅游、绿色食品资源，将有利于大健康产业的深度融合发展。第四，随着生活质量的提高，老年人带病期延长，养老机构不能仅停留在传统日常生活照料的层面，还需要根据老年人疾病预防康复、精神慰藉等的需求提供个性化、更具有针对性的服务方案，能提供专业化诊疗服务的养老机构将在养老服务市场中占据竞争优势。

（四）吉林省医养结合面临的冲击

2010 年第六次人口普查统计显示，吉林省 60 岁以上老年人有 362.65 万人，占总人口的 13.21%。到 2020 年，这一比例预计将增加到 21.35%，到 2050 年这一比例将持续升高到 43% 左右。人口老龄化程度不断加深，将对医养结合服务的发展造成了较大的冲击。第一，引入医养结合服务将使传统养老机构运营成本增加，因而规模较小的中低端养老机构无能力提供医疗服务或运营压力增大。不同规模、不同性质的养老机构在激烈的市场竞争中将产生严重的两极分化，这将对传统的养老机构产生较大的冲击。第二，不同级别的医疗机构分化将进一步加剧，专业化医养结合服务将使老年人向综合性医疗机构集中，这必将导致基层医疗机构内设养老机构的竞争力不足，对社区居家养老提出了挑战。第三，老年人无论是否需要住院均办理住院手续，并且每次住院有天数限制，这不但影响老年人根据实际情况享受医养服务，而且还可能存在滥用医保资金报销养老费用、影响正常报销程序的问题。第四，目前居家养老、社区养老和机构之间仍呈现独立发展状态，医养结合的发展缺乏系统性、协同性。

虽然吉林省在医养结合服务中本身存在劣势，面临诸多考验，但从总体来看，机遇与挑战并存，实施医养结合，促进健康服务业的发展已是迫在眉睫。吉林省仍需努力改革，利用本省的优势，抓住外部机遇，克服自身劣势和外部威胁，以医养结合为契机加快发展大健康产业。

四　促进吉林医养结合养老创新发展的对策建议

（一）完善组织领导体系

第一，应当将卫生健康部门确定为医养结合服务的主要责任部门，全面负责医养结合管理政策、看护服务规范标准、专业人才培养方案和发展规划等的制定和实施工作，同时对医养结合服务中涉及专业诊疗、护理服务和医疗资源配置予以业务指导，避免出现业务交叉、权责不明的情况。第二，相关部门间应当加强横向联系，打破部门间的行政壁垒，建立一个由卫生健康、发改、民政、医保、财政、国土、税务等部门构成的专门委员会，梳理业务流程，通过定期沟通协调解决相关事宜。第三，对近年来医疗卫生领域民营资本的进入，导致养老产业出现不规范经营的乱象，一方面必须建立健全相关监督制度，明确各部门的监管职责，并强调对违反程序及存在的问题进行监督与惩处；另一方面，也要鼓励和保护民办养老机构的发展，消除所有制歧视，落实对民办养老机构的优惠扶持政策，促使其不断提高其服务质量，成为健康养老服务市场的有益补充。

（二）完善政策保障体系

医养结合的完善发展首先要强调政府的主导作用，包括对相关政策法规的制定、服务过程的监管责任、营商环境的改善、基础设施的提供、基础信息平台的构建等，并出台医养结合发展战略和规划以及相应的激励机制和扶持政策。具体来说，第一，科学制定医养结合总体建设规划，将医养结合养老模式纳入经济社会发展总体规划、城市建设总体规划和医疗资源分布规划。第二，对社会办医养结合机构在土地、税收、水电气、人才保障等方面给予优惠政策，机构也必须承诺后续运营不脱离本身的公益属性。第三，发挥公共财政的主渠道作用，逐步建立稳定的财政投入机制和资金增长机制，将财政补贴的重点放在失能、半失能、特困、高龄等具有特殊需求的老年人群。第四，在投融资政策方面，金融机构应创新适合民办养老机构发展的信贷项目，允许民办养老机构以固定资产及收费权为抵押申请贷款，对缺乏固定资产的养老机构，政府应当协调担保机构，鼓励银行提供流动资金信用贷款，切实解决民办养老机构发展中的资金短缺问题。第五，对于医养结合机构的养老服务民事纠纷，政府应当建立纠纷调节机制，给予必要的法律援助和指导，保障医养结合服务机构的合法权益。第六，制定和完善具体的医养结合养老机构建设标准、设施标准、从业人员上岗标准、服务标准和管理规范，建立对医养结合服务的监管机制，明确医养结合养老机构的准入和退出机制。第七，尽快将符合条件的医养结合机构纳入医保报销的定点单位，分担此类机构后续运营中的成本，提高医养结合服务供给主体的积极性。

（三）完善以社区居家养老为基础的多层次服务序列

针对老年人在发生疾病的不同阶段对医养结合服务的差异需求，应加强对现有社会医疗和养老资源的整合，建立互联互通服务网络，将医养结合发展为集医院、护理院、养老机构、居家、社区等于一体的多种类型、多层次、可流动的服务体系。具体来说，第一，卫生健康、民政、医保等部门应当组建评估机构，形成老年人健康需求评估体系，这是医养结合服务序列构建的基础。第二，鼓励医疗机构开展医养结合服务，支持有能力的三级医院扩展业务范围，单独设立养老机构；鼓励医疗资源有闲置的一、二级医院和社区卫生服务中心发挥专业技术优势，部分转型为康复院、护理院等医养结合养老机构，逐步提供养老照料和医疗护理服务；对社区卫生服务机构，应鼓励其在对居家老人的日常照料基础上了解辖区内老人的健康需求。第三，引导养老机构开发医养结合服务：对于规模较大的养老机构，鼓励其在符合规定的条件下，在养老机构内部设立医疗机构；对规模较小的养老机构，可以在养老机构内设卫生所、医务室，同时可视其周边医疗卫生条件邀请医院在养老机构设立医疗联系点，或直接与邻近社区卫生服务中心和医院合作，实现医疗资源共享。第四，尽快建立二级医院以上医疗机构之间，以及医疗机构与养老机构之间的转介渠道，促进医疗、养老机构之间的协作，保证老年人以社区居家养老为基础，就近衔接所需的医养结合服务机构。

（四）稳步推进长期医疗护理保险制度，缓解养老机构和老年人资金压力

在缓解养老机构的资金压力方面，第一，政府可以通过将养老专项医疗资金列入年度财政预算的方式，采取一次性财政补贴等手段增加政府购买养老医疗护理服务的力度。第二，建立相对集中、统一和独立的老年人长期照护服务支付机制，将用于社区的预防保健经费、医保经费中的老年人医疗项目经费，以及对于养老机构等的财政补贴等资金集中整合，形成统一的支付体系。第三，引导社会资金投入，倡导社会各界以多种形式对医养结合产业进行慈善募捐，拓宽医养结合产业投融资渠道，发展多种融资方式。

为缓解老年人的资金压力，第一，应进一步扩大长期医疗护理保险的试点、保障内容和保障范围，对失能、半失能老人做到应保尽保，并构建独立的资金筹集、管理支付等系统，持续完善长期护理保险制度。第二，要以养老机构为依托，理顺养老保险、医疗保险和长期护理保险之间的关系，整合和衔接各险种功能，促使其各尽其能，相互支持配合，最大限度满足养老支付的需求，并鼓励、引导商业保险参与。第三，在居家养老方面，应当持续推进政府购买服务，购买上门服务、专项服务、应急服务等，重点解决高龄、独居、失独家庭老人的资金不足问题。

（五）加强医养结合专业人才培养

第一，做好培训工作。各级卫生健康、人力和社会保障部门，要加大对医养结合养老人才的培训力度，要加强对从事医养结合工作的各类专业医师、护士、护理等人员的培训。第二，与省内各大医学院校、职业技术学院开展合作，在这些院校开设老年医养结合护理的专业课程，储备医养结合年轻人才，并鼓励医养结合服务机构与大中专院校合作建立老年医养护理实习基地，吸引更多的年轻人参与到医养结合服务中来。第三，完善在岗养老护理员的培训制度，采用在岗培训、远程培训等多种方式，进一步提高在岗养老护理员服务的专业化水平。第四，吸引和鼓励医疗机构的专业医师和护士到医养结合养老机构兼职，并给予相应的补贴，带动医养结合机构服务水平的提升。第五，应当加大社区卫生机构全科医护人才培

养和人才引进的力度，给予资金和政策上的支持，建立起专业化的社区全科医疗队伍。第六，健全激励机制和补偿机制以吸引和留住人才，对公办医养结合养老机构，要给予专职医护人员正式编制，并在职称评定、薪酬等方面加以倾斜，对私立的医养结合养老机构，应当在薪资和待遇方面给予保障。

（六） 建立养老信息网络服务平台

促进"互联网＋"、大数据与社区居家养老的结合，提高养老服务产品的供给效率，应当从产业信息平台建设、维护以及软硬件提供方面着手改善。第一，在数据库开发和居家养老服务信息平台建设方面，政府应当统一规划，并给予一定的优惠条件，鼓励企业进行数据库、智能化产品、健康养老移动应用软件等的设计开发，并组织对数据库及社区养老服务信息平台进行维护和更新。第二，要着手打通养老服务信息共享渠道，利用吉林省已经建立的老龄综合管理信息系统等多个信息化平台，加快信息共享和整合。第三，鼓励互联网高新技术企业开发符合当地实际情况的养老服务操作系统，并由政府招标购买供老年人及家属下载使用。第四，为方便养老健康信息的收集和更新，可以采用补贴或税收优惠等形式鼓励企业开发老年人专用智能设备，并通过租金补贴等形式，帮助老年人以较低价格租赁智能养老设备。

（七） 依托吉林医养结合资源，促进健康服务业发展

吉林省发展健康服务业的重要优势是整体生态优势和良好的医疗资源，这就要通过政府与社会间的良性互动，不断推进产业间的融合，实现医养结合、养老旅游、健康服务、绿色生态农业联动发展的新业态。吉林省位于中纬度欧亚大陆的东侧，属温带大陆性季风气候，四季分明，冬季平均气温在－11℃以下。夏季平原平均气温在23℃以上，正常年份，光、热、水分条件可以较好地满足作物生长需要，非常适宜人类生产生活，生态旅游优势显著。结合吉林省近年来不断加剧的人口老龄化趋势，第一，应当适时打造"医养＋候鸟式养老"品牌，充分利用吉林省舒适的气候条件、优良的生态环境、丰富的绿色食品资源，结合吉林省新型城镇化、旅游名镇和"美丽乡村"建设，打造一批富有吉林特色的"候鸟养老小镇"，

带动健康服务业的发展。第二，吉林东部山区盛产多种名贵稀有中药材，应当充分发挥吉林中医药大省的优势，加快人们健康养生观念的转变，结合吉林省东部长白山区域的中医药种植、加工产业的转型升级，带动吉林省大健康产业的发展。

（八）加快产业平台建设，推动医养全面深入融合

在当前吉林省加快产业结构转型升级的背景下，进一步推动医养全面深入融合，应当突出社区居家养老和机构养老以及"互联网＋"与居家养老的结合，提高养老服务产品供给效率，降低社会总成本。第一，充分盘活社会资源，鼓励吸纳医疗卫生、康复护理和社会工作等专业机构进入养老服务领域，打造医养融合一体化平台。第二，打通医疗、养老、居家的衔接运作，打通医疗机构老年病床、养老机构床位和社区居家养老之间的衔接通道，实现以医疗资源为基础对养老产业进行横向融合。第三，以医养结合方式盘活现有养老服务资源，将具备条件的养老机构内设医疗机构，将闲置的医疗资源转型为医养结合型养老机构，把资源利用率较低的医疗机构转型为康复医养、保健院和临终关怀机构，并完善老年康复、护理、心理咨询和临终关怀服务的基本标准和规范，优化规范转诊流程。第四，依托基层医疗卫生机构，利用信息网络平台，为社区居家老人建立健康档案，建立社区养老服务中心，发挥社区在定期体检、上门巡诊、家庭病床和社区康复等方面的优势，做大医养结合发展的新业态。第五，以专业医疗机构为依托，以社区保健站为基础，大力发挥中医药养生保健治未病的优势和中医保健的后续发力优势。

吉林省已经提出到 2020 年形成具有吉林特色的"9073"养老服务格局，着力构建以居家为基础、社区为依托、机构为支撑的社会养老服务体系。这一目标的实现需要全社会共同协作，联手打造健康养老的和谐氛围，通过增加优质医养结合服务的供给，满足老年人不断增长的养老服务需求。吉林省务必抓住历史机遇，以医养结合带动产业结构调整和升级，加快发展健康服务产业。

参考文献

耿爱生、王珂：《英国"医养结合"的经验与启示》，《华东理工大学学报（社会科学

版）》2016 年第 5 期。

宫芳芳、孙喜琢、邱传旭、黄永平：《我国医养融合养老模式实践现状》，《现代医院
　　管理》2015 年第 4 期。

黄佳豪：《城区空巢老人的养老需求调查与思考——以合肥市为例》，《理论探索》
　　2013 年第 3 期。

黄佳豪、孟昉：《安徽省合肥市民办养老机构发展的现状与问题》，《中国卫生政策研
　　究》2014 年第 7 期。

刘墨非：《疏解养老机构医疗服务之困》，《北京观察》2011 年第 6 期。

刘稳、徐昕、李士雪：《基于 SWOT 分析的 "医养结合" 养老服务模式研究》，《中国
　　卫生事业管理》2015 年 11 期。

罗琼、臧学英：《天津医养结合养老创新的逻辑、瓶颈与对策》，《天津行政学院学报》
　　2017 年第 5 期。

孙鹏镖、陈以文：《构建以社区系统为基础的老年护理保障体系——以上海为例》，
　　《上海金融学院学报》2011 年第 4 期。

王香香：《老龄化背景下我国医养结合机构养老模式研究》，《医学与社会》2016 年第
　　5 期。

吴园秀、罗铁娇、罗文华：《老年慢性病患者实施医养结合的实践与效果》，《现代医
　　院》2014 年第 14 期。

吴克昌、杨芳：《日托养老服务满意度的影响因素及提升路径——以广州两个典型社区
　　为考察对象》，《华南师范大学学报（社会科学版）》2016 年第 2 期。

杨景亮：《建立老年人医养结合服务模式的冷思考》，《中国劳动保障报》2012 年 9 月
　　21 日。

臧少敏：《"医养结合" 养老服务的开展现状及模式分析——以北京市为例》，《老龄科
　　学研究》2015 年第 12 期。

张韬：《健康老龄化背景下医养结合服务模式探析——以中国红十字会医养护 "三位一
　　体" 实践为例》，《中国特色社会主义研究》2017 年第 2 期。

左颖：《首个 "医养结合" 养老机构迎客》，《北京晚报》2013 年 2 月 27 日。

赵大仁、张瑞华、何思长、刘志会、李娇月：《医养结合相关问题的思考与建议》，
　　《卫生经济研究》2016 年 9 月。

探索长白山文化生命价值
开创文化白山发展新时代

白山市社会科学界联合会课题组*

摘　要　近年来，白山市紧紧抓住《吉林省文化厅"十三五"时期文化发展改革规划》，以建设长白山地域文化中心为目标，将文化产业纳入"产业强市"整体战略框架，作为战略性产业加以培育发展，全力打造和提升文化白山"软实力"，文化产业发展取得初步效果。今后要打好历史文化、红色文化、民族文化、特产文化、冰雪文化等五大特色"文化牌"，更好地构筑白山精神、白山价值、白山力量，全力探索长白山文化研究新的生命价值，为白山绿色转型全面振兴提供强大的精神力量。

关键词　长白山　特色文化　文化产业

从党的十七大提出推动"文化大发展大繁荣"到十八大明确"建设文化强国"，再到十九大强调要"坚定文化自信"，文化在国民经济与社会发展中的重要性日益提升。从"四位一体"到"五位一体"的总体布局更新，"文化建设是灵魂"已然成为社会主义事业总体布局的重要组成部分。

优秀精神文化产品反映一个国家和民族的文化创造能力，是衡量和检验文化改革发展成效的根本标准。让文化建设根植于人民，服务于人民。鼓励推陈出新，提升文化创新能力，通过鼓励创新，进一步释放文化创造活力，拓宽文化繁荣发展思路。要擦亮文化名片，打造一批文化精品和品牌，促进经济与社会发展进步。

---

*　课题负责人：孙连浩；课题组成员：吴林秦、郭健、赵晓婷。

近年来，白山市以建设长白山地域文化中心为目标，将文化产业纳入"产业强市"整体战略框架，作为战略性产业加以培育发展，全力打造和提升文化白山"软实力"，文化产业发展取得初步效果。今后要打好历史文化、红色文化、民族文化、特产文化和冰雪文化五大特色"文化牌"，更好地构筑白山精神、白山价值、白山力量，全力探索长白山文化研究新的生命价值，为白山绿色转型全面振兴提供强大的精神力量。

一 加强长白山文化研究，引领新时代发展步伐

随着新世纪到来，文化在经济活动中的作用越来越突出。文化力的地位和作用日益提升。文化所创造的经济价值日益显现。文化产业蓬勃兴起，日新月异，经久不衰，已经和经济社会民生发展密不可分。经济发达和文化事业发展同等重要，两者不可或缺。

（一）加强长白山文化研究是实现白山新时代中国梦的战略选择

实现中华民族伟大复兴，是近代以来中国人民最伟大的梦想，我们称之为"中国梦"，基本内涵是实现国家富强、民族振兴、人民幸福。这是党的新一代领导集体面对新时代、新任务，审时度势，高瞻远瞩，提出的治国方略。对白山来说，只有加强对长白山文化的深入研究，大力提高全市人民的文化素质，用长白山文化激发全市人民热爱家乡的激情，凝聚起建设白山、发展白山的强大力量，才能为白山的发展注入不竭的动力；只有树立起长白山文化这面旗帜，才能真正培养出一批有理想、有信念、有文化、有奉献精神的现代白山建设者，白山实现中国梦才会具有永不衰竭的发展基础。

（二）加强长白山文化研究是推动白山绿色转型全面振兴的迫切要求

在新时代，文化力已经成为一个国家和地区经济发展的重要力量。白山经济社会发展正步入一个关键时期，实现又好又快发展、富民强市的目标，迫切需要加强长白山文化建设。这就需要整合长白山文化资源，多途

径在人民生活中融入长白山文化的内容，提升群众文化生活质量和品位；全方位在经济社会工作中注入长白山文化含量，为经济社会发展提供文化支撑；以多种方式在城市发展建设中体现长白山文化内涵，提升城市文化品位；全力在地域产品中加入长白山文化元素，不断提高地域产品的竞争力。人参、奇石、矿泉等特产，为研究长白山文化提出了更高的目标要求；红色旅游文化、鸭绿江文化、松花江文化、冰雪文化产业发展研究为白山市的旅游文化开辟了更广阔的空间；满族、朝鲜族民俗文化的进一步研究为丰富群众文化生活提出了更艰巨的任务。必须认识到对文化力资源的漠视与破坏，就是对生产力发展的漠视与破坏；重视对文化资源的挖掘、研究与建设，最终提高的是生产力。加强长白山文化研究与建设，积极培育地域文化、生态文化、民俗文化、特色文化等，充分发挥长白山文化对白山市绿色转型全面振兴的重要作用已是刻不容缓。

二　挖掘历史文化，传承文化基因

长白山文化是一种结构多元的艺术综合性文化，涵盖了历史、民族、考古、地理地质、生产生活、文学艺术、现代革命史、时代精神等文化内涵。多元文化表现在，一是无论是高句丽文化还是肃慎文化、渤海文化、契丹文化、女真文化、满族文化等历史和民族文化，都有形或无形地影响着长白山文化的滋生、发育和成长，特别是关内流民的涌入，使长白山文化更具有多元复合性特征；从生产生活衍生出来的渔猎文化、人参文化、木石文化、冰雪文化等，其丰富多彩的生产生活艺术文化，再现了长白山的文化史和文化形态，给后人留下的宝贵的文化财富。从近代革命史来说，有抗联文化和四保临江文化等。长白山文化具有明显的整合性，即结构虽然多元，但都属于中华民族传统文化，在继承、演进、熔铸和发展的过程中，日渐形成豪放、竞争、开拓、宽容、拼争等特质又各具特色，异彩纷呈；长白山文化具有状态的复杂性，即山规、行规文化十分丰富，生活习俗文化很不统一，民众精神文化生活相差较大；长白山文化具有神秘性，受"有神之山""龙兴之地"的影响，囊括在长白山文化内的行为规范、道德规范及崇拜信仰之中，都受一种无形的力量支配。这些文化特性，对区域经济与社会的发展，产生了不可低估的积极作用。

(一) 山区民风淳朴是长白山地区的明显标志

长白山滋润了民风淳朴、勤劳奋进的良好社会环境，培育了长白山人的优秀品质，邻里和谐、帮贫扶困、待人坦诚是山区民风淳朴的明显标志。创基业、建家园，摆脱贫穷落后的面貌是十几代人孜孜以求的目标，特别是在生产实践中，不仅创造出了巨大的物质财富，也不断形成了征服自然、改造自然的信心和勇气。在抵御日寇、"四保临江"和抗美援朝的革命斗争中，白山大地记载着杨靖宇将军领导东北抗联惊天地、泣鬼神的历史功勋，记载着陈云、萧劲光、肖华等老一辈无产阶级革命家的丰功伟绩，也记载着全市各族儿女不畏强敌、英勇斗争和不怕流血牺牲的浩然壮举。面对血与火的考验，更加充分显现出了长白山人的优秀品质。这些优秀品质是当今我们经济社会发展中十分宝贵的精神财富。

(二) 推进了区域生产力和社会各项事业的不断发展

自清王朝开禁长白山区到今天，只有100多年的时间，粮食生产实现了由原始状态的刀耕火种发展到现代农业的多次飞跃，其他种、养业不仅门类齐全，特色突出，而且经营规模、科技含量都具有一定的领先地位。工业的生产方式由手工作坊发展到现代化管理这样的历史性跨越，尤其是伴随生产力的提高和科学技术的广泛应用，山区资源不断得到有效的开发利用，区域经济有了不间断的跨越式发展。交通、通信、教育、卫生、体育、广播电视和城乡建设等事业日新月异。所有这些，既是物质财富的创造，也是精神财富的结晶。

(三) 诸多区域文化的涌入和融合，给长白山文化注入了生机、带来了活力

清朝废止封山令后，在吉林设立了垦务局，鼓励农民出关垦殖。同时，在历史的饥馑年份，山东、河北、河南等省都有大批流民涌入关外，落户东北、进入长白山区；在日伪时期，为加快掠夺山区林木、煤炭和钢铁资源，日伪当局又曾多次组织劳工进入长白山区；新中国成后初期和三年自然灾害时期，除了有大批饥民投亲靠友落脚到长白山区外，政府也曾有组织地大批招录外地人员进入长白山区从事资源开发。这些从各地涌入

的外地人，一是带来了先进的思想观念和生活习俗；二是带来了先进的生产技术和生产工具；三是带来了先进的科技文化知识；四是加强了山区与外部世界的沟通联系，进一步拓宽了山区的视野；五是在此安身立命的社会实践中，也培育了开拓创业的精神；等等。这些都为长白山传统文化的发育和升华，注入了生机，带来了活力。弘扬长白山文化中的这种开放、包容、创业、创新的本质精神，对当今社会发展是十分重要的。

三　弘扬红色文化，体现红色价值

白山红色文化的内涵主要包括抗日战争时期的文化、解放战争时期的文化和抗美援朝战争时期的文化。其具体内容体现为革命遗址、遗迹、遗物等物质文化和革命理论、革命精神、革命文艺作品等非物质文化两部分。一是物质文化，有杨靖宇将军殉国地，王德泰烈士墓，抗联第一、二军会师地，七道江会议旧址，陈云故居，四保临江战役遗址，抗美援朝烈士陵园等；还包括大量的遗物和文献资料等。二是非物质文化，有革命理论、革命精神和革命文艺作品。小说、传记有《杨靖宇传奇》《周保中传》《王德泰传》等，歌曲有《抗联露营歌》《东北抗联第一路军军歌》等，还有大量的诗词、戏剧、绘画、摄影等作品。

白山红色文化的精髓是抗联精神、四保临江精神和抗美援朝精神。具体体现了以爱国主义为核心的民族精神，集中展示了中华民族传统美德和民族品格，这些精神是宝贵的财富。

（一）对经济建设的价值

1. 为经济建设创造良好的环境

在白山红色文化精神的影响和感召下，使人们从片面的、狭隘的、短期发展观的束缚中解放出来，自觉做出应有的价值判断和取舍，形成符合社会主义市场经济健康发展要求的经济道德与经济思想，从而为经济建设营造积极健康的舆论环境、诚信互利的市场贸易环境和安定祥和的社会心理环境。

2. 创建红色品牌，积极打造红色旅游产业

红色文化资源作为稀缺的精神文化，具有良好的知名度和创建品牌的

潜力。白山红色文化具有品质高、内容丰富多样和地域性特征明显的特点，这就使得白山红色文化具有了较高的经济价值，也为品牌的创建打开了广阔的空间。

白山市是革命老区，白山红色文化资源中的遗址、遗迹、遗物和可歌可泣的革命故事，既是宝贵的精神财富，也是打造红色旅游、发展红色文化产业的重要资源。近年来，吉林省打造"抗联英雄、林海雪原"品牌，在长白山地区，寻找修缮大量抗联的遗址、遗迹和陵园，并通过修建纪念馆，征集抗联文物，逐步探索红色旅游的多元化发展，尽快把杨靖宇将军殉国地打造成全国红色教育基地。白山市应以此为契机，加快打造红色旅游、红色教育基地强市。

（二）对政治建设的价值

1. 巩固党的执政地位

执政党要不断地巩固执政地位，必须大力加强执政文化的建设，使自身的执政理念、执政方针、执政思维不断大众化，不断得到民众的认同，进而在文化上得到民众的广泛支持，民众的支持与认可必将对党的执政地位的稳定起到至关重要的作用。开展白山红色文化教育，弘扬白山红色文化精神，重温中国共产党光辉的革命历程，就是执政文化建设的落实，使党的执政理念、执政方针、执政思维进一步深入人心，这无疑会巩固党的执政地位。

2. 坚定走中国特色社会主义道路的信念

伟大的长征是信念不朽的象征。红军长征的胜利就是靠着就是不朽的主义、信念。白山也有不朽的精神信念——白山红色文化。它生成于抗日战争、解放战争和抗美援朝战争这三个重要历史时期，记录了中国现代历史重大的历史变迁，特别是中国走社会主义道路是历史的选择、人民的选择这一历史史实。因此，开展白山红色文化教育，弘扬白山红色文化精神，重温历史，鉴往知来，必将进一步坚定广大人民群众走新时代中国特色社会主义道路的信念。

（三）对文化建设的价值

白山红色文化是革命战争年代党领导人民共同创造、积淀的重要文化遗产，而它在革命斗争中所形成的红色精髓和光荣传统，生动地反映了党领导下的白山地区政治、经济的特点和丰富的人民精神文化：以爱国主义为核心，构建忠诚爱国的情怀；以勇敢顽强为基石，培育不惧艰难的坚强信念；以奋发有为为动力，铸就不断进取的创新精神。

四　坚守民族文化，打造魅力城市

白山市的少数民族主要以朝鲜族和满族为主。长白朝鲜族自治县，是全国唯一的朝鲜族自治县，是汉族和朝鲜族共同居住的地方。朝鲜族是一个能歌善舞、酷爱体育运动、热情好客的民族。朝鲜族的地域性和民族性很强，很多传统文化和风俗习惯流传至今。他们的歌舞和饮食最具民族特点，来到这里就会体会到浓郁的民族风情。

清太祖爱新觉罗·努尔哈赤是清朝的奠基者，后金的开国皇帝，12 岁时流落到白山市江源"佟佳老营"，成为佟氏的赘婿。后来，在"佟佳老营"的全力资助下，努尔哈赤征服女真各部，统一东北，制定满文，创建八旗，改建满洲，拉开了创建后金国、奠定清王朝基业的序幕。白山市江源"佟佳老营"既是努尔哈赤的崛起之地，也是清朝文化的发祥之地。

（一）满族文化的历史价值

满族文化非常发达。大量的神话、传说内容丰富，风格独特，是萨满教的精神核心及概括性展示。既有口耳相传的，又有经文记载的。按内容，满族神话可分为以下几类。一是起源神话。包括人类起源、万物起源、文化事物起源等。二是宇宙关系神话。在萨满族神话中，宇宙是一个喧嚣的多层的立体世界，即所谓"登天云，九九层，层层都住几铺神"，每层天中都有人和动植物、有恶魔和善神，各层间互通。三是灵魂神话。满族神话的特点，是动植物神话、祖先神话、自然神话共融一处，并有图腾崇拜的遗迹。现存的典籍有《满文老档》《八旗通志》《御制五体清文鉴》等。

满族民间艺术也有很多科考价值，如剪纸、补绣，剪纸一般用于贴窗花。用各种彩纸剪成各种鸟兽花卉，古今人物，贴在窗户上，栩栩如生，充满活力。还有一种剪纸艺术，就是挂笺，或称挂钱。

满族人能歌善舞。其先世靺鞨人的舞蹈具有战斗风格。隆兴舞和九折十八式是本民族的传统舞蹈。舞蹈多由狩猎、战斗的动作演变而来，如隆兴舞，要选一些身体强壮的人，穿豹皮唱满族歌，伴以箫鼓。

满族在漫长的历史发展过程中形成了自己的特色文化，从肃慎到女真再至满族，这个民族的文化发展曾经出现过别的民族所无法替代的繁荣。然而，今天那些曾经令满族人民所骄傲的民族文化已经走到了消失的边缘。满族文化之所以面临消失的危险，是因为复杂而深刻的历史原因。特别是清朝灭亡后，满族文化遭受了一次又一次灭绝性的打击，使满族的民粹文化消失殆尽。而当今全球化和经济一体化趋势又进一步威胁着满族文化的存在。

1. 已经消失的满族文化

满族曾信仰多神教的萨满教，萨满教在早期分宫廷萨满和民间萨满两种。宫廷萨满主要形式是清朝历代皇帝举行的各种祭神祭天典礼，如设"堂子"祭天，都用满语诵经跳神。但是随着清王朝的灭亡，宫廷萨满基本消失。直到 20 世纪 40 年代，在黑龙江省宁安和黑河等地，满族民间仍保有萨满教。民间萨满又分以跳神为职业的萨满和管祭祀的家萨满两种，现已消失。

2. 正在消失的满族文化

满语、满文是满族在入主中原、统一中国、建立清王朝并实行统治时所使用过的语言文字。而现在在我国近千万的满族人口中，会说满语的不足百人，全国仅有黑龙江省富裕县三家子村及黑河地区等一些满族村屯的部分满族老人和少数中年人会讲满语。

（二）长白朝鲜族文化独具魅力

白山市长白县作为全国唯一的朝鲜族自治县，在衣着服饰、风味饮食、民居建筑、民间节日、民族歌舞等方面逐渐形成了具有地方特色的朝鲜族民族风情。朝鲜族风俗最具代表性的是长白县马鹿沟镇果园小康示范村。该村建筑中的牌楼、景壁、文化墙、水系、甬道、文化长廊以及木桥、水车、木碓、雕塑小品等，无不体现着古今相融的朝鲜族民俗特色。试穿朝鲜族服装，感受朝鲜族服饰的宽松闲适，欣赏朝鲜族《春耕谣》和长鼓舞、象鼻子舞、扇舞、顶水舞等许多优美的民族歌舞，品尝朝鲜族风味食品，体验朝鲜族婚寿礼祭、荡秋千、跳跳板、摔跤等淳朴的民俗风情等，不仅让游人耳目一新，而且促进了该村的经济社会快速发展。

五　发展特产文化，体现历史和现代价值

（一）长白山人参文化历久弥新

长白山的人参文化存在有数千年的历史。人参之乡抚松县在1993年率先成立了人参文化研究会，研究的范围已经从单纯的学术研究拓展至文化产业。抚松县的"长白山采参习俗"作为中国采参习俗唯一的代表，成为国家级非物质文化遗产，目前已启动申报世界级非物质文化遗产工作，对推进长白山人参产业的二次创业和相关产业发展具有十分重要的意义。以"老把头"吃苦耐劳、艰苦创业和人参娃娃等美丽传说为灵魂，激励着一代又一代人一往无前地去创造美好生活。抚松县是最具代表性的人参之乡，首批进入全国文化先进县，形成了许多中国及世界之最，如出土了世界上最大的野山参"珍珠疙瘩"存放于人民大会堂；"长白山红参"获得了尤里卡金奖，摘取了第一块世界人参金牌；建立了全国第一家人参博物馆，有山神老把头孙良庙，有老把头坟，以人参为载体的文化艺术在抚松县基本形成。

（二）长白山满族剪纸文化一枝独秀

长白山是满族文化的发祥地，并为满族剪纸文化铸就了特色风格，豪迈奔放、古朴稚拙、精美奇巧。以长白山满族剪纸为品牌在全国举办的剪纸艺术大赛和文化产业博览会中都获得了较好的声誉，使吉林省列入了剪纸大省的行列。长白山满族剪纸于2008年被列为国家非物质文化遗产名录，2009年被列为世界非物质文化遗产名录。白山市在2006年成立了集展览、教学培训、研究、创作为一体的长白山满族剪纸艺术中心、长白山满族剪纸研究会。成功举办了"长白山满族风情剪纸作品展"、世界环境日"剪花颂"环保杯剪纸作品展等多次展览活动并获奖。部分剪纸作品已被国内外友人和多家博物馆收藏，多幅作品曾先后赴日本、加拿大、美

国、澳大利亚等国参加中外文化交流。

（三）靖宇国际矿泉名城影响力日益提升

2000 年，靖宇县在定名为"中国长白山矿泉城"的基础上，积极向国家有关机构申报"中国白山长白山天然矿泉水可持续开发基地""国际矿泉名城"。国际饮水资源保护组织已授予吉林省白山市为中国国际矿泉城，并于 2004 年 8 月在白山市举行首届中国-白山国际矿泉节暨国际矿泉城揭牌仪式，至今已连续召开 5 届矿泉节。2004 年 1 月建立了全国唯一的火山矿泉群国家地质公园和火山矿泉群地质博物馆，成立了长白山天然矿泉水文化研究会，创办了《矿泉文化》刊物，召开了两次长白山天然矿泉水文化研究会议，丰富了"矿泉名城"文化内涵。如今的靖宇，已由省级自然保护区晋升为国家级自然保护区。近年来，随着娃哈哈、农夫山泉、康师傅"三大水巨头"齐聚靖宇兴业，恒大、天士力、福爱集团等知名企业纷纷在靖宇相继落户。如今，各大知名企业纷纷落户白山，投资矿泉水行业，形成矿泉产业集群，靖宇县矿泉水品牌文化越来越响亮。

（四）江源松花石节层次不断提高

几年前，白山市江源区一直被认为是"文化的贫瘠地"和"文化的撂荒地"。从 2008 年起，以松花石和黑陶艺术品为突破口，江源文化产业异军突起，独领风骚。松花石已成为江源的一张城市名片和有潜力巨大的支柱产业。江源区为推进文化产业发展，组建了文化体育和旅游局、松花石产业发展办公室。牵头成立了吉林省长白山松花石研究会，相继举办了中国松花石文化节和长白山奇石博览会，松花石文化产业研讨会以及松花石上海世博会，北京人民大会堂、政协大礼堂精品展等活动，《松花石》专题片在央视《走遍中国》栏目向全世界双语播出。建设了长白山松花石产品文化城、中国松花石博物馆、松花石产业园区等项目。制作并安装了大型宣传广告牌，完成了松花石、松花砚国家地理标志产业保护授权工作。松花石在江源区已形成产业链，松花石、松花砚等产品远销日本、韩国等世界各地。"中国松花石之乡""中国观赏石之乡""北方石城"等享誉神州大地，远播海外。

六　繁荣冰雪文化，促进生机活力

东北民族民俗中的冰雪文化是东北各民族长期生活在冰雪环境中形成、发展的一种文化形式。这种文化经历了"以实用为目的，逐步演化为娱乐竞技活动，随之升华为艺术，直至成为重要经济形式"的发展过程，呈现出巨大的发展潜力与远大的发展前景。从商周时代到隋唐时代，生活在东北地区的满族先世肃慎人、挹娄人、靺鞨人，为了在风雪严寒的环境中求得生存和发展，取食方法由单纯的渔猎发展到渔猎农耕，创造了古老的冰雪文化。随着时代的发展，冰雪健身、旅游娱乐日渐活跃，随之而来的冰雪文化得到复兴。

白山市紧紧抓住 2022 年北京冬奥会这一历史机遇，全力打造以"冰雪旅游、冰雪体育、冰雪文化"为核心的"3＋X"冰雪全产业链，突出打造"一核、一环、三线"为支撑的白山冰雪旅游产业框架。

近年来，白山市大力开发冬季冰雪旅游项目，全力打造以冰雪、温泉、休闲度假为特色的旅游产品，有力地促进了冰雪旅游产业快速发展。目前，白山市已开发了长白山国际度假区、鲁能胜地滑雪场、白山市滑雪场、仙人桥温泉度假村、临江花山镇温泉度假村、临江松岭雪村、临江鸭绿江冬泳娱乐场、望天鹅冰瀑景区、露水河国际狩猎场、露水河冬季漂流等景区（点）。抚松县锦江木屋村，是体验冰雪民俗游的好去处。锦江木屋村建于 1937 年，至今有 80 多年的历史，是迄今发现的保护最好的木屋群落。由白山市人民政府和吉林省旅游发展委员会共同主办的 2017 中国·白山"长白山之冬"冰雪旅游节开幕式在长白山鲁能胜地盛装开幕。

七　长白山文化研究和文化产业发展中
存在的问题

长白山文化建设和文化产业在白山市尚属发展阶段，亟须科学系统的长远发展规划，需要政策的有力支持，需要法规制度的不断完善。尽管白山市对长白山文化和文化产业发展更加重视，但仍然存在着一些制约文化与产业长足发展的突出问题。

（一）长白山文化研究探索工作比较薄弱

由于种种原因，白山的发展比较滞后，其中重要的原因就是思想还不够解放，创新文化比较单薄和贫乏。也就是说落后的地域文化造成了今天经济欠发达的局面，没有建立起一批专业性、务实性、创新性文化研究队伍，没能把历史文化研究与当代经济与社会发展有效对接。对几千年长白山区各族人民不断斗争、不断创造、不断发展的历史，近现代的艰苦创业的"闯关东"的拓荒史，民族危亡时期的不畏强暴、不畏艰险的拼搏奋争革命史研究得不深无透，长白山区先民这种生生不息的奋争、创业、开拓、拼搏精神一直在这片广袤的土地上代代相传，占据了长白山区历史长河的大量画卷。因此，大力加强对长白山文化中奋争、创业、开拓、拼搏精神的研究，有利于推动本地居民在绿色转型全面振兴中增强发展白山、建设白山的信心。

（二）文化创意少，文化产业规模较小，缺少龙头核心企业和人才队伍

目前白山市文化创意产业匮乏，文创品牌策划不足，市场推广不力，文化创意产业品牌缺乏更为直观、广泛、持久的传播影响力，文化创意产业效应有待进一步提升。文化产业总体上缺乏竞争力，表现出经营企业虽然较多，但产业集约化程度不高、资源极度分散的特点。文化企业产值低、规模小。无论是传统行业还是新兴行业，目前没有一家规模大、人员多、效益高，能带动白山文化产业发展的龙头企业。民间文艺尚待恢复与传承，民俗文化有待挖掘与复兴，非物质文化遗产急需保护与抢修。文化人才队伍总量与质量亟待壮大和提高。

（三）文化与科技结合薄弱，创新能力不强，市场运作机制不健全

白山地区在文化与科技结合创新方面，虽然偶有创意的文化产品出现，但并未形成产业链和产业集群。目前长白山旅游、人参文化、松花石工艺品设计、雕刻以及广告设计和制作等领域的科技和文化含量还不够，自主知识产权产品缺乏、原创能力薄弱。市场规模小、经营品种分散、产

业结构不合理和市场机制不健全，难以进行大规模的行业整合和推广，特别是缺少熟悉本行业的文化中介机构进行市场运作。尤其是人参、旅游、松花石产业面临来自临近地区的行业和产品竞争压力，在管理机制、市场动作、经营理念等方面还有待进一步完善。

八　发展白山市文化事业和文化产业的对策与建议

（一）进一步完善和落实文化发展规划工程建设

文化产业要健康快速发展，必须做好文化事业和文化产业发展规划。要坚持科学发展观，将文化产业远景规划和近期计划结合起来，要有前瞻性、科学性；要加大文化科技自主创新力度，不断提高文化产品的含金量，着力打造具有自主知识产权的产品品牌，构建白山特色文化产业体系，打造一批具有白山地方特色，在国内外有影响的文化品牌。白山市的民族民间文化绚丽多姿，博大精深。长白山满族剪纸艺术、长白山森林号子、朝鲜族长鼓舞、满族说部、长白山神话传说及民间故事、长白山采参习俗等文化多姿多彩，开发利用潜力巨大。

（二）抓好文化产业系统工程建设

发展文化产业是一项繁杂的系统工程，文化产业链线长面广，环节错综复杂，面临诸多未知困难。要加强对长白山文化的发掘、保护和研究，做好长白山非物质文化遗产的保护和抢救。要从实际和特色出发，抓住制约白山文化产业发展的主要矛盾，重点推进。一是狠抓文化产业园区建设。园区是文化产业的聚集地和孵化器，要因地制宜着力打造特色资源文化、特色旅游文化产业园区。二是狠抓文化产业项目建设。成功的园区是在好的项目带动下做起来的，要大力实施人参、松花石、温泉、冰雪、民俗和人文景观等重点文化产业带动战略。三是狠抓文化企业建设。文化企业是文化产业发展的市场主体，要顺应市场规律和竞争要求，引导和扶持文化企业跨行业、跨领域发展，转变发展方式，转变经营理念，发挥行业资源优势，借力发展、乘势而上，形成规模效应和集聚效应。

（三）加强文化产业融合工程建设

1. 加快与旅游产业的融合

文化是旅游的灵魂，旅游是文化的载体。要加快开发观赏旅游、购物旅游、民俗旅游和特色文化演艺旅游品牌，把文化与旅游完美地融合，形成彰显长白山特点的，富有白山特色的文化旅游产业体系。全力打造长白山绿色旅游驿站，实现文化与旅游产业同步飞跃。

2. 加快与科学技术的融合

科学技术是第一生产力。文化的软实力、文化产业的创造力，必须借助科技的力量得以提升和实现。要抓住文化产业与科技手段可以融合的机遇，大力拓展文化产业的发展空间，增强文化产业的创新活力和产品吸引力。

3. 密切与节庆、会展的融合

重大的节庆、会展活动具有独特的焦点效应、聚集效应和联动效应，在扩大城市文化影响力、增强城市形象凝聚力、促进文化与经济的相互融合中，发挥着不可替代的重要作用。

（四）积极开展对外文化交流活动

没有交流，就难于引起共鸣；没有碰撞，就难于形成火花。今后要进一步增强开放意识和机遇意识，积极利用国内三大"文博会"、两大"旅交会"等活动，通过多种形式、多种渠道与国内外进行交流。对内引进先进的管理经验，对外开展项目、城市文化对接活动，输出白山文化品牌、塑造白山形象、弘扬白山精神，体现白山价值，实现优势互补、互利共赢，努力为推进白山文化事业、文化产业的崛起，全力推进长白山文化研究新境界，打造提升文化白山进入新时代。

参考文献

张福友、梁琴：《长白山文化论丛》，时代文艺出版社，2011。

"一带一路"框架下吉林省与日本产业
合作对策研究

吉林省社会科学院课题组*

摘　要　当前,"一带一路"建设已成为中日两国提升关系的新平台,日本对华直接投资的新变化为吉林省加强与日本产业合作提供了机遇也带来了挑战。吉林省与日本产业合作的潜力巨大,但也存在着合作规模较小,地区和行业分布不均衡,产业合作层次有待提升等问题。在"一带一路"框架下,吉林省应针对在华日资企业经营的特点与变化,因势利导巩固和扩大吉林省传统主导产业与日本的合作,充分发挥吉林省企业与日本企业的比较优势,合作开拓"一带一路"沿线第三方市场,寻求吉林省深化与日本经贸关系新的增长点。

关键词　"一带一路"　吉林省　日本　产业合作

作为中国的农业和工业大省,吉林省正站在转型升级的前沿。在转变经济发展方式和调整经济结构的过程中,除了依靠吉林省自身的努力外,借助外省和外资的力量也很有必要。日本作为吉林省周边国家之一,与吉林省在历史、地理、经济、文化等方面都有着深厚的渊源,尤其在汽车产业、农产品加工等领域有良好的合作基础,在吉林省对外经济中占据重要地位,吉林省与日本产业合作具有很大的潜力空间。因此,在新一轮科技和产业革命浪潮中,在"一带一路"背景下,抓住机遇推动吉林省与日本的产业合作,有利于促进吉林省产业转型升级和对外开放发展。

---

*　课题负责人:邵冰;课题组成员:崔健、常爽、杨丹丹、吴可亮、郑媛媛、孙博。

一 吉林省加强与日本产业合作的背景

（一）中日经贸关系升温

自 2018 年 4 月 16 日第四次中日经济高层对话在日本东京重启以来，两国民间交流日渐趋热。5 月李克强总理访问日本，10 月安倍晋三访问中国，这为中日加强经济合作提供了良好的条件。

1. 投资领域

2017 年，日本对华投资 32.7 亿美元，同比增长 5.1%，扭转了连续 4 年的下降趋势，2018 年上半年更是保持快速增长势头。1 ~ 8 月，日本在中国新设企业 529 家，同比增长 40% 多；投资金额为 28.2 亿美元，同比增长 38.3%。① 2017 年日本国际协力银行的一份调查报告显示，在日本企业未来有投资计划的国家中，中国居第一位。② 随着日本企业进一步扩大在华投资意愿增强，预计未来日本对华直接投资将继续增长。

2. 贸易领域

2017 年，中日贸易在经过连续五年负增长之后，转为正增长。2018 年上半年，中日经贸总额达到 2141 亿美元，同比增长 11.2%。在首届中国国际进口博览会上，日本企业表现积极，报名参加数量最多、展位面积最大。

3. 人文领域

2018 年上半年，中国大陆游客访日人数首次突破 400 万人次大关，达到 405.6 万人次，同比增加 23.6%，居外国游客首位。③ 随着中日在高端制造、金融、养老及创新等领域合作的深入推进，以及"一带一路"框架下第三方市场合作逐步落地，中日经贸关系将再上新台阶。

---

① 周东洋：《中日第三方市场合作前景乐观》，《中国贸易报》2018 年 10 月 30 日。
② 日本国际协力银行：《わが国製造業企業の海外事業展開に関する調査報告》，https://www.jbic.go.jp/wp－content/uploads/press_ja/2017/11/58812/shiryo00.pdf，日本国际协力银行网站，2017 年 11 月。
③ 严深春：《"不惑之年"重回正轨，中日关系迎来窗口期》，澎湃新闻网，http://pit.ifeng.com/a/20181029/60133466_0.shtml，2018 年 10 月 29 日。

（二）第三方市场合作成为中日经贸关系深化升级的新动力

中日两国高层互动和各领域的交流合作日益增多，双方积极拓展在贸易投资、财政金融及高新技术等领域的合作，在共同开拓第三方市场合作方面取得重要共识。第三方市场合作是由中国首创的国际合作新模式，这是一种有利于中国、合作国和项目国"三赢"的商业模式。中日双方于2018年5月签署了《关于中日第三方市场合作的备忘录》。10月在"一带一路"框架下就开展第三方市场合作达成重要共识。10月26日，第一届中日第三方市场合作论坛在北京举办，达成了52项协议，并签署了《关于建立中日创新合作机制的备忘录》。目前中日企业之间在共同研发、技术转让、联合竞标、分包项目及相互持股等方面已经具备开展第三方市场合作的基础。在"一带一路"沿线，已有部分日本企业与中国企业，在装备制造、金融、物流等领域成功开展合作，积累了相关经验。结合中国的产能优势和日本的技术优势，与发展中国家的需求有效对接，共同开拓"一带一路"上第三方市场，正在成为中日经贸关系发展新的增长点。

（三）东北亚区域经济合作迎来新机遇

随着"一带一路"建设不断深化，东北亚地区迎来重大发展机遇。当前朝鲜半岛局势趋向缓和，半岛"无核化进程"与"和平进程"开启新的步伐。韩国总统文在寅提出"新北方经济政策"和"朝鲜半岛新经济构想"对接中国的"一带一路"倡议和俄罗斯的远东开发，希望通过加强与俄罗斯、中国的合作，进而增强朝鲜半岛与欧亚国家的合作关系，寻找经济增长点，向欧亚大陆不断拓展。俄罗斯多次明确表示愿意大力开发远东和西伯利亚地区，并设立东方论坛，邀请中国、韩国、日本、蒙古国等国参加，共同探讨开发远东和西伯利亚地区的可行性和具体措施。中国正在制定加快图们江流域开发步伐的具体方案，希望将图们江出海口打造成为国际港口，吸引包括日本在内的所有感兴趣国家的企业投资，把图们江出海口变成具有一定规模、面向北冰洋的重要交通枢纽，日本在一些领域具有独特优势，可以成为与中国共建"冰上丝绸之路"的合作伙伴。如果中国和日本能够达成共识，充分发挥两个国家的比较优势，共同推进图们江地区国际开发，合作开发北冰洋航线，共同推进东北亚区域经济合作，那么东北亚将变成热土，成为世界经济的增长点。

二 吉林省与日本产业合作的现状

（一）吉林省主导产业与日本合作的潜力巨大

日本经济产业省把重点推进的海外合作产业分为制造业、IT 产业和能源产业三大类，其中制造业又细分为机械产业、飞机产业、宇宙产业、汽车产业、材料产业、钢铁产业、铝业和电线产业、化学产业、水泥和玻璃产业、纸和纸浆产业、纤维产业，明确提出在这些产业上要尽可能获得急速增长的新兴国家的需求，积极开展海外合作。根据吉林省的现有基础和发展潜力，目前汽车、石化、农产品加工、医药、光电子信息等产业已经或正在成为主导产业。把吉林省的主导产业与日本重点推进的海外合作产业相比较就可以发现，二者之间具有很强的对接性，吉林省主导产业与日本产业的合作具有很大的空间

（二）吉林省主导产业利用日本直接投资情况

从 1985 年日本在吉林省成立第一家日资企业以来，已经历了 30 多年的发展历程。截至 2011 年底，日本在吉林省现存投资企业 243 户，累计吸收日资 7.54 亿美元，日资企业个数和累计实际利用日资金额分别排在来吉林省投资的 63 个国家（地区）的第 3 位和第 6 位。日本对长春市的投资虽有波动，但所排的位置逐年上升，2012～2014 年在长春市引进外商直接投资国家（地区）的排位分别为第 5 位、第 4 位和第 3 位。从合同金额来看，在吉林省进行直接投资的日本企业合同金额在 500 万美元以上有 16 家，其中超过千万美元的有 9 家；合同金额在 500 万美元以上的企业家数占日资企业总数的 6.08%，这些企业的合同外资规模达到 19963 万美元，占日本对吉林省直接投资总规模的 62.29%。从行业和地区分布来看，这 16 家日资企业行业分别分布在交通运输设备制造业（占 66.0%）、塑料制品业（占 12.9%）、农副食品加工业（占 11.6%）、医药制造业（占 3.7%）、批发和零售业（占 3.1%）、电气机械及器材制造业（占 2.7%）。地区分布状况来看，主要在长春市（11 家），其余分布在松原市（2 家）、

吉林市（1 家）、四平市（1 家）、延边州（1 家）。从合作方式来看，合资企业 12 家，占 75%；独资企业 4 家，占 25%；没有合作企业。

（三）吉林省与日本产业合作中存在的问题

1. 日本对吉林省的投资潜力尚未充分发挥

总的来说，日本对吉林省的直接投资规模较小，考虑到吉林省良好的区位和丰富的资源，以及日本雄厚的经济实力，吉林省在获得日本投资份额方面还有较大的上升空间。

2. 地区和行业分布不均匀

从地区看，日本对吉林省的投资主要集中在长春市。从行业分布来看，日资企业中制造业比重较大，达 75%，高于全省平均水平，而这恰恰说明吉林省与日本企业合作具有较大的发展空间和潜力。

3. 产业合作层次有待提升。

在日本对吉林省的投资中，劳动密集型的制造业和农副食品业等相关行业占据了较大份额，而高新技术产业、现代服务业以及资本密集型产业所占比重较少，产业合作层次偏低。

三　吉林省加强与日本产业合作面临的机遇与挑战

（一）吉林省加强与日本产业合作的机遇

1. 中国内陆自然灾害少、劳动力成本相对低的地区对日资吸引力在增强

日本是地震之国，地震产生的灾害对其经济发展产生巨大影响，促使许多日本企业加快了向海外转移生产的步伐。日本企业在全球选择投资地点的标准除了以往的国家风险、成长性、基础设施完备性等外，还要考虑特有的自然灾害发生风险、与日本不同的风险管理运营体制、风险发生时切换到替代手段的可能性和业务能否持续等标准。中国正处于经济高速增长时期，拥有庞大而广阔的消费市场，且投资回报率较高，对市场开拓型

的外资吸引力在不断扩大。而且，与东盟、印度等相比，中国的社会基础设施状况良好，综合投资环境优越，有条件成为日本企业建立灾备中心和灾备生产基地的目的地。

由于工资上涨和劳动力短缺等问题，中国沿海地区投资环境已发生变化，所以日本以制造业为代表的企业和在华日资企业开始把投资地点转向中国内陆或东南亚其他新兴国家。在日本对华直接投资向内陆发展的趋势下，如果考虑到前述日本企业选址标准的变化，那么，自然灾害较少、工资水平相对低的中国内陆地区就会逐渐成为日本企业理性的投资场所，吉林省恰恰符合这种条件。

2. 吉林省具有成为日资企业生产地点和市场的可能性

从生产地点来看，中国东北地区较早实现了工业化，重工业产业基础雄厚，如吉林省的汽车、轨道客车等。在强化中国企业"自主创新"的基础上，通过从有实力的海外制造商引进零部件和关联设备，能够实现企业自身产品的附加值。东北地区与华南、华东地区相比具有较高的工作稳定率和较低的人工成本，在东北三省的优秀人才中，能够使用日语进行沟通的人才也比较多，这对日本企业来说具有一定的魅力。

从产品市场来看，随着日资企业向中国市场的扩张，把以辽宁省为代表的东北地区作为新生产地点的日本企业逐渐增加。以往，日资企业把生产地点集中在上海等华东地区，从上海的销售点向中国国内销售，现在出现了向辽宁省转移的动向。与较早成为市场的华南、华东地区相比较，东北地区市场的发展潜力巨大，日资企业的市场正在从华南、华东、环渤海地区北上。虽然，更多的日本企业期待辽宁省成为东北地区的产品生产点，然后在销售上覆盖整个东北市场，但是这恰恰为与辽宁省毗邻的吉林省进一步深化与日资企业合作提供了机遇。

（二）吉林省与日本产业合作面临的挑战

1. 投资环境有待完善

2007 年 7 月，日本研究机构"21 世纪中国总研"发布了"中国 100 城市投资环境排名"，对中国 100 个城市根据 7 类指标进行打分排序，吉林省只有长春市榜上有名。在这 7 类大指标中"地理位置和自然环境""基础设施环境"可以代表投资的"硬环境",长春市在这两个指标排序分别为第 40 位和第 31 位,虽与沿海城市相比存在差距,但与内陆城市相比劣势并不明显。其余 5 类指标"经济环境""市场环境""人力资源环境""社会服务环境""综合安全环境"都属于投资的软环境,长春市的排序分别为第 60 位、第 35 位、第 40 位、第 5 位、第 78 位。由此可见,长春市投资软环境喜忧参半,社会服务(包括医疗服务、教育服务和商业服务)排名靠前,市场环境和人力资源环境待进一步改善,经济环境(包括市场规模和市场潜力)和综合安全环境(包括就业安全、社会治安)排名靠后,需要引起重视。

2. 成本与资源优势逐渐减弱

近年来,日本企业对中国"人工费上升"的担心越来越明显,这种担心不仅来自对沿海发达地区劳动力成本大大提高的现实,而且还包括内陆地区劳动力成本将逐渐提高的预期。随着中国劳动力成本整体上升,原本对日本企业具有吸引力的中国内陆地区的传统优势正在减弱。在吸引日资方面,吉林省既面对与湖北省、陕西省、四川省、重庆市等内陆其他地区的激烈竞争,同时也面临着日资向东盟国家转移的挑战。

四　吉林省加强与日本产业合作的对策

(一)因势利导巩固和扩大吉林省传统主导产业与日本的合作

日本的家电、汽车、化工、钢铁、环保等产业在世界上占据重要地位,这些既是日本中小企业最为密集的行业,也是日资向外转移的重点行业。吉林省在汽车及零部件制造、化工、农产品加工等产业具有一定优势,也是对外出口的重点行业,在日本也有一定的影响力。因此,应根据吉林省实际,认真分析日本产业特点与发展方向,搞好与日本相关企业的对接与合作,有重点地包装推介吉林的优势产业和项目,有选择、有针对性地开展专项招商活动。这最能引起日本的关注,也最有可能吸引日本企业前来投资,取得事半功倍的效果。

在华日资企业越来越以"开拓当地市场"为主要目标,并以汽车产业为代表的企业更多地要选择"与当地企业合作",因此当地市场规模、产业集聚程度、交易伙伴的能力就成为吸引日本企业的主要因素。当前，日本企业也在反思其供应链存在的弊端，对汽车、电子等行业进行经营战略调整。虽然短时期内日本制造业的核心技术不会转移到海外，但是从长期来看，随着中国市场规模的不断扩大，日本企业不得不考虑加大对中国的投资及相关技术的转移。汽车制造业是日本企业在吉林投资最多的产业，吉林省最能够吸引日本企业加大投资力度的领域就是汽车及零部件，产业链基本成熟，但省内配套及采购率只占40%左右，这对越来越重视"当地采购率"的日资企业来说，与吉林省合作的空间巨大。要紧密跟踪日本汽车产业在中国建立自立性完整供给链的动向，紧紧围绕一汽丰田和一汽轿车的配套体系，加大对丰田和马自达汽车零部件供应商的招商引资力度。此外，吉林省还应在石油化工、农产品加工等其他传统主导产业方面扩大与日本企业的合作。

（二）在电子零部件等行业寻求与日本企业合作

随着欧美主要发达地区实施"再工业化"，已经出现了其海外制造业资本加速向母国回归的现象，日本也不例外。结合日本部分行业战略调整以及在华日资企业的调整状况，吉林省在与日本企业产业合作上要有所侧重和变化。例如，在电气机械产业方面，日本在终产品上国内外事业萎缩，我们与之合作的重点就不能放在这里。但这不是说我们与日本在电气机械产业上的合作空间没有了，恰恰相反，日本电气机械产业中的零部件部门还在扩大海外事业，并且日本电气机械产业最终产品竞争力下降造成的损失一定要通过具有竞争力的零部件部门的海外扩张弥补回来。只不过，日本电气机械业的零部件部门对投资区位的选择会更加谨慎，我们要抓住日本战略调整产业的"病症"对症下药，就可能会在一些领域取得重大突破。

（三）尝试在环境产业合作方面有所突破

日本一直非常重视在环保领域与我国的合作，我国也与日本签署了环保领域方面的合作框架协议。吉林省应该在"十三五"期间，根据实际情况，组织专门机构、专家谋划一批具有可操作性的环保招商项目。例如，吉林省是畜禽养殖大省，但畜禽粪便处理一直处于原始阶段，严重污染环境。应该针对具体地区、具体项目进行重点包装，并开展畜禽粪便处理的试点工作。由于环保项目投入大，回报低，政府应该在财政上给予具体项目资金补贴。

另外，在日本各种"增长战略"的版本中都包含"一揽子基础设施建设海外合作"的内容。例如，日本在"为了21世纪日本复活的21国家战略计划"中指出：在日本国内"产生出在未来技术、制度、服务、城镇建设方面世界高水平的成功事例，创建能够向国内外普及开展的'环境未来城市'"，"在城市全体一揽子出口的形式上开展与亚洲各国的政府间合作"。① 吉林省正在推进城镇化建设，在这方面与日本的合作空间巨大。

（四）合作对象除日本大企业外，还应重视中小企业和在华日资企业

像丰田、马自达、伊藤忠等大型日本跨国公司资金和技术实力雄厚、投资规模大且相对稳定，一直是招商引资的重点对象。但是，近年来日本中小企业对外投资的动向也值得关注。日本国际协力银行2017年的调查预测，今后3年"强化或扩张"海外事业的中小企业比例逐渐上升，而从事国内事业的中小企业比例将下降。② 这说明日本以往依赖于国内市场的中小企业，由于不能预见日本国内市场的增长，不得不通过开展海外事业来得到发展机会。因此，我们在做好对大企业招商引资工作的同时，要抓住时机在中小企业上多下些功夫，由于很多日本中小企业对外投资要跟随大企业，形成"护卫舰队"模式，所以对大企业和中小企业的招商引资往往是相辅相成的。

另外，吉林省对日招商引资不要仅局限于日本国内，目前分布于中国沿海发达地区的日资制造企业出现了向内陆地区和其他东南亚国家转移的倾向。为此，吉林省要关注这些日资企业的动向，在日资企业放缓向东南亚转移的步伐，审视中国内陆最佳投资场所之际，率先行动，取得先机。

---

① 崔健：《日韩"环境城市"出口模式比较》，《环境保护》2012年第15期。
② 国际协力银行：《わが国製造業企業の海外事業展開に関する調査報告》，https://www.jbic.go.jp/wp-content/uploads/press_ja/2017/11/58812/shiryo00.pdf，国际协力银行网站，2017年11月。

（五） 在招商引资中注意吸引日本企业在非制造业领域的投资

日本企业在非制造业领域增加对华投资的前提下，呈现向金融保险、通信、物流、房地产、软件服务等领域投资的趋势。尽管这些领域在吉林省还相对薄弱和落后，但不能由此判断在这些领域日本企业对吉林省不感兴趣。吉林省要紧跟时代变化的潮流，既要做到"有中变强"，也要寻求"无中生有"。通过前面分析可以看出，日本企业对中国的投资更加看重中国的市场、社会和自然环境的稳定与安全，购买力逐渐增强的市场、稳定的环境和有利的政策是吉林省在这些领域对日招商引资寻求突破的有力保证。

（六） 政策制定与对外宣传要有的放矢、切中要害

已经在华开展生产经营活动的日资企业对中国投资环境的判断会对日本企业进入或扩大在华投资产生重要的影响。这些日资企业在华经营中所遇到的主要问题应该成为吉林省制定招商引资政策和突出对外宣传亮点的主要依据。例如，日资企业在华经营中遇到的最主要问题是劳动力成本上升，而工资上升对制造业的影响程度要远远大于非制造业。并且，在遇到的其他主要问题上，制造业与非制造业也存在一些差别，总的来说，制造业更关注成本问题，而非制造业更关注人才问题。所以，吉林省在制定政策和进行对外宣传时，要考虑到这些区别，针对制造业要更加强调成本优势，如工资水平相对较低、原材料和零部件采购成本低等；而针对非制造业要强调人才优势，如高校和科研单位的数量和实力、高素质人才比例等。另外，根据东日本大地震致使日本更加关注安全问题这一变化趋势，建议在宣传资料中增加吉林省近些年发生特大自然灾害及其有效应对措施的内容，以达到突出吉林省受重大自然灾害破坏概率较小和具有有效应对能力的效果。

（七） 与日本企业合作开拓"一带一路"沿线第三方市场

中日企业在开拓国际市场方面各具优势，中国在"一带一路"倡议的框架下，与日本企业合作在时间和空间上都有极大的拓展能力，将日本的技术资金优势与吉林省资源优势和产业基础结合起来，双方可在制造业、

医药产业、农业及农产品加工领域、现代服务业领域、特色园区项目等方面加强合作。在深度融入"一带一路"建设的背景下,吉林省企业可以和日本企业携手开拓"一带一路"沿线市场,开展国际产能合作,寻求吉林省深化与日本经贸关系的新增长点。

法治吉林评估指标体系研究报告

长春理工大学课题组[*]

摘　要　"法治吉林评估指标体系研究"作为吉林省社会科学界联合会重点领域研究基地项目，由长春理工大学课题组立项后，经过实地考察调研，多次座谈论证，最终完成了指标的设计和理论基础的论证工作，旨在通过建立完备的指标体系进行评估，客观反映吉林省法治建设的现状，使之成为完善法治吉林建设的助推器，并推动吉林省社会治理方式的不断创新，加快法治吉林建设的步伐。

关键词　法治建设　法治政府　法治评价　指标体系

一　法治评价发展溯源

法治评价依托于一整套科学合理的法治指数。法治指数，即法治量化的评价指标，它是根据评价当地法治状况而兴起的一种实践法学研究方式。我国部分学者对"法治指数"的概念有所诠释，有学者认为："所谓法治指数，是指对一个国家、地区或者社会的法治制定量化评价指标、法治评价指标体系等，在理论和实践的结合意义上建立并运用来对一个国家、地区或者社会的法治状况进行描述和评价的一系列相对比较客观的量化标准。"① 另有学者指出："法治指数，是用一套由诸多指标所构成的评价指标体系，以量化的方法判断和衡量一个国家或地区法治状况的技术手

---

*　课题组负责人：张闯；课题组成员：王鑫磊、周隆基、徐忠兴、关鑫、刘辉、于珊。

①　侯学宾、姚建宗：《中国法治指数设计的思想维度》，《法律科学》（西北政法大学学报）2013 年第 5 期。

段。这种法治指数依托于一套科学、完整的评价指标系统表现为一系列的量化数据,以及围绕这些数据形成的分析、评价和排名。"[①] 应当说,不同学者对法治指数概念的界定虽然出发点有所区别,但是对法治指数的理解并没有实质差异。大体上看,法治指数就是指构建一套评价指标体系,通过该评价指标体系量化考核一个地区的法治状况并进行客观评价。

从法治评价的历史溯源考察,将法治和量化的评价指标体系相结合,源于美国 20 世纪 60 年代广泛开展的社会指标运动。该运动发起的初衷在于通过科学的指标体系对社会民主程度、福利程度以及公民的生活状态等进行量化,然后通过一系列量化数据,了解当前社会运转状况。这一指标体系包含了 70 余项具体指标,其中与法律有关的指标有 7 项,通过这 7 项指标能够较为笼统地了解当地法治基本情况。在此之后,美国斯坦福大学梅里曼教授围绕法律问题制定了更为详细的指标体系。该指标体系涵盖了"立法、行政、司法、私法行为、法律执行、法律教育和法律职业等方面。每个方面从机构、工作人员、程序和消耗资源四个角度展开研究"[②]。当然,梅里曼教授构建的体系并未在实践中应用,只是在理论范围内研讨,但法治指数的实证研究方法悄然兴起。

在诸多指标体系中,世界正义工程[③]所创建的《世界法治指数》具有一定的代表性。该指数列出了法治工作必须遵循的四项基本原则[④],对各项基本原则的贯彻和落实制定了较为详细的量化考察指标。从具体内容上看,该指数共列出 9 个一级指标,在其之下还设置了 48 个二级指标,并依据每项二级指标设计了若干观测点(三级指标)。这一指标体系的设计基本覆盖了法治建设的各个方面,为不同国家开展法治评价提供了极为有价值的参考标准,适用国家或地区可以通过年度报告的形式,直观地测量法

---

① 鲁楠:《世界法治指数的缘起与流变》,《环球法律评论》2014 年第 4 期。
② 鲁楠:《世界法治指数的缘起与流变》,《环球法律评论》2014 年第 4 期。
③ 世界正义工程(the World Justice Project)是 2006 年由美国律师协会联合国际律师协会、泛美律师协会、泛太平洋律师协会等律师组织发起成立,2009 年成为非营利组织。该组织受到美国盖茨基金会等民间组织或个人的赞助,其目标与任务是促进世界各地的法治发展。
④ 法治工作的四项基本原则:政府及其官员均受法律约束;法律应当明确、公开、稳定、公正,并保护包括人身和财产安全在内的各项基本权利;法律的颁布、管理和执行程序应公开、公平、高效;司法职业者应由德才兼备、独立自主的法官、律师和司法人员组成。

治状况的变化轨迹，为当地法治建设提供翔实的依据。正如我国学者所言，《世界法治指数》为世界各国在实践中坚守法治提供了一个综合图景，为政策制定者、商业机构、非政府组织和选民提供了独立的数据资源，从而为世界各国加强法治建设提供了一面"镜子"。该指标体系的构建获得广泛认同，很多国家或地区的法治指数评价指标体系都以此为参考，取得了较为显著的效果。

二 构建"法治吉林"指数的时代背景

（一）法治建设是我国的时代主题

通过法治指数推动法治建设对我国而言是新的尝试、新的契机。法治建设在我国历经了一波三折的过程，实现了从"人治""政策之治""法制"再到"法治"的转型。法治观念也随着社会经济的发展逐步深入人心。自20世纪末以来，我国法治建设进程逐步加快。党的十五大明确提出将"依法治国"作为党领导人民治理国家的基本方略。"依法治国"的提出意味着新的治国思想体系、治国原则以及治国制度的形成，表明我国法治建设步入了新的阶段。党的十八大又为我国法治建设带来了新的契机。在党的十八大报告中将"法治政府"基本建成作为我国2020年全面建成小康社会目标的新任务。法治政府建设目标的明确，为各级政府开展法治建设指明了具体方向，法治政府建设成为了各级政府工作的重中之重。党的十八届四中全会首次以全会的形式专题研究部署全面推进依法治国，推动形成完备的法律规范体系、高效的法治实施体系、严密的法治监督体系、有力的法治保障体系，形成完善的党内法规体系，赋予法治建设新的内涵，提出"坚持依法治国、依法执政、依法行政共同推进，坚持法治国家、法治政府、法治社会一体建设，实现科学立法、严格执法、公正司法、全民守法，促进国家治理体系和治理能力现代化"。自党的十五大之后，尤其是党的十八大之后，我国法治建设不断深入，建设法治国家已经成为全社会的共识。法治指数构建符合法治建设的要求，通过法治指数评价，将法治国家、法治政府和法治社会有效结合，不断推动法治进程。

（二） 法治指数评价在全国各地有序开展

在法治建设的时代背景之下，法治指数建设在我国各地区深入开展，法治评价体系建设取得初步成效。例如，我国内地最早开始法治指数评价体系实践的是浙江省杭州市余杭区所创建的"余杭指数"①。该评价体系的构建和运行切实改善了当地的法治环境，营造了良好的法治氛围。"余杭指数"的考核方式多样，基本实现了具体化、目标化、现实化。有学者对该指标进行客观评价，认为"基本构建了一个横向到边、纵向到底的指标体系，具有较强的科学性、实践性、指导性和鲜明的余杭特色，在全国区县一级法治建设工作中属于首创"②。"余杭指数"作为我国法治指数评价的"先行者"，其积极意义不言而喻。"余杭指数"课题组负责人钱弘道教授认为："余杭法治评估的重点在于通过评估发现问题，提出建议，推进法治建设。"③ 这也阐明了法治指数评价体系的作用，契合了法治建设的基本要求。"余杭指数"的有效开发带动了国内其他地区的法治指数评价体系建设，起到了较好的示范作用。

2015 年，四川省出台《四川省法治建设状况评估办法（试行）》，明确评估主体、评估内容、评估方式和评估结果运用四个关键环节，回答了"谁来评、评什么、怎么评、怎么用"四个问题。制定了"四川省市（州）法治第三方评估指标体系"，设置依法执政、人大监督与代表履职、法治政府、司法建设、社会法治和法治保障六大板块，指标体系包括一级指标6 个、二级指标22 个、三级指标58 个，委托第三方对四川的法治建设情况进行评估。

在法治建设中，法治政府是重中之重，我国部分地区依据中央精神先后制定了适合本地区的法治政府评价体系。例如，深圳市于 2008 年制定了《深圳市法治政府建设指标体系（试行）》，湖北省省于 2010 年制定了《湖北

---

① "余杭指数"共设置 9 个一级指标，即党委依法执政、政府依法行政、司法公平正义、权利依法保障、市场规范有序、监督体系健全、民主政治完善、全民素质提升、社会平安和谐。这 9 个指标基本涵盖了法治的各个方面，体现了考查的全面性和科学性。在一级指标之下，还设置了更为具体的 77 项评价内容。

② 胡虎林：《法治指数量化评估的探索与思考——以杭州市余杭区为例》，《法治研究》2012 年第 10 期。

③ 钱弘道等：《法治评估及其中国应用》，《中国社会科学》2012 年第 4 期，第 148 页。

省法治政府建设指标体系（试行）》，广东省于 2013 年制定了《广东省法治政府建设指标体系（试行）》，等等。各地法治指数评价体系的实践多以法治政府建设为基本框架，并以此为基础结合地方法治建设实际构建评价框架，既体现了评价指标的原则性和灵活性，也体现了地方特色。

总的说来，各地逐步开展的法治指数建设已经成为推进中国法治建设的有效模式。法治指数在当今中国被赋予了特别的意义，各地区不断开展的地方法治建设离不开法治评价体系的量化考察，法治指数已经成为一些地方党委推动法治发展的重要方式和手段。钱弘道教授对此深入剖析道："在建设社会主义法治国家成为基本共识的前提下，法治评估所具有的工具理性特色与政府推进型的法治建构模式具有天然的亲和性，以地区为基础展开的地方法治评估应在一定范围内伴随法治建设的推进得到推广和应用。"① 由此可见，地方开展法治指数评价体系建设既顺应了法治建设的时代需求，也契合了当今的时代主题。

（三）开展吉林省法治县（市、区）评价的时机已经成熟

在国家"一带一路"建设指引之下，吉林省积极融入"一带一路"建设，经济发展重新焕发活力。可以说，"一带一路"建设以及"振兴东北老工业基地"战略决策为吉林省经济发展带来了难得的历史机遇。经济发展离不开法律制度保障，吉林省必须加快推进法治建设的步伐，为推动新一轮振兴发展提供坚强保障。"法治吉林"评价指标体系恰能发挥其功能，为经济发展"保驾护航"。从经济发展角度，"法治吉林"指数的构建势在必行。在挑战和机遇并存之际，吉林省的社会经济发展必须依托良好的法治环境，在健康有序的法治氛围之下，吉林省的发展才能获得勃勃生机。

吉林省委、省政府历来重视法治建设。吉林省的法治建设在不断探索中获得很多宝贵经验，并在全国范围内予以推广。在立法工作中，吉林省始终坚持科学立法、民主立法的原则，不断完善地方立法机制，在关乎社会民生等重点方面积极开展立法工作，取得突出成绩。在司法工作中，吉林省检察院率先探索内设机构的"大部制"改革，进一步提升了办案效率和办案质量；吉林省高级人民法院推出电子法院信息化建设，此项工作走

---

① 引自赵盛阳：《构建地方法治指数的理论阐释》，《学术交流》2018 年第 2 期。

在全国前列。例如，辽源市中级人民法院积极推动司法改革工作，并创造性地将辖区内婚姻家庭案件全部集中于一个基层人民法院管辖，极大地提高了案件办理质量和效率，获得当事人的较高评价。在法治政府建设方面，吉林省政府于 2014 年制定出台了符合地方特色的"吉林省法治政府建设指标体系"，以此大力推动吉林省法治政府建设的开展。吉林省各市（州）也积极开展法治政府建设，如敦化市立足于本市实际，制定了详细科学的法治发展规划。尤为值得一提的是，敦化市"法治指数"建设走在全省前列，该市在市委、市政府的领导下，积极开展"法治敦化"考核评价工作，通过"法治指数"可以直接考察敦化市政府各个职能部门贯彻落实"依法治市"的有关情况，取得较为明显的法治效果。在法治社会发展方面，吉林省积极围绕国家《法治政府建设实施纲要（2015－2020 年）》和本省具体实施方案，以报刊、广播、电视、网络等多种形式，广泛宣传法治政府建设目标，营造法治建设的良好氛围。例如，公主岭市的法治广场，成为法治宣传的前沿阵地；当地司法局在省司法厅支持下创建的"百姓说事点"取得了良好的社会效果和法律效果，成为社会矛盾多元化解的重要方式之一。"法治吉林"指数模型将吉林省委、省政府多年的法治建设经验进行凝练，形成完整的、系统化的评价指标体系。综合吉林省法治建设政策层面和实践层面的考量，全面推动"法治吉林"指数评价体系建设的时机已经成熟。近几年来，围绕法治指数研究已经成为学界焦点，各地开展法治指数的评价实践，取得了成熟的经验。通过制定科学合理的指标体系，能够较为客观、准确地测量当地的法治状况，从而为法治建设提供指引。总之，从经济角度、社会角度以及法治建设角度分析，构建"法治吉林"指数的条件已经具备。

三　吉林省法治县（市、区）评价的功能

法治指数的构建与运行在深层次体现了社会发展的进步理念。我国学者指出："法治指数的提出，让法治成为'可以量化的正义'，为地方法治建设的可量化评估、客观性分析和可比较性研究提供了可能。"[①] 科学、合

[①]　杨东鹤：《地方法治指数及其实现》，山东大学硕士学位论文，2013。

理的法治指数评价指标体系必然能够对政府行政行为起到规范和约束的作用，对当地法治建设进行衡量并指明法治建设的方向，由此保证地方法治建设在既定的轨道上运行。"法治吉林"指数的多重功能可以概括为如下几个方面。

（一）"法治吉林"评价体系的实施可客观反映吉林省法治建设的现状

构建法治国家、法治政府、法治社会是极为复杂的系统工程，该工程涵盖了法律实施的各个方面。那么，科学准确、客观真实地反映吉林省各个地区的法治建设情况就需要借助可以量化的法治指数评价指标体系。首先，"法治吉林"指数能够较为全面地呈现出吉林省不同地区贯彻落实法治政府、法治社会建设情况，可整体展现吉林省的法治概况。其次，通过"法治吉林"指数细分指标的设计和考察，可了解不同地区、不同部门的法治实施情况，从而为完善法治建设提供科学依据和重要参考。最后，"法治吉林"评价指标体系的考察应当具有长期性，在长期追踪评价过程中，可将这一时期法治政府建设的变化具体展现，从而将法治建设所取得的突出成果和不足之处通过细致的量化数据予以反映。

（二）"法治吉林"评价体系的实施可助推法治吉林建设

当前，依法治国已经成为时代主题，法治指数所具有的量化评价特点与法治政府建设相契合。法治政府建设需要符合当地实际和发展目标的评价指标体系予以有效推动。应当说，近年来吉林省在法治政府建设方面取得显著成效，通过落实中央依法治国总体方略以及开展地方法治建设创新性举措，吉林省法治面貌发生较大改变。在此背景之下，"法治吉林"指数的全面推行必然能够将吉林省法治建设推向新的高度，进一步明晰党政机关、立法机关、司法机关以及社会民众在法治建设中权力（权利）和责任（义务）的内容与界限。针对"法治吉林"指数运行中所发现的吉林省在法治建设中存在的问题和顽疾，可以追本溯源，制定相应的解决对策，使吉林省的法治建设工作能够更加健全、完善，有的放矢。

（三）"法治吉林"评价体系的实施可以促进吉林省社会治理体系和治理能力现代化

近年来，伴随我国广大民众民主法治意识的不断提高，人们对法治国家、法治政府建设的期望值逐步提升。法治建设关系每一个公民社会生活的方方面面，"法治吉林"评价指标体系的实施必然会对各个部门的法治工作提出更高的要求，从而引导不同部门治理方式的改变。一般说来，依托法治指数所构建的一整套法治评价指标体系能够将政府、公民和社区这三类不同主体紧密结合，形成法治建设的合力。在法治建设过程中，公民的角色会发生转变，由之前政府的管理对象变为监督政府执政的制约者，更多地赋予公民法治建设主体地位。随着社会民众在法治建设中主体地位的确立，意味着党政机关、政府职能部门以及司法部门等承担更多法治建设责任的机关必须转变以往的执政思路和方式，更好地为人民群众服务，构建更好的法治环境和氛围，更好地接受来自社会各界的监督。总之，开展"法治吉林"指数评价工作可以极大地推动吉林省社会治理方式的创新和发展，加快吉林省法治建设的步伐。

四　吉林省法治县（市、区）评价指标体系相关说明

为推进吉林省法治建设，发挥法治智库作用，吉林省法学会把吉林法治建设评价体系列为 2017 年度重点课题进行研究。2018 年，吉林省委深改办将法治建设评价作为当年的工作要点，并将法学会确定为此项重点任务分工的牵头单位。据此，吉林省法学会经过深入调研并到江苏、浙江考察学习，反复修改完善，草拟了《法治吉林评估指标体系（建议稿）》（以下简称《评价指标体系》）和《吉林省法治县（市、区）评价指标体系》，并将相关材料报送吉林省委，供吉林省委决策参考。

（一）研究过程

《评价指标体系》自 2017 年 3 月开始研究，至 2018 年 6 月定稿，历时 1 年 3 个月。课题组认真研读党的十八届三中、四中全会和省委文件，特

别是将党的十九大报告相关要求纳入指标体系，并专门赴江苏和浙江两省学习考察，借鉴两省的成功经验。在起草阶段，组织专家学者、实务部门相关人员座谈讨论，并深入基层调研，在此基础上形成《评价指标体系》初稿。初稿形成后，在省政法委和省法学会的组织下，在临江市召开研讨会，长春二道区、双阳区，白山市，通化梅河口市有关同志就指标体系及分值确定提出意见建议。在征求意见阶段，省法院、省检察院、省公安厅、省司法厅4个部门对《评价指标体系》做了进一步修改。

（二）内容说明

1. 基本思路

（1）立足基层。以县（市、区）为评价对象，以基层评价结果考评市（州），进而整体推进全省法治建设。

（2）注重实效。结合吉林省法治建设实际，注重指标体系的可操作、可量化，重实效。

（3）言之有据。每个指标体系都以中央文件、国家法律和省委文件为依据，与党中央、省委保持高度一致。

2. 指标体系构成

评价指标体系设有5个一级指标、35个二级指标、110个三级指标及4个加分指标（观测点），满分为120分。5个一级指标分别是"党委依法执政"（15分）、"政府依法行政"（40分）、"司法机关公正司法"（20分）、"全民守法"（25分）、"满意度调查"（20分）。前4个一级指标涵盖了县（市、区）法治建设的所有重点领域，第5个"满意度调查"指标反映人民群众对法治县（市、区）建设情况的满意度。

（1）"党委依法执政"主要以《中共中央关于全面推进依法治国若干重大问题的决定》《中共吉林省委关于贯彻落实党的十八届四中全会精神全面推进依法治省的实施意见》为依据，并结合吉林省依法治省的实际，制定具体考察指标。将"党委依法执政"设置为一级指标，目的在于考察各地区法治建设在党的领导下展开的具体情况。法治建设只有坚持党的领导，才能保证法治建设正确的方向。党委是否依法执政直接关系当地法治建设的进程和实施效果。

（2）"政府依法行政"包括政府决策、政府执法、政府履职等主要板块，以国家《法治政府建设实施纲要（2015-2020年）》、2018年国务院政府工作报告、省政府工作报告以及其他规范性文件为主要依据。将"政府依法行政"设置为一级指标，目的在于考察各地法治政府建设总体情况。各县（市、区）政府只有自觉接受法律约束，才能正确行使法定职权，遵循法定程序，并承担法定责任。

（3）"司法机关公正司法"主要以《中共中央关于全面推进依法治国若干重大问题的决定》《中共吉林省委关于贯彻落实党的十八届四中全会精神全面推进依法治省的实施意见》、2018年最高人民法院和最高人民检察院的工作报告、2018年吉林省高级人民法院和吉林省人民检察院的工作报告为依据。将"司法机关公正司法"设置为一级指标，目的在于全面考察吉林省各级司法机关履行宪法、法律赋予的职责情况。吉林省近年来积极推进司法体制改革，作为全国司法改革的首批试点省份之一，在司法改革中取得较为显著的成效。该指标能够较为准确、客观地评价吉林省近年来司法改革所取得的成果，并找到司法建设中的不足之处，可持续推动吉林省县（市、区）的司法建设。

（4）"全民守法"包括普法、信访、矛盾化解机制、弱势群体保护等多个板块，主要以党的十九大报告、《中共吉林省委关于贯彻落实党的十八届四中全会精神全面推进依法治省的实施意见》为依据。将"全民守法"设置为一级指标，目的在于全面考察吉林省法治社会建设的氛围。法治吉林建设，不仅需要党政、司法部门的参与，更需要全社会各个方面特别是广大人民群众的共同参与，需要推动全社会树立法治意识，推进多层次、多领域依法治理，建设完备的法律服务体系，健全依法维权和化解纠纷机制，大力加强法治工作队伍建设，增强全社会厉行法治的积极性和主动性，形成守法光荣、违法可耻的社会氛围，使全体人民都成为社会主义法治的重视崇尚者、自觉遵守者、坚定捍卫者。

3. 实施建议

（1）建议该项工作在中共吉林省委全面依法治省委员会的领导下，由省委全面依法治省委员会办公室组织实施。

（2）为了保证评价的客观公正，建议中共吉林省委全面依法治省委员会办公室委托中立的第三方进行评价，评价结果纳入地方党政综合工作考评、领导干部政绩考评和干部任用考评。

（3）本《评价指标体系》由中共吉林省委全面依法治省委员会办公室负责解释。

法治吉林评估指标体系的构建与实施在深层次体现了法治社会的必然要求。法治吉林评估指标体系可以让法治成为量化的正义，为地方法治建设可量化评价、客观性分析和可比较性研究提供了依据。科学、合理的法治吉林评估指标体系必然能够起到规范和约束作用，对吉林各地法治建设进行衡量并指明法治建设的方向。

附件 吉林省法治县（市、区）评价指标体系（建议稿）

一级指标	二级指标	三级指标（观测点）	标准分	评价标准
一、党委依法执政（15分）	（一）坚持党对法治建设工作的全面领导（2分）	1. 党保证执法、党支持本地区的行政机关依法行使各项职权	1分	党委常委成员无非法干涉行政机关依法行政情形发生
		2. 党支持司法、党支持审判机关依法独立公正行使审判权和检察权	1分	党委常委成员无非法介入司法个案情形发生
	（二）完善法治建设领导小组（2分）	1. 由当地党政主要负责人担任领导小组组长，明确小组成员；领导小组制定详细的年度法治建设计划，对法治建设工作合理分工	1分	由当地党政主要负责人担任组长，组员明确，职责明晰；完成上一年度法治建设计划的全部工作内容
		2. 建立并落实领导小组例会制度	1分	领导小组定期召开例会，讨论法治建设相关内容
	（三）提高领导干部法治思维（2分）	1. 领导干部终身述职中增加述法内容，并逐渐形成制度	1分	领导干部年终述职中有法治学习情况、重大事项依法决策情况、依法履职情况等述法的内容
		2. 把法治建设成效作为衡量党政综合工作考评、领导干部政绩考评和干部任用考评的重要内容	1分	把法治建设成效纳入党政综合工作考评、领导干部政绩考评和干部任用考评指标体系
	（四）完善党内民主决策制度（2分）	1. 党委对重大事项做出决策，对决策的合法性进行论证	1分	合法性论证率达到100%
		2. 党委对重大事项决策时，人大、政府、政协和民主党派参与协商	1分	人大、政府、政协、民主党派参与协商达到一定比例
		3. 党委建立法律顾问制度	1分	党委设立法律顾问的（加分项）
	（五）加强党内法规制度建设（3分）	1. 建立党内法规、规范性文件备案制度	1分	备案率达到100%
		2. 建立党内法规、规范性文件评价制度	1分	对党内法规、规范性文件执行情况和实施效果进行评价
		3. 建立党内法规、规范性文件定期清理和即时清理制度	1分	对党内法规、规范性文件定期清理
	（六）依规治党与廉政建设（4分）	1. 发挥党风廉政建设责任制的作用	1分	建立并落实责任追究制度
		2. 人民群众对党风廉政建设的举报途径畅通	1分	电话投诉、网上投诉等举报途径畅通
		3. 党委常委成员遵法守法	1分	党委常委成员无违法违纪行为、被追究刑事责任和纪律处分的情形
		4. 科局级以上干部违纪守法	1分	科局级以上干部违法违纪发生率低于全省平均水平

续表

一级指标	二级指标	三级指标（观测点）	标准分	评价标准
二、政府行政依法行政（40分）	（一）优化政府组织结构（3分）	1. 严禁超指数配备领导干部	1分	各部门领导干部未出现超指数配备现象
		2. 推进政府机构、职能、权限、程序、责任法定化	1分	政府网站中公开政府机构设置及职能、权限、责任等内容
		3. 进一步推动政府法律顾问制度建设	1分	建立政府法律顾问制度
	（二）完善行政审批制度（2分）	1. 落实简政放权，行政审批项目依法公示	1分	把取消、下放和保留的行政审批事项，及时向社会公布
		2. 行政审批高效便民	1分	行政审批实现网上办理
	（三）加强社会治安综合治理（5分）	1. 完善立体化社会治安防控体系	1分	完善立体化信息化社会治安防控体系，统筹抓好"情报导控、街面巡控、网络侦控、边境管控、社区防控、内部管控、阵地布控、卡点查控、协作联控"十项重点工作任务，进一步提升社会治安局势驾驭能力
		2. 推动"雪亮工程"建设	1分	完善公共安全视频监控系统联网应用工作建设，实现城乡视频监控一体化
		3. 严厉打击用事犯罪活动，维护人民群众人身和财产安全	1分	当地民众对社会治安的评价
		4. 建立健全应急体系	1分	针对群体性事件和突发事件，有相应的应急预案和解决措施
		5. 落实社会治安综合治理领导责任制	1分	制定分工方案，改进和完善综治考核评价工作
	（四）依法决策（2分）	1. 做好年度决策立项规划	1分	制定行政决策立项的年度目录
		2. 建立并完善行政决策的合法性审查制度	1分	对决策机关、法制机构进行合法审查，出具审查意见

续表

一级指标	二级指标	三级指标（观测点）	标准分	评价标准
二、政府依法行政（40分）	（五）民主决策（3分）	1. 行政决策应遵循民主决策原则，向社会公开征求意见	1分	提供征求的意见建议，公开征求意见表明期限不少于30日
		2. 对涉及重大决策或者与群众利益相关的事项应召开听证会广泛听取各方建议或取民众诉求	1分	听证工作准备充分、提前公布听证事项、时间、地点等信息；听证程序完整、规范；听证报告内容翔实，包括听证陈述人提出的主要事实、观点意见及其依据做出充分的、客观的报告
		3. 决策机关审查报送材料，要集体讨论并公布决策结果	1分	审查材料应包括：决策草案及相关资料，社会公众提出的主要意见、专家论证意见、风险评价有关材料，合法性审查意见等。决策草案应在政府网站、新闻媒体等主流媒介上公布
	（六）科学决策（3分）	1. 建立并完善重大决策合法性审查制度	1分	重大决策必须进行合法性审查，未进行合法性审查的重大决策不应颁布和实行
		2. 建立并完善行政决策的社会稳定风险评价制度	1分	应对决策草案的社会稳定风险进行评价，制定风险评价报告，提出风险防范措施和应急处置方案，防范影响社会稳定的群体性事件发生
		3. 加强决策后的信息追踪收集，重视执行中的问题反馈，评价决策执行	1分	决策机关对具体的执行方案进行审核监督，对执行情况进行调查评价
	（七）加强行政执法（6分）	1. 建立健全综合行政执法制度，在重点领域积极推进综合执法	1分	食品药品监督管理、工商行政管理、质量监督管理等部门组织综合执法
		2. 严格执行重大行政执法决定法制审核制度	1分	重大行政执法事项经审核通过后做出决定
		3. 建立行政执法人员信息管理系统	1分	行政执法人员基本信息可网上查询
		4. 开展相关业务法律知识培训，提高执法人员执法水平	1分	组织或参加相关业务法律知识培训
		5. 依法规范行政执法行为	1分	执法方式得当，执法行为规范，无关于执法行为的投诉

续表

一级指标	二级指标	三级指标（观测点）	标准分	评价标准
	（七）加强行政执法（6分）	6. 将行政执法责任制落实情况纳入政府绩效考评	1分	纳入政府绩效考核得分，未纳入政府绩效考核不得分
		7. 建立行政执法监督网络平台		实现对行政执法主体、执法人员以及行政执法案件情况的信息化管理和监督（加分项）
	（八）行政复议与诉讼（2分）	1. 行政机关做出的具体行政行为合法合理	1分	行政复议的纠正率与行政诉讼的败诉率低于全省平均水平
		2. 政府部门领导积极出庭应诉	1分	政府部门领导的出庭应诉率高于全省平均水平
二、政府依法行政（40分）	（九）推进政务公开（4分）	1. 政策性文件公开	1分	通过政府门户网站公布政策性文件，对发布的政策性文件进行分类；自该政府信息形成或者变更之日起20个工作日内予以公开
		2. 行政执法公开	1分	具有执法权限的部门要依法公开职责权限、执法依据、执法人员、裁量基准、执法流程、执法结果、救济途径等
		3. 办事指南公开	1分	列明政务服务事项办理的依据条件、流程时限、收费标准、注意事项；明确需要提交材料的名称、格式、份数等要求，并提供规范表格、填写说明和示范文本
		4. 保障和改善民生方面信息公开	1分	公开扶贫脱贫信息、环境保护信息、食品药品安全及医疗卫生信息
	（十）加强外部对行政机构的监督（5分）	1. 行政机关应当及时办理人大代表建议、意见并反馈	1分	行政机关对人大提出的建议及时回复
		2. 行政机关对检察机关依法及时落实和反馈，对行政公益诉讼裁判及时执行落实，并将执行结果反馈给提起行政公益诉讼的检察机关	1分	行政机关对检察建议的办理情况及回复率达到100%；行政机关对行政公益诉讼案件的生效裁判执行率达到100%，向检察机关反馈执行的结果达到100%

续表

一级指标	二级指标	三级指标（观测点）	标准分	评价标准
	（十）加强对行政机构的监督（5分）	3. 拓宽民主监督渠道，按时办理政理协委员提案，并及时公开相关提案。	1分	行政机关保障监督渠道的多样性并主动公开协助提案
		4. 在政府网站设置意见征集栏、公布投诉热线、告知当事人权利救济途径。	1分	政府网站开设"参政议政"等栏目；在政府信息公开中公布投诉热线、地址、邮箱、知事人复议、诉讼的权利、期限和途径
		5. 利用新媒体发布本辖区内重大事项的信息	1分	政府机关设置官微或者官博等新媒体；官微、官博持续更新
二、政府依法行政（40分）	（十一）规范行政机构内部监督（3分）	1. 审计机关出具对政府投资、采购的资金和领导干部自然资源资产任审计报告。	1分	政府投资、采购的资金由审计局出具审计报告；审计部门对领导干部进行自然资源资产离任审计
		2. 建立公务员诚信档案	1分	加强公务员诚信管理，发挥政府诚信示范作用，加快政府守信践诺建设
		3. 政府听取政、审查本级政府工作部门执法情况报告，并公布重点领域执法工作报告	1分	政府听取政府工作部门执法情况报告并公布公布重点领域执法工作报告
三、司法公正机关公正司法（20分）	（十二）落实行政错案责任机制（2分）	1. 落实行政错案同责机制	1分	依据《吉林省行政问责暂行办法》对应当承担行政责任的人员问责
		2. 落实执法错案责任追究制度	1分	依据《吉林省行政执法错案责任追究办法》和《吉林省行政执法监督办法》对执法错案责任人追究责任
	（一）推动司法责任制改革（2分）	1. 法院、检察院主要领导承办案件	1分	法院院长、检察院检察长办案量应不低于本院法官、检察官平均办案量的5%，其他领导办案量应不低于分管部门法官、检察官平均办案量的30%
		2. 贯彻落实办案质量身负责制度	1分	严格落实办案质量终身负责制和错案责任倒查问责

290 \ 新气象　新担当　新作为：推进吉林高质量发展

续表

一级指标	二级指标	三级指标（观测点）	标准分	评价标准
三、司法公正（20分）司法机关	（二）推动司法廉洁建设（2分）	1. 司法人员不得非法侵犯当事人的合法权益	1分	司法人员无侵犯当事人合法权益情形
		2. 杜绝司法工作人员贪污受贿、徇私枉法等行为	1分	司法工作人员无贪污受贿、徇私枉法等行为
	（三）坚持司法为民（3分）	1. 依法开展案件执行工作	1分	案件执行率、执行标的额到位率达到省高院规定的标准
		2. 法院坚持调解先行，调解与诉讼并重	1分	案件调解结案率达到省高院规定的标准
		3. 积极推进司法赔偿案件兑现	1分	年度发生司法赔偿案件兑现率达到100%
	（四）全面实施案立登记制改革（2分）	1. 依法应当受理的案件，做到有案必立、有诉必理	1分	法院立案登记落实率达到省高院规定的标准
		2. 简化、优化立案服务	1分	法院构建多元化立案渠道，推进立案便利化
	（五）进一步完善审判公开、公正制度（4分）	1. 全面推进审判公开	1分	应当公开审理案件的公开审理率达到100%
		2. 全面贯彻落实审判公正要求	1分	生效案件再审改判、发回重审率低于省高院规定的标准
		3. 案件办理严格遵守法定期限	1分	法院每年超期办案率低于省高院规定的标准
		4. 推进案件繁简分流	1分	轻刑快审案件的适用率、一审民事案件简易程序适用率达到省高院规定的标准
	（六）检察院依法履行刑事监督职责（3分）	1. 检察院对公安机关立案活动、侦查活动进行监督	1分	积极开展立案监督工作；加强对违法取证、刑讯逼供等侦查活动的监督力度
		2. 检察院全面贯彻证据裁判规则，严格追究错案责任	1分	检察院严格坚守防范冤假错案的底线，错案责任同责率100%
		3. 加大对刑事案件审判监督力度	1分	检察院依法对确有错误的刑事裁判案件提出抗诉

续表

一级指标	二级指标	三级指标（观测点）	标准分	评价标准
三、司法公正机关公正司法（20分）	（七）检察院依法履行对民事、行政案件监督职责（1分）	1. 加大对民事、行政案件的监督力度	1分	检察院依法对确有错误的民事、行政生效裁判案件提出检察建议
		2. 积极推进涉法、涉诉、涉信改革		检察院积极探索律师参与化解信访机制，建立一站式检察服务大厅（加分项）
	（八）公安机关规范侦查行为（3分）	1. 严禁超越管辖立案、办案	1分	无超越管辖立案、办案情况
		2. 严禁以侦查手段介入经济纠纷	1分	无以侦查手段介入经济纠纷案件发生
		3. 严禁刑讯逼供	1分	无刑讯逼供案件发生
四、全民守法（25分）	（一）加强普法工作实施（4分）	1. 明确落实普法责任	1分	严格贯彻"谁执法谁普法"的责任机制
		2. 积极有效开展"法律六进"活动	1分	开展"法律六进"活动：校园、社区、村镇应该有本辖区公示栏中设立普法专栏；普法专栏内容符合社区、村镇的法治建设要求；定期更新
		3. 创新普法方式，取得良好的普法效果	1分	运用新媒体开展法治教育
		4. 法治文化基地建设、诚信守法企业创建取得良好的效果	1分	法治文化基地覆盖率稳步提高，诚信守法企业覆盖率稳步提高
	（二）全面加强社会法制教育（2分）	1. 青少年法制教育工作取得成效，有效控制青少年犯罪	1分	青少年犯罪率低于全省平均水平
		2. 完善社区矫正工作	1分	社区矫正对象再犯罪率与上年相比有所降低
	（三）信访工作扎实有效（3分）	1. 信访案件及时办结	1分	信访案件全年办结率符合上级部门标准，积极化解历史积案
		2. 信访案件及时答复、处理	1分	信访案件应及时答复
		3. 有效解决矛盾上访、进京非正常上访	1分	辖区内无越级上访、无进京非正常上访情形

续表

一级指标	二级指标	三级指标（观测点）	标准分	评价标准
四、全民守法（25分）	（四）建立健全基层法律服务体系（4分）	1. 律师事务所律师执业符合规范	1分	司法局统计的关于律师被投诉情况以及律师违法犯罪情况
		2. 公证质量稳步提高	1分	无错证情形发生
		3. 加强法律援助工作	1分	"法律援助直通车"救助率高于全省平均水平，受援助群体对法律援助的满意度提升
		4. 乡镇、社区法律服务站全覆盖	1分	法律服务站实现有办公场所、有专职工作人员、有法律专家名单、有工作经费、有工作制度、有办公设备
	（五）完善多元化矛盾解决机制（4分）	1. 健全矛盾纠纷多元化解工作格局	1分	强化党委领导、政府主导责任机制，相关部门切实履行自身职责，支持并鼓励矛盾纠纷化解的多方参与
		2. 完善矛盾纠纷多元化解方式	1分	充分发挥人民调解的优势、规范人民调解委员会建设；行政调解，司法调解切实发挥作用
		3. 健全重点领域的矛盾多元解机制	1分	土地、征地、劳动、社保、医疗、金融、消费、环保、交通等纠纷以及民间纠纷调解结案率有所提高
		4. 推进矛盾纠纷解决化解平台建设	1分	建立部门联动工作平台、加强调解专业性工作平台建设、加强诉调对接平台建设以及网络平台建设
	（六）各县（市、区）安置帮教工作取得成效（2分）	1. 帮教活动有效开展	1分	帮助被帮教人员解决生活、心理、法律的问题，帮教率为100%
		2. 强化"彩虹基地"功能建设	1分	"彩虹基地"人员得到全部安置
		3. 创新安置帮教工作方式		推行创新性的安置帮教方式（加分项）

续表

一级指标	二级指标	三级指标（观测点）	标准分	评价标准
四、全民守法（25分）	（七）加强对弱势群体的权益保护（3分）	1. 保护农民土地权益，妥善处理权属纠纷，村民各项救助资金及时分发到位	1分	土地权属纠纷解决合理合法，农民满意程度高；相关资金发放及时，发放到位
		2. 建立健全基层工会的法律监督和救助机制	1分	工会的法律监督机制切实有效，通过各种救助方式对特困职工开展救助工作
		3. 加强"扶贫攻坚"计划实施，有效提供法律服务	1分	相关资金发放及时，发放到位；定期开展"扶贫攻坚"相关法律服务活动
	（八）依法推进基层自治组织的发展（3分）	1. 基层自治委员会职责明确，合理划分政府政务与自治组织的责权	1分	相关文件对基层自治委员会有关人员职责进行明确，对村民委员会主要成员进行公示
		2. 建立健全基层自治条约管理机制	1分	出具基层自治条约如村规、民约相关资料
		3. 重大事项进行民主决议，公示	1分	召开民主会议，对重大事项进行公示
五、满意度调查（20分）	人民群众满意度调查（20分）	1. 公众对党风廉政建设的满意度	2分	满意度达到90%
		2. 公众的安全感	2分	安全感达到90%
		3. 公众对政府依法行政（或依法办事）的满意度	2分	满意度达到90%
		4. 公众对政府依法办事的满意度	2分	满意度达到90%
		5. 公众对政府依法收费情况的满意度	2分	满意度达到90%
		6. 公众对政府依法信息公开的满意度	2分	满意度达到90%
		7. 公众对政府工作效率的满意度	2分	满意度达到90%
		8. 公众对司法工作的满意度	2分	满意度达到90%
		9. 公众对法治宣传教育活动开展情况的满意度	2分	满意度达到90%
		10. 公众对法治社会建设的满意度	2分	满意度达到90%

图书在版编目（CIP）数据

新气象 新担当 新作为：推进吉林高质量发展：
吉林省 2018 年度"十三五"智库规划基金课题成果文萃 /
邵汉明主编. -- 北京：社会科学文献出版社，2019.6
ISBN 978 - 7 - 5201 - 4883 - 2

Ⅰ.①新… Ⅱ.①邵… Ⅲ.①社会科学 - 科技成果 -
汇编 - 吉林 - 2018 Ⅳ.①C123.4

中国版本图书馆 CIP 数据核字（2019）第 095306 号

新气象 新担当 新作为：推进吉林高质量发展
——吉林省 2018 年度"十三五"智库规划基金课题成果文萃

主　　编／邵汉明
副 主 编／杨静波　王　峰

出 版 人／谢寿光
责任编辑／高　启

出　　版／社会科学文献出版社·城市和绿色发展分社（010）59367143
　　　　　地址：北京市北三环中路甲 29 号院华龙大厦　邮编：100029
　　　　　网址：www. ssap. com. cn
发　　行／市场营销中心（010）59367081　59367083
印　　装／三河市尚艺印装有限公司

规　　格／开　本：787mm × 1092mm　1/16
　　　　　印　张：18.75　字　数：303 千字
版　　次／2019 年 6 月第 1 版　2019 年 6 月第 1 次印刷
书　　号／ISBN 978 - 7 - 5201 - 4883 - 2
定　　价／88.00 元

本书如有印装质量问题，请与读者服务中心（010 - 59367028）联系